“一带一路”与欧洲

THE BELT AND ROAD INITIATIVE AND EUROPE

黄平/赵晨·主编

时事出版社

图书在版编目（CIP）数据

“一带一路”与欧洲/黄平，赵晨主编．—北京：时事出版社，2017.3

ISBN 978-7-5195-0060-3

Ⅰ.①一…　Ⅱ.①黄…②赵…　Ⅲ.①对外经济合作—研究—中国、欧洲　Ⅳ.①F125.55

中国版本图书馆 CIP 数据核字（2016）第 325128 号

出版发行：时事出版社
地　　址：北京市海淀区万寿寺甲 2 号
邮　　编：100081
发行热线：（010）88547590　88547591
读者服务部：（010）88547595
传　　真：（010）88547592
电子邮箱：shishichubanshe@sina.com
网　　址：www.shishishe.com
印　　刷：北京市昌平百善印刷厂

开本：787×1092　1/16　印张：14.25　字数：215 千字
2017 年 3 月第 1 版　2017 年 3 月第 1 次印刷
定价：65.00 元
（如有印装质量问题，请与本社发行部联系调换）

前　　言

中欧关系可以说是一对既古老又年轻的关系。说它古老，是因为它们是分别孕育孔子、老子、孙子和苏格拉底、柏拉图、亚里士多德等哲学巨匠，已经绵延2000多年的文明，如果以《后汉书》记载的罗马（大秦安敦王朝）使者公元166年抵达东汉，将象牙、犀角等礼物赠给东汉皇帝作为中国与欧洲直接往来的开端的话，中欧关系至少已有1850年历史；说它年轻，是因为新中国与欧洲的新代表——欧盟的正式交往却仅有42年的时间，1975年中华人民共和国与欧盟的前身——欧洲经济共同体建立外交关系，由此开启了两大古老文明关系的新篇章。

时光荏苒，尽管只有短短42年的时间，中欧双方都发生了天翻地覆的变化：中国经过几十年的改革和发展，已经积极融入到经济全球化之中，一跃成为世界第二大经济体；欧盟也从9个成员国扩大至28个成员国，建立了统一大市场，发行欧元，成为一体化程度最深、最具典范意义和全球影响力的地区性组织。中欧关系的框架机制在42年中也几经更新，日臻全面和完善，从1985年的贸易与经济合作协定（PCA），1998年开始轮流举办中欧峰会，2010年开启高层战略对话，再到2012年的中国—欧盟高层次人文交流对话机制，涵盖了经济、政治、安全和人文交流各个领域。2001年中国与欧盟确立全面伙伴关系，2003年升级为全面战略伙伴关系，2013年中欧共同制定了《中欧合作2020战略规划》，确定了到2020年中国与欧盟合作的四个主要领域：和平、繁荣、可持续发展和人文交流。

2014年，习近平主席访问欧盟总部时，更为明确地指出中欧关系的未来发展方向，是把中欧两大力量、两大市场、两大文明相结合，双方共同打造“和平、增长、改革、文明四大伙伴关系”。2016年欧盟理事会和委员会新任领导人图斯克和容克访问中国，与习近平主席、李克强总理等中国领导人举行第18次中国—欧盟领导人峰会，中国领导人在过去的两年内更是多次出访欧洲，访问欧盟总部及西欧和中东欧多个国家，签署一系列合作协定，不断推进深化中欧各领域合作。

在过去40多年的中欧关系发展历史中，欧盟曾长期在议题设置、发展导向等方面处于优势地位，毕竟欧盟是世界上最大的发达国家集团，率先开启工业化和城市化进程，握有资金、技术、人才优势，拥有丰富的国际化和区域一体化经验。中国作为一个后发型社会，虽然仍处在发展中国家阶段，但已经以令世界震惊的速度和规模用开放促发展，成为一个“现象级”国家。在国际舞台上，中国也逐渐开始扭转被动接受规则的格局，不断提出自己对全球治理和国际机制改革的倡议，不断推出新举措，这些倡议和举措也已经对中欧关系产生重大影响。2013年，习近平主席提出建设“丝绸之路经济带”和“21世纪海上丝绸之路”（简称“一带一路”）的倡议，致力于亚欧非大陆及附近海洋的互联互通，建立和加强沿线各国互联互通伙伴关系，构建全方位、多层次、复合型的互联互通网络，实现沿线各国多元、自主、平衡、可持续的发展。历史上无论是“陆上丝绸之路”，还是“海上丝绸之路”，终点都是欧洲，此次中国政府提出的“一带一路”倡议，无论是“一路”，还是“一带”，其终点依然还是欧洲。中东欧十六国，包括波兰、罗马尼亚、捷克、斯洛伐克、保加利亚、匈牙利、拉脱维亚、立陶宛、斯洛文尼亚、爱沙尼亚、克罗地亚、阿尔巴尼亚、塞尔维亚、马其顿、波黑、黑山均为“一带一路”沿线国，欧洲发达国家以及欧盟，均为中国极为倚重的合作伙伴。

“一带一路”倡议虽已提出三年时间，但作为一项宏大计划，仍然属于“新生事物”。欧盟和欧洲国家持何态度？欧洲与中国能在哪些领域合作推进“一带一路”沿线国家的经济和社会发展？中国与欧洲如何发挥各自的基础设施建设、资金和人才优势，帮助稳定中国和欧洲的周边以及“一带一路”其他沿线国家的安全和政治稳定？这些都是亟待探讨的严肃的时代问题。同时“一带一路”也提供了为数众多的经济学、政治学、社会学和国际关系学科的深度学术话题，值得中欧学术界深入研究。为此，中国社会科学院欧洲研究所与德国阿登纳基金会北京代表处2016年4月在北京联合召开了“中欧关系与一带一路”国际研讨会，邀请德国和中国的专家学者，交换意见，共同切磋，探索“一带一路”给中欧关系带来的新机遇。

此次会议是中欧之间首次在中国举办的以“一带一路”为主题的学术研讨会，中欧学者为这个中欧关系的新领域专门撰写了相关文章，会议反映了中国与欧洲学术界关于中欧关系的前沿研究成果，为此我们这里选取了其中的17篇，将其结集出版，以飨读者。全书分为两个部分，第一部分为“‘一带一路’倡议背景下的欧洲”，共十篇文章。中德两国学者分别从总体框架、经济基础、学术交流和安全合作等多个角度对“一带一路”倡议对中欧关系所产生的影响进行了描述和概括。鉴于德国在欧盟中的重要地位，本书特别收录了三篇关于中德关系在“一带一路”倡议中的发展前景展望以及在可持续发展等领域的中德合作。此外，中东欧是“一带一路”的欧洲终端，伊朗是中欧在“一带一路”途经地区开展合作的重要国家，中国新疆地区是“丝绸之路经济带”的核心区，本书为此专门收录三位中国学者有关中东欧、伊朗和中国新疆地区中欧合作的文章。

近两年，欧洲连续遭遇多重危机挑战，希腊等南欧国家仍未完全摆脱债务问题困扰、由克里米亚归属问题带来的乌克兰危机的伤口未愈、来自中东北非的大量难民迅速涌入、巴黎和布鲁塞尔等欧洲核心城市连续遭遇恐怖袭击、英国举行脱欧公投……欧洲形势与几年前相比有了极大变化。为此，本书在“一带一路”主题之外，将第二部分探讨主题设为“欧洲形势与中欧合作”，共收录有关难民危机、反恐、中欧能源合作、气候变化、规范性力量和外交文化等议题的文章，比较全面地反映了新形势下欧洲迫切需要解决的几大问题及其对中欧关系的影响。

总体来看，中方提出的“一带一路”倡议可以并已经对中欧关系产生正面效应，“一带一路”与欧盟委员会主席容克2014年提出的旨在重振欧洲经济的“欧洲投资计划”能够相互对接；中国—中东欧国家“16+1合作”也是“一带一路”的重要组成部分；对于“一带一路”沿线较不发达的国家来说，中国和欧盟都是它们潜力巨大的合作伙伴，中国现在是向发展中国家提供金融支持力度最大的国家，中国国家开发银行向发展中国家提供的贷款已经超过世界银行，而欧洲依然是世界上最大的援助提供者，欧盟和欧盟国家提供了全球70%的援助资金。“一带一路”沿线的中东、北非地区政治局势动荡，叙利亚、利比亚等国家陷入内战，给该地区人民带来巨大痛苦和人员、财产损失。欧洲也因这一地区的战乱不得不接受超过百万难民。2016年9月，欧盟委员会提出新设立欧洲可持续发展基金，从欧盟预算和欧洲发展基金中拨出33.5亿欧元，借以带动440亿欧元投资资金，向非洲以及欧盟周边地区投资。中国和欧盟在帮助这一地区发展中国家发展经济，摆脱经济和安全困境的目标一致，方法和手段相通，“一带一路”倡议同欧盟的新发展规划具有诸多相似之处，如能进一步相互协调对接，就可以产生“合力”效应，共同促进亚欧大陆的繁荣和稳定，使中欧关系具有更丰富的全球内涵。

本书只是汇集本次会议的部分文章，各位作者的学科、视角、观点也各不相同。本着平等探讨、尊重作者、文责自负的精神，编者不对文章做观点和思路的“剪裁”。相信本书的出版将有助于加深读者对于“一带一路”和中欧关系的影响的认识。

目　　录

第一部分　“一带一路”倡议背景下的欧洲

中欧“一带一路”合作的动力、现状与前景 …………………………（3）
“一带一路”倡议与中欧关系发展 ………………………………（18）
“一带一路”框架下的学术交流：增进中欧研究
　合作之建议 ………………………………………………………（27）
领事保护：“一带一路”框架下的中欧安全合作与前景 …………（32）
“一带一路”倡议下的中德关系发展前景 …………………………（56）
“一带一路”倡议下的中德可持续发展 ……………………………（68）
“一带一路”倡议与中德关系：潜力与挑战 ………………………（78）
“一带一路”倡议与中国—中东欧国家合作 ………………………（90）
“一带一路”倡议与中欧在伊朗的能源合作 ……………………（105）
中国新疆与欧洲：合作的历史纽带与现实需求 …………………（120）

第二部分　欧洲形势与中欧合作

欧洲难民危机的国际政治分析 …………………………………（133）
难民危机中的德国 ………………………………………………（150）

欧盟应对国际恐怖主义 …………………………………………………… (156)
中欧在能源领域的合作:机遇与风险并存 ………………………………… (166)
“后 2012”气候谈判中的中国与欧盟:
分歧、妥协、作用及展望 ……………………………………………… (177)
中国与欧洲:两种不同的规范性力量 ……………………………………… (193)
从外交文化视角看中德合作 ………………………………………………… (207)

后记 …………………………………………………………………………… (220)

第一部分

“一带一路”倡议背景下的欧洲

中欧“一带一路”合作的动力、现状与前景

冯仲平　黄　静①

自习近平主席于2013年提出“一带一路”建设倡议后，“一带一路”日益成为激发中国外交创造力、拓展中外合作深度和广度的概念。此概念最早提出时针对的主要是中亚与东盟国家，但欧洲已然是“一带一路”重要参与方。2015年3月中国政府出台的《推动共建丝绸之路经济带和21世纪海上丝绸之路的愿景与行动》纲领性文件将欧洲作为“一带一路”的“一头”看待，指出：“‘一带一路’贯穿亚欧非大陆，一头是活跃的东亚经济圈，一头是发达的欧洲经济圈，中间广大腹地国家经济发展潜力巨大。”② 以“一带一路”的规模，如无欧洲实质参与，绝难功毕；而一旦中欧合作，以二者体量，又必定具全球影响。本文拟对中欧“一带一路”合作的动力、现状、前景进行探讨。

---

① 冯仲平，中国现代国际关系研究院副院长，研究员；黄静，中国现代国际关系研究院欧洲所助理研究员。

② 《推动共建丝绸之路经济带和21世纪海上丝绸之路的愿景与行动》，中国商务部网站，2015年3月28日，http://www.fmprc.gov.cn/mfa_chn/ziliao_611306/zt_611380/dnzt_611382/ydyl_667839/zyxw_667918/t1249574.shtml。（上网时间：2015年8月20日）

一、从“一带一路”本质看中欧合作动力

“一带一路”并非自由贸易区，并非势力范围，并非地区一体化，也与常见的地区间主义大相异趣。其本质特性与内涵为中欧提供了新的强大的合作空间。

第一，“一带一路”是一个包含了国际维度的中国的区域协调发展战略。在2014年12月中央经济工作会议上，“一带一路”与京津冀协同发展、长江经济带并提。“一带一路”建设工作领导小组组长张高丽在2015年3月指出，要“完善区域发展政策措施，继续实施西部开发、东北振兴、中部崛起、东部率先的区域发展总体战略，重点实施‘一带一路’、京津冀协同发展、长江经济带三大战略，形成相互衔接、互为支撑、东中西联动的区域发展新格局”。[①] 2015年10月中共中央通过的《“十三五”规划建议》也在谈“拓展区域发展空间”时提及“一带一路”。[②] 由此可见，“一带一路”是中国的一个区域发展政策、一个空间规划任务；是中国试图平衡境内各区域发展的产物，也是中国试图统筹协调境内外发展的产物。有学者指出，“一带一路”倡议的本质是中国区域协调发展战略的“4.0版本”，其空间尺度囊括国家和跨国区域，不再是一个局部的联系通道，而是一个将中国与世界融为一体的大战略。以前的区域协调发展战略仅着眼于国内的协调，“一带一路”极大地拓展了中国经济活

① “张高丽：引领新常态　开创新局面——在第十六届中国发展高层论坛上的讲话”，《人民日报》，2015年3月23日2版。

② “中共中央关于制定国民经济和社会发展第十三个五年规划的建议（2015年10月29日中国共产党第十八届中央委员会第五次全体会议通过）”，新华社北京2015年11月3日电。

动的空间布局范围，拓宽了中国经济活动的回旋余地。[①]

“一带一路”倡议的背后，是全球经济空间的变化。随着制造业重心从发达国家向新兴市场国家转移，各大陆腹地陆续卷入世界经济增长大潮，过去处在资本主义“边缘”的国家面临新的发展机会。此外，3D打印、纳米、机器人、“工业互联网”等新一轮工业革命推升产业转型升级，以及全球产业布局调整。这种动态调整显示了全球资本主义的活力。在当代全球化进程中，打通国界边境、区域结盟、订立贸易协议可视作是对空间的一种整理。欧洲一体化的不断扩大与深化也是在全球化时代重新整合欧洲的经济空间的一种方式。“一带一路”也可做类似理解。但“一带一路”所整合的空间，远超中国之外，与“欧洲空间”及其外延已多有重合。

第二，“一带一路”是一个以基础设施建设为先导的挖掘全球经济增长潜力的工程。中国与“一带一路”沿线国家的合作以“政策沟通、设施联通、贸易畅通、资金融通、民心相通”为主要内容。综观此“五通”，政策、贸易、民心皆有成熟的渠道或机制，并非“一带一路”所独有；只有“设施联通”“资金融通”确有新意。基础设施互联互通是“一带一路”建设的优先领域，中国政府已提出国际骨干通道建设、提升道路通达水平、统一全程运输协调机制、能源基础设施合作、跨境光缆等通信干线网络建设等多项具体建议。[②] 而“资金通融”很大程度上是为“设施联通”服务。新成立的丝路基金、亚洲基础设施投资银行（AIIB，简称亚投行）等金融机构旨在为基础设施投资筹措资金，激发潜在的基础设施建设需求。

中国重视“设施联通”，固有推动基础设施建设“走出去”的考虑，但“一带一路”倡议之所以广受欢迎，是因为全球都有基础设施建设的需求。早在2009年国际金融危机肆虐之际，中国经济学

① 张可云、蔡之兵：“全球化4.0、区域协调发展4.0、与工业4.0——‘一带一路’战略的背景、内在本质与关键动力”，《郑州大学学报（哲学社会科学版）》，2015年5月，第89页。

② 《推动共建丝绸之路经济带和21世纪海上丝绸之路的愿景与行动》。

家、时任世界银行副行长林毅夫即呼吁出台“新马歇尔计划”，通过全球基础设施投资来打破发展中国家的经济增长瓶颈，并给高收入国家的结构性改革提供空间。[①] 2009 年 4 月的伦敦二十国峰会讨论了类似设想。

任何生产环节都有三种成本：人员成本、税负和物资成本。基础设施建设属于物资成本。企业要想盈利，就必须尽量降低这三种成本。但就像沃勒斯坦在国际金融危机后所指出的那样：“生产环节的三大主要成本一直在不断攀升，现在已经逐渐接近其渐近线，以至于整个系统已无法通过过去五百年间曾经使用的各种有效的机制回归平衡状态。生产者追寻无止境的资本积累，但这条路似乎走到了尽头。”[②] 正因如此，多国政府如能联手投资基础设施，将有效降低企业的“物资成本”，为全球经济注入新的动力。但全球金融危机之后，发达国家普遍陷入困境，国际公共产品性质的基础设施建设止步不前。因此中国提出“一带一路”才得到多国响应。

第三，“一带一路”是对现有国际合作模式的一个摸索性的调整。“一带一路”在既有框架下对国际合作模式进行了大胆创新。中国学者对“一带一路”的各种形容，如“多元性与开放性”[③] “共生”[④] 等，都是为了更好地解释这个新事物。首先，“一带一路”的走向和边界达到了惊人的开放度。在媒体报道中，“一带一路”涵盖的国家数目有相当大的出入，从 20 几个到 70 几个不等。“一带一路”甫一推出时，一般人认为欧洲中只有欧陆东南缘为“一带一路”所覆盖，但 2015 年 10 月习近平访问英国期间，英国将其北方

① 季桂保：“林毅夫：以‘新马歇尔计划’带动全球经济复兴”，《文汇报》，2012 年 10 月 16 日。

② ［美］伊曼纽尔·沃勒斯坦等著，徐曦白译：《资本主义还有未来吗》，社会科学文献出版社 2014 年版，第 24 页。

③ 李向阳：“论海上丝绸之路的多元化合作机制”，《国际政治与经济》，2014 年第 11 期，第 15 页。

④ 张艳璐：“欧亚联盟与新丝绸之路经济带的复合型共生关系分析”，《国际展望》，2015 年第 2 期，第 97—110 页；衣保中、张洁妍：“东北亚地区‘一带一路’合作共生系统研究”，《东北亚论坛》，2015 年第 3 期，第 65—74 页。

工业振兴计划与“一带一路”对接，大大延展了“一带一路”的范围。其次，“一带一路”由政府搭台，但大部分项目为市场运作。丝路基金即采用市场化运作。[①]“一带一路”也不发布项目清单，企业需独立评估风险。[②] 最后，中国政府虽然提出“和平合作、开放包容、互学互鉴、互利共赢”的丝绸之路精神，但并未预设任何标准。这与以法律和规范结合在一起的欧盟迥然不同，与美欧主导的很多国际组织以及自贸协定也大相异趣。

这样的一个事物将在多大程度上对现有国际秩序造成冲击，并不明确。但不可否认的是，现有国际秩序之不足已十分明显：被寄予全球治理厚望的二十国集团“虎头蛇尾”，不孚众望；世界贸易组织的多哈回合谈判长期陷入僵局，各种双边和多边贸易协定重新兴起；中东北非持续动荡，多个国家几近崩解；俄欧中间地带陷入持久低烈度冲突；亚洲的地区秩序正在重组。从更深刻的时代潮流看，全球化下，地域的功能与其实际边界越来越不一致。地区不再由物理或文化边界来划分，而是根据各种功能冲突来划分。[③] 民族国家仅是治理结构的其中一种，各个领域的全球治理、地区治理机制交叉重叠，形成错综复杂的治理网络。[④] 在这种情况下，世界需要新的、更有效率的、更符合时代潮流的秩序安排，至少是对既有秩序进行创新性修补。“一带一路”某种程度上正是这样一种探索和努力。

---

① 2014 年 11 月 8 日，中国国家主席习近平宣布，中国准备出资 400 亿美元成立丝路基金，2014 年 12 月 29 日，丝路基金有限责任公司注册成立并开始运行，公司注册资本为 615.25 亿美元。丝路基金将以股权为主的市场化方式运作，投资基础设施、资源开发、产业合作、金融合作等。

② 孙韶华、方烨：“多地‘一带一路’对接方案成形”，《经济参考报》，2015 年 4 月 29 日。

③ Oliver Kessler and Jan Helmig, “Space, Boundaries and the Problem of Order: a View from Systems Theory”, *International Political Sociology*, 1 (3), 2007, pp. 240 – 256; Oliver Kessler and Jan Helmig, “Of Systems, Boundaries, and Regionalisation”, *Geopolitics*, 12 (4), 2007, pp. 570 – 585.

④ Bob Jessop, “Capitalism and its Future: Remarks on Regulation, Government and Governance”, *Review of International Political Economy*, 4 (3), 1997, pp. 561 – 581.

二、中欧“一带一路”合作现状

欧方对“一带一路”的回应虽有点迟缓，但经过了一个预热阶段后中欧双方合作已呈现出良好发展势头。中欧“一带一路”合作既体现了时代背景，也体现了中欧关系自身的特点，是国际金融危机、欧债危机以来中欧务实互动的延续。

第一，中欧“一带一路”合作体现了较强的“中国规划”色彩。国际金融危机特别是欧债危机以来，中国在中欧关系中日益主动，积极推动双边投资协定谈判、自贸区可行性研究，制定《中欧合作 2020 战略规划》，并于 2014 年出台第二份对欧政策文件——《深化互利共赢的中欧全面战略伙伴关系》。反观欧盟，自 2010 年对外行动署成立以来便酝酿出台新的对华政策文件，却至今未得。

中国政府在中欧“一带一路”合作上着力颇多，精心谋划，有序推动。2014 年 3 月，即“一带一路”概念提出近半年之后，习近平首次作为国家主席访问了欧洲。习主席在访问欧盟总部期间强调其对中欧“两大力量、两大市场、两大文明”的新定位，并首次提出中欧要做和平、增长、改革、文明四大伙伴。同时，中欧领导人首次在双方共同发表的《关于深化互利共赢的中欧全面战略伙伴关系的联合声明》中提出将考虑围绕“丝路经济带”开展合作。文件指出：“中欧加强交通运输关系潜力巨大，双方决定共同挖掘中国丝绸之路经济带倡议与欧盟政策的契合点，探讨在丝绸之路经济带沿线开展合作的共同倡议。”①

之后，大约有一年多时间，很少能听到欧方对“一带一路”的反应。以至于有中国学者感慨：“与在中国的铺天盖地相比，‘一带一

① “中欧发表深化全面战略伙伴关系联合声明”，新华网布鲁塞尔 2014 年 3 月 31 日电。

路’在欧洲显然还没有引起足够的共鸣……欧洲的学术界对‘一带一路’还没有开始真正的讨论和研究……”① 但事实上，这一时间是欧方正在努力“做功课”，了解和研究中国倡议、筹划如何与中方展开合作的时刻。欧洲商界以及与经济关系较密切的政府部门在推动中欧“一带一路”合作中发挥了积极作用。英国加入亚投行这一不同寻常的战略举动主要由英国财政部以及伦敦金融城推动，即是一例。② 在华欧洲外交官对“一带一路”亦表示了极大的热情，如欧盟驻华大使史伟接受采访时表示：作为一个宏伟的工程，“一带一路”有利于亚欧非大陆及相近海洋的互联互通，将为中欧提供更广阔的合作空间。③

经过一年多铺垫和预热，中欧“一带一路”合作进入“战略对接”阶段。2015 年 6 月 28 日—7 月 2 日，李克强总理访欧，并于 6 月 29 日出席第 17 次中欧领导人会晤。双方领导人决定，支持“一带一路”倡议与欧洲投资计划进行对接，指示同年 9 月举行的中欧经贸高层对话探讨互利合作的具体方式，包括建立中欧共同投资基金。在峰会联合声明中，有十分之一的条文明显与“一带一路”有关。这标志着中欧“一带一路”合作正式开启。

第二，中欧在通过“互联互通”来重整欧亚经济空间方面已取得切实进展，且前景广阔。“互联互通”是“一带一路”以及古代丝绸之路的核心精神所在，也是中欧双方合作的一个切实抓手。自 2011 年 3 月首列重庆—杜伊斯堡货运列车开通以来，中欧之间已陆续开通“渝新欧”(2011)、“汉新欧”(2012)、“蓉欧”(2013)、“郑欧”

① 严少华：“欧洲为何对‘一带一路’慢热?”，大公网，2015 年 4 月 1 日，http://finance.takungpao.com/dujia/2015-04/2961624.html。（上网时间：2015 年 10 月 5 日）

② 乔纳森·古思里：“英国缘何钟情亚投行?”，《金融时报》中文网，2015 年 3 月 27 日，http://www.ftchinese.com/story/001061272。(上网时间：2015 年 10 月 5 日)

③ “‘一带一路’为中欧提供更广阔合作空间”，《新快报》，2015 年 5 月 27 日，http://news.xkb.com.cn/guangzhou/2015/0527/385976.html。（上网时间：2015 年 10 月 5 日）

(2013)、“苏满欧”(2013)、“义新欧”(2014)、“合新欧”(2015)、“哈欧”(2015)、“厦蓉欧”(2015) 等多列中欧班列，中国甚至计划到2030年开通两条通往欧洲的高铁。① 过去货物从中国通过海空运到鹿特丹、汉堡、法兰克福再分运到欧洲各地，耗时45天，而铁路运输则将时间压缩至十几天。“中欧班列”的蓬勃发展将有力促进中欧贸易。

2014年12月第三次中国—中东欧“16+1”峰会重点提到“互联互通合作”，并表示要构建互联互通新走廊，依托匈塞铁路、希腊比雷埃夫斯港等打造亚欧海陆联运新通道。一年后的第四次“16+1”峰会进一步夯实了这些项目。虽然希腊政局动荡，但比港的私有化进程仍有序推进，中远集团已赢得竞标。2015年6月举行的中欧领导人会晤取得的最重要成果也体现在互联互通上，双方同意在“互联互通合作平台”、“泛欧交通运输网”、亚投行等方面进行合作。同年9月底，中欧经贸高层对话在北京举办期间，中欧签署了关于欧盟—中国互联互通平台的谅解备忘录。

第三，欧洲对“一带一路”所可能导致的“新秩序”持开放态度，昭示了中欧新一轮战略合作的可能性。“一带一路”相关倡议中，最具深意的是亚洲基础设施投资银行。2014年10月24日，中国借举办亚太经合组织（APEC）北京峰会之机，邀集东盟、南亚、中亚、中东等地区的21国签订了《亚投行备忘录》，共同决定成立一个大型多边贷款机构。美国认为亚投行挑战了国际金融秩序，反对盟国加入。但2015年3月12日，英国突然打破沉默宣布加入亚投行，此后形势骤变，法国、德国、意大利等十余个欧洲国家，以及澳大利亚、韩国和埃及等传统意义上的美国盟友纷纷申请加入，

① 李志全：“中国工程院院士：2030年中国高铁或直通欧洲”，中新社北京2010年3月12日电。

最后美国也不得不软化态度。①

欧洲国家对华政策的最近一次较大调整始于欧债危机。欧债危机爆发以来，欧洲危机不断，陷入一体化开启以来最深困境。然而中国非但未跟风唱衰欧盟，反而给予其坚定的支持。这为各大国中所仅见。在此背景下，欧洲对中国的重视程度持续上升。价值观因素在欧洲对华政策中的影响下降，务实主义占据上风。欧洲一些国家表现出承认中国发展模式的意愿。同时，欧洲与美国对华政策的差别也凸显出来。欧洲国家没有把中国的崛起视为“战略竞争”，相反视为机遇，希望与中国共同发展、共同增长、共同塑造世界。欧洲众多国家踊跃参与亚投行清楚地反映了这一点。

第四，中欧“一带一路”合作是一个参差不齐的“多速”“多维”进程。“一带一路”以多元开放为特征，而欧盟自身也具有多层次、多中心的结构特点，加之中欧“一带一路”合作所涉及领域繁杂丰富，这便决定了中欧“一带一路”合作不会是单线的，也不会是直线的，而是多点多面，点面结合，波浪型、螺旋型地前进。

欧盟曾对中国与成员国深化合作，特别是与中东欧“16 +1”框架合作持怀疑和警惕态度，一些官员私下颇有微词，认为中国对欧盟“分而治之”。李克强总理2015年在中欧工商峰会上表示“中国与中东欧国家开展的互联互通合作项目，完全可以纳入中欧基础设施合作的大框架”②，明显有打消欧盟顾虑的考虑。近期，欧盟对中欧关系中的“多速”“多维”现象日益采取务实态度。比如，欧洲国家加入亚投行并未事先在欧盟层面协调，但欧盟事后表示支持，

① 2015年4月15日（意向创始成员国的截止日），亚投行的57个意向创始成员国确定，除了以中印为首的广大亚洲发展中国家之外，还包括了除美日之外的众多西方发达国家，其中欧洲有18个国家，分别为奥地利、丹麦、法国、芬兰、德国、冰岛、意大利、卢森堡、荷兰、挪威、波兰、葡萄牙、俄罗斯、西班牙、瑞典、瑞士、英国、马耳他，除俄罗斯、冰岛、瑞士外，都为欧盟国家；英、法、德、意等欧洲大国悉数参加。

② 李克强：“携手开创中欧关系新局面——中欧工商峰会上的主旨演讲”，新华社布鲁塞尔2015年6月29日电。

甚至“期待未来与亚投行进行合作”。[1] 2015 年 11 月，欧盟派代表作为观察员出席了中国—中东欧“16 +1”峰会。

由于中欧合作的对象是灵活、多元的，中欧“一带一路”合作也必然是中国同时与“点”（英、德、法、希腊、匈牙利等）和“面”（东欧、南欧、欧盟，甚至中东北非地中海）的合作。目前，中欧双方的多个行为体参与了“一带一路”合作：中国与欧盟“战略对接”；中国与“中东欧板块”共推“中欧陆海快线”；中国与匈牙利、波兰、塞尔维亚、捷克、保加利亚和斯洛伐克分别签订了共同推进“一带一路”建设的谅解备忘录[2]；伦敦金融城与上海自贸区金融合作不断深入；中国国内不少省市的官员前往欧洲探情况、找项目，以及延请国内外专家学者举办“一带一路”研讨会，已成近年一景。

三、中欧“一带一路”合作的前景

当前的中欧“一带一路”合作只发掘了部分潜力，未来还有广阔前景。随着全球经济地理变化，新技术推升产业转型、全球现有秩序不足日益凸显，中欧具有空前的合作空间。笔者拟从经济、秩序和文明三个层次来勾画中欧“一带一路”合作的前景，同时将通过介绍欧方视角指陈可能面临的阻碍。

第一，经济融合。“一带一路”计划不但能为欧洲走出金融和债务危机提供新出路，也将从根本上为中国和欧洲未来长期发展繁荣提供源源不断的动力。进一步看，“一带一路”是中国重塑全球经济

---

① “第十七次中国欧盟领导人会晤联合声明——中欧 40 年合作后的前进之路”，新华社布鲁塞尔 2015 年 6 月 29 日电。

② 2015 年 6 月，中国与匈牙利签订《关于共同推进丝绸之路经济带和 21 世纪海上丝绸之路建设的谅解备忘录》，这是中国同欧洲国家签署的第一个此类文件；2015 年 12 月，在苏州“16 +1”峰会后，中国主席习近平与波兰、塞尔维亚、捷克、保加利亚和斯洛伐克领导人分别签署政府间共同推进“一带一路”建设的谅解备忘录。

地理大时代的开端，假以时日，必将促进中欧经济空间的融合。

一流的欧洲战略家对此洞若观火。法国前总理德维尔潘认为，“一带一路”为冷战结束以来一直缺少共同发展计划的国际社会提供了思路，能够真正反映全球化趋势；而法国和欧洲却受西式自由主义的全球化旧观念影响，看不太清这一新趋势。① 普罗迪与高大伟（David Gosset）共同撰文呼吁，“欧洲战略家们应谨记，到2050年中国的经济总量将达美国两倍。贸易便利化、新丝路建设、以及探索数字丝路，应成为欧中关系中不可或缺的新动力……如果布鲁塞尔不能回应北京建设新丝路的呼吁，那么北京就会和其他积极的伙伴们单独完成目标，欧盟将很快发现自己已在一个由中央之国所设计和践行的经济与外交网络中被边缘化。”② 布鲁塞尔智库“欧洲之友”政策主管沙达·伊斯拉姆（Shada Islam）指出，“在这个极度需要资金、工作和现代化基础设施的世界当中，中国又一次展示了令人惊叹的统筹全局的能力。欧洲必须登上丝绸之路的快车，而非看着它从身旁开过。”③

但是，欧洲担心被中国“牵着鼻子走”，换言之，担心在利益分配上吃亏。德国柯尔柏基金会于2015年6月以“丝路沿线”为主题进行讨论，并形成了《新丝绸之路上的合作》报告。与会者提出，正常的经济合作，不仅需要相互信任，最低水平的要求是对称，中国作为一个“重量级”的国家，是否允许丝路沿线的合作伙伴平等

---

① Dominique de Villepin，“Faisons le pari de la nouvelle route de la soie”，*Les Echos*，LE 27/02/2015；中文参见：“法国前总理：唯有一带一路能反映全球化新趋势”，2015年3月13日，http：//oversea. huanqiu. com/article/2015 - 03/5896162. html。（上网时间：2015年5月29日）

② Romano Prodi and David Gosset，“The European Union And China On The New Silk Roads”，*Huffingtonpost*，10/16/2015，http：//www. huffingtonpost. com/david - gosset/the - european - union - and - ch_ b_ 8308746. htm.（上网时间：2015年10月29日）

③ “欧专家：欧洲应搭上中国丝路快车　着眼中长期需求”，中国日报网，2015年6月29日，http：//world. huanqiu. com/hot/2015 - 06/6802047. html。（上网时间：2015年8月1日）

决策呢?[①] 欧洲一家重要智库的专家则表示:“除了跳进中国提供的每一个商业机会,我们还要看看这些机会的细节。哪些机会只是服务于中国的利益(短期或长期),哪些机会对别人也有益?这是欧洲人在同意成为中国的丝路的终点之前所要问自己的问题。”[②] 在欧洲著名亚洲问题专家顾德明(François Godement)看来,比起欧洲在亚投行中的角色,欧洲更应关心如何运用来自中国的资本来促进欧洲的经济发展。[③]

“一带一路”的推动力主要是经济,经济合作是中欧“一带一路”合作的基础。可以预料,如果欧方能从合作中得到实在利益,欧洲精英能参与谋划“一带一路”,那么中欧合作就能走向正向循环。

第二,构建国际秩序。“一带一路”跨越欧亚大陆,覆盖了多个不同的地区经济、政治、安全机制,中欧“一带一路”合作的推进将可能触发这些不同机制间的联系、合作乃至融合。其影响力或许将不仅限于地区秩序层面。

欧债危机再加上美国战略东移、中东巨变、乌克兰危机等事件,欧洲的周边秩序已经分崩离析,面临根本性调整。欧亚大陆腹地无疑是中欧力量交集最密集的地方。中国、欧洲、俄罗斯以及中亚的有识之士应该共同寻找办法,促成地区秩序的有利转变。前欧盟外交与安全政策高级代表、前北约秘书长索拉纳积极支持中国在其中发挥更大作用。在其看来,“在今天的全球治理体系中,西方并没有

---

① 冯迪凡:“德法智库看‘一带一路’:欧洲不能总跟在中国后面”,一财网,2015年8月20日,http://www.yicai.com/mnews/2015/08/4674656.html; “Cooperation along the Silk Road”, Korber Foundation, August 2015, http://www.koerber-stiftung.de/fileadmin/user_upload/internationale_politik/bergedorfer_gespraechskreis/pdf/2015/Konferenzbericht_BG-159_EN.pdf。(上网时间:2015年10月29日)

② Angela Stanzel: “China's Silk Road to Nowhere?”, ECFR website, May 13, 2015, http://www.ecfr.eu/article/commentary_chinas_silk_road_to_nowhere3025.(上网时间:2015年11月2日)

③ François Godement and Agatha Kratz (eds): “‘One Belt, One Road’: China's Great Leap Outward”, ECFR, June 10, 2015, http://www.ecfr.eu/publications/summary/one_belt_one_road_chinas_great_leap_outward3055.(上网时间:2015年10月11日)

给予中国所应有的地位……欧洲，尤其是美国必须克服对中国的战略不信任。在参与和塑造该进程上不应浪费机会，这样，共同利益才会最大化”。[①] 俄罗斯著名战略家卡拉加诺夫（Sergei Karaganov）提议打造中、俄、欧共同经济空间：“欧盟和欧亚经济联盟之间的对话绝不容易，因此更好的方针是邀请中国和欧亚国家一起，假以时日打造一个从上海到里斯本的共同经济空间。”他同时建议欧盟建设性地参与上海合作组织。[②]

当然，对于中欧通过“一带一路”合作共同塑造新的地区秩序，欧洲战略界也有不同意见。持怀疑态度者认为，中国目前正在推行一个“低成本但质量不高”的国际秩序：“就像公开投标，世界对国际秩序的寻求就是一个关于质量和成本的选择。如果中国成为最低出价者，那么将必然迫使其他对手降低它们投标的质量以保持竞争力。结果将会形成一个低成本的国际秩序，即一个缺乏雄心和要求更低的国际秩序。”顾德明以欧洲国家加入亚投行为例，称中国不打算主导或颠覆现有的国际秩序，而是对其进行调整；而其他国家则放低了它们对国际秩序标准的要求，以跟上中国的节奏。[③] 马克·伦纳德等人则认为，“无论是欧洲还是美国都不能承受习的远大设想变为现实的代价。所以它们必须允许俄罗斯和中国在中亚展开竞争……延长与俄罗斯的对立，只能让欧洲独特的秩序陷入更危险的境地，只能让中国在布鲁塞尔与莫斯科争吵时渔翁得利。”[④]

欧盟过去几十年通过吸纳邻国，既壮大了自身力量，也有效改

---

① 哈维尔·索拉纳：“欧盟政治家撰文探讨中国与全球治理”，《中国新闻周刊》，2015 年 4 月 20 日，http：//www. haijiangzx. com/wshaijiangzx/recommends/20150420/764514. html。（上网时间：2015 年 10 月 11 日）

② Sergei Karaganov， “A Eurasian Solution for Europe's Crises”，Sep. 16，2015，http：//www. project – syndicate. org/commentary/how – to – improve – europe – russia – relations – by – sergei – karaganov – 2015 – 09. （上网时间：2015 年 10 月 11 日）

③ François Godement，“China's Promotion of a Low – cost International Order”，ECFR，May 6，2015，http：//www. ecfr. eu/article/commentary_ chinas_ promotion_ of_ a_ low_ cost_ international_ order3017. （上网时间：2015 年 8 月 1 日）

④ Ivan Krastev and Mark Leonard，“Europe's Shattered Dream of Order”，*Foreign Affairs*，94（3），May/June 2015，p. 58.

善了周边环境，其成就有目共睹。冷战结束后的大规模东扩，尤其体现了欧盟塑造地区秩序的主导性。然而，近年来欧盟深陷各种危机，不仅公众对于扩大的热情大幅下降，而且欧盟机构和成员国政府的兴趣点也转移到了反危机上，即使有心也无力吸纳新成员入盟。更为重要的是，目前欧盟面临的安全挑战，无论是来自东部还是来自南部，无论是来自西亚还是北非，“扩大”这一工具已经难以派上用场。中国“一带一路”倡议在中亚、中东地区之所以得到积极响应，主要在于该倡议的落实将为这些地区实现安全做出积极贡献。显而易见，中国“一带一路”的成功展开符合欧盟的利益。未来中国与欧洲在上述地区的合作将可能成为一个焦点。

第三，文明互鉴。中欧关系中，“文化”“民间”的因素一直非常突出，可回溯到新中国建国初期。而进入 21 世纪以来，随着国际政治向低政治、心灵政治、媒体政治转向，中欧交往中也开始出现“话语权”“软实力”和“公共外交”。但仅仅是最近几年，“文明”一词才开始高调进入中欧关系的语境中。如前所述，习近平主席 2013 年在北京会见前来出席中欧峰会的欧盟领导人时，给出了中欧关系的全新定位——“两大力量、两大市场、两大文明”。翌年 3 月，习近平访欧期间又首次提出中欧构建增长、改革、和平、文明四大伙伴的倡议；其在联合国教科文组织的讲话中提到了古代丝绸之路以及中欧文明交流的历史和重要性①，此篇讲话堪称中国政府在中西文明互鉴方面最重要的宣示。近年来，中国对很多重要的双边关系都有重新定位，但文明占据如此突出地位的，仅见于中欧关系。

长远来看，“一带一路”的推进将导致相关地区社会、政治、文化，甚至环境的变化，促进欧亚大陆上多种社会和文明的碰撞和融合，因此随着中欧“一带一路”合作的深入，当前引而未发的文明交流与互鉴也将成为重要内容。“文明”比“文化”和“公共外交”承载了更多的时空跨度，更符合中欧“一带一路”合作的厚重与高

---

① “习近平在联合国教科文组织总部的演讲”，新华网巴黎 2014 年 3 月 27 日电。

远，也更能引发欧洲精英内心的触动。2014 年 10 月李克强总理访德期间，德国外长施泰因迈尔在讲话中指出：在 1697 年的《中国新事萃编》一书中，莱布尼茨提出了中德在哲学、天文学、文献学和自然科学等方面合作的宏大计划，以帮助整个欧亚大陆实现发展，这正是今天新丝绸之路和金砖国家崛起将会带来的。[①]

四、结语

人类社会存在一种十分普遍的现象：一个新概念的形成，往往具有强大的刺激作用，从而使人们对问题的观察和研究出现一个跃进。“一带一路”就是这样一个概念。这个概念与“中欧关系”具有特别的亲和力。历史上，中国与欧洲通过丝绸之路，建立起了跨越整个欧亚大陆的联系。这个事实所激发起的史诗般的想象，一直延续到今天。

“一带一路”就其本质而言，是一个包含了国际维度的中国区域协调发展战略，一个以基础设施建设为先导的挖掘全球经济增长潜力的工程，以及一个对现有国际合作模式的摸索性的调整。“一带一路”之所以出现，与全球经济地理变化，产业调整、全球秩序失效以及民族国家角色变化等时代趋势有关。时代趋势赋予了中欧新的合作空间。“一带一路”是一个开放的和没有终点的工程，中欧“一带一路”合作同样如此。中欧“一带一路”合作的未来，取决于中国作为“市场”“力量”“文明”三大角色的成长潜力和辐射力，同时，全球大趋势的变化、欧洲自身的变化以及中欧互动的变化也将带来影响。

---

① 远达：“外媒：中国扩大对欧洲投资令美欧关系发生改变”，中国日报网 2014 年 10 月 16 日电。

“一带一路”倡议与中欧关系发展

陈新[1]

中欧关系的发展近年来走上了快车道。2013 年 11 月中欧领导人第 16 次会晤发表了《中欧合作 2020 战略规划》，2014 年 4 月习近平主席刚结束对欧盟总部的访问后，中方发表了第二份对欧白皮书《深化互利共赢的中欧全面战略伙伴关系》，提出在中欧之间打造“和平、增长、改革、文明”四大伙伴关系。2015 年中欧迎来了建交 40 周年纪念，中欧关系步入“不惑”的成熟期。“一带一路”建设更是为中欧合作的进一步发展借来了东风。

一、欧洲对于“一带一路”倡议的重要性

欧洲对于中国“一带一路”倡议的实施具有重要的战略意义。

（一）欧洲是“一带一路”的终点

众所周知，中国和欧洲位处欧亚大陆的两端。历史上的丝绸之路打通了中国和欧洲之间的商路。当今，中欧分别作为最具代表性的新兴市场国家和发达国家集团，中欧经济总量占全球的三分之一，人口相加占世界的四分之一，“一带一路”的建设将为进一步密切中欧之间的合作提供机遇。欧盟已经连续十年成为中国的最大贸易伙伴。随着中国内需的不断扩大，中国市场也成为欧盟对外出口的不

---

① 陈新，中国社会科学院欧洲研究所经济室主任，研究员。

可忽视的重要市场，并且成为欧洲经济增长的重要来源地之一。中欧之间的相互需求不断加大。

（二）欧洲是发达国家聚集地

欧盟二十八国占到了全球 GDP 的近四分之一。欧盟是中国第一大贸易伙伴，中国第一大技术来源地，也是中国最大的出口市场。2015 年中欧贸易额攀升至 5648 亿美元，而中国与欧洲之间的贸易额更是达到 6184 亿美元。换句话说，中国和欧洲之间平均每天有 17 亿美元的货物在运输。根据《中欧合作 2020 战略规划》，到 2020 年，中欧之间贸易额将达到 1 万亿美元。

（三）欧洲的内部差异大

欧洲既有人均收入最高的国家，也有部分中等发达国家。2004 年以来欧盟历史上最大的一次扩大，中东欧十一国加入欧盟，加大了欧盟内部的差异性。西欧国家拥有成熟的市场体系和技术实力，东欧国家则拥有相对成本较低的熟练劳动力所带来的较好的投资环境。随着中国—中东欧国家合作机制的不断推进，中东欧十六国也纷纷表现出深化与中国关系的浓厚兴趣。“一带一路”建设更是为深化和发展中欧关系带来推动力。中国与中东欧 16 个国家的贸易额仅占到中欧贸易额的十分之一。以往，中国与中东欧之间物流通道基本上是通过西欧中转的，这意味着额外的运输成本和额外的运输时间。“一带一路”建设将会把中国与中东欧国家之间的经贸纽带直接联系在一起，更加均衡地发展中欧关系。与此同时，中东欧地区基础设施相对落后，但又拥有低廉的劳动力成本和高素质的劳动力，这些又为中国加大对欧投资提供了机遇。

（四）欧洲目前依然忙于内部和周边事务无法脱身

债务危机过后，欧洲经济复苏脆弱。希腊债务危机不断重现。而欧洲东部的乌克兰危机导致俄欧关系恶化，欧洲东部的安全环境受到挑战。北非和中东的大量难民涌入欧盟，欧洲国家苦不堪言。欧洲面临的三重危机导致欧洲人自顾不暇。乌克兰、中东等也是“一带一路”倡议的途径区域，这些地区的稳定也是中国的利益之所在，因此，中欧在“一带一路”上的合作可帮助欧洲部分解决危机的困扰。

目前，欧洲经济增长低迷，内需不振，投资乏力。欧洲如果能够借“一带一路”的东风，将更多的产品打入中国市场，吸引更多的中国游客，稳住中国对欧投资快速增长的势头，这无疑会给欧洲的经济复苏带来新的动力。“一带一路”建设的特点是政策沟通、设施联通、贸易畅通、资金融通、民心相通五大领域齐头并进，中欧关系的大船在“一带一路”的强劲东风带动下，“和平、增长、改革、文明”四大伙伴关系定会结出累累硕果。

二、中欧合作的现有基础

中欧关系过去40年的发展，尤其是近十年来中欧战略伙伴关系的全面发展，为中欧开展进一步的合作奠定了坚实的基础。

（一）政策沟通

2013年11月，中欧经过商谈，共同发布《中欧合作2020战略规划》。2014年3月习近平主席访欧时呼吁中欧建设和平、增长、改革和文明四大伙伴关系，随后，中国外交部发布第二份对欧政策文件《深化互利共赢的全面战略伙伴关系》。这些战略性文件为中欧关系未来十年的发展指明了方向。

（二）设施联通

目前，中欧之间80%的货物是通过海路运输的。随着“一带一路”建设的不断推进，中欧贸易的运输方式将会发生变化。

变化之一来自“丝绸之路经济带”的建设。随着中欧班列运输量的不断增大，中国和欧洲之间陆路运输的货物和货值所占比例会不断升高。国内目前已经开通了“渝新欧”“郑新欧”“义新欧”“夏新欧”等n个“x新欧”。这些中欧班列到达欧洲后会奔赴波兰、德国、西班牙等国。开通的中欧班列，相比海路运输将缩减至少15天的运输周期。对于商家来说，时间就是金钱，运输周期的缩短，将提高资金的使用率和周转期。中国出口欧洲的产品中，机电产品占到半壁江山。而其中的电子通讯和信息类产品体积小、附加值高、供货期短，由于对单位运输成本敏感性低，中欧班列运输的吸引力大增。值得注意的是，日本、韩国等也表现出通过中欧班列运输它们的高附加值产品出口到欧洲的兴趣。这是因为，将产品从日本、韩国运输到连云港、天津等港口，再通过中欧班列运输到欧洲，比海路运输会节约15—20天的周期。因此，中欧班列有望发展成为东亚通往欧洲的新的商品大动脉。

变化之二得益于"21世纪海上丝绸之路"建设的溢出效应。中国通过海路运往欧洲的产品大部分是先抵达西欧的鹿特丹、汉堡、安特卫普等港口，再发送到欧洲的其他目的地。中国和中东欧十六国之间已经于2012年建立起"中国—中东欧合作机制"，中国和中东欧十六国的总理每年举行会晤，推动相互间的合作。2014年12月，李克强总理在贝尔格莱德参加第三届中国—中东欧国家领导人会晤时提出打造"中欧陆海快线"的构想，通过建设从希腊比利埃夫斯港经马其顿和塞尔维亚至匈牙利布达佩斯的铁路线，将中国输欧的海路运输周期缩短7—11天。"21世纪海上丝绸之路"建设与中国—中东欧合作结合起来将会产生叠加效应。

（三）贸易畅通

建立更多的自贸区可以为中国和欧洲的贸易畅通提供法律保障。欧洲是中国较早开展自贸协定谈判的地区。从自贸谈判的角度，欧洲可以分为几个地区，一是欧洲自由贸易联盟（简称欧自联，EFTA），二是欧盟，三是欧亚联盟，此外还有一块则是西巴尔干地区。

1. 欧自联。欧洲自由贸易联盟几乎与欧盟的前身——欧洲经济共同体同时代诞生，并且在20世纪60年代，欧自联（七国）成员一度超过了欧共体（六国）。但在经历了40年的发展后，欧盟如今已经成为拥有28个成员国的欧洲最大的一体化组织，而欧自联目前仅剩四国。在欧自联国家当中，中国与冰岛、中国与瑞士自贸协定已经生效。列支敦士登因关税等事宜委托瑞士代管，所以中瑞自贸协定也适用于列支敦士登。中国—挪威自贸协定已经完成文本工作，只待双边政治关系改善后即可签署。此外，中国与欧自联的自贸协定也已万事俱备，只待挪威对华政治关系的改善。

2. 欧盟。中国与欧盟的自贸协定谈判取决于中欧投资协定谈判的进展。欧方要求谈完投资协定谈判再进行自贸区协定谈判。而中方一直在呼吁，在进行投资协定谈判的同时，双方尽早启动自贸可行性报告的联合分析工作。习主席2015年10月访问英国，中英发布的联合声明中，英方对中方的这一观点表示了支持。

3. 欧亚联盟。欧亚联盟是俄罗斯主导的跨欧亚的经济一体化组织。2015年5月，习主席访问俄罗斯，中俄签署并发表了《关于丝绸之路经济带建设与欧亚经济联盟建设对接合作的联合声明》（以下简称《联合声明》）。根据《联合声明》，双方努力将“丝绸之路经济带”建设和欧亚经济联盟建设相对接，确保地区经济持续稳定增长，加强区域经济一体化，维护地区和平与发展。中国与欧亚经济联盟自贸区这一长期目标也同样可期。

4. 西巴尔干国家。中国与西巴尔干国家之间的自贸协定也存在谈判的可能性。西巴尔干国家经济体量较小，目前也都把加入欧盟作为自身的政策和战略目标。中国在中国—中东欧合作机制框架下与这些国家开展自贸协定谈判，一方面可以进一步做实双边合作，另一方面也可以未雨绸缪，做好预备性工作。

（四）资金融通

中欧之间在金融和资本合作领域已经取得了长足的进展。中国四大商业银行均已在欧洲开设了分行。中国已经同一系列欧洲国家签署了货币互换协定。中国与部分欧洲国家签署了人民币海外结算中心等协定。中国允许部分国家投资中国的银行间债券市场。与此同时，欧洲国家对亚洲基础设施投资银行表现出极大的兴趣，共有18个欧洲国家成为亚投行的创始成员国。

（五）民心相通

中欧之间除了中国与欧盟的人文交流机制之外，中国同一些成员国也建立了相应的机制，目前中欧之间已经建立了多层级的人文交流机制。为了进一步扩大交流与合作，中国提供的留学生名额也在不断上升。此外，中欧之间的旅游合作也在不断扩大，旅游目的地国家数量不断增加，新开的直达航线稳步上升。这些措施都有助于中欧之间的民间交流，促进民心相通。

三、"一带一路"倡议实施给中欧关系发展带来的新机遇

"一带一路"倡议给中欧关系的发展带来了新机遇。鉴于欧方目前对该倡议还在观望和理解阶段，要落实该倡议，需进行一系列细致而基础的工作。

（一）加强政策对话和沟通

随着"一带一路"倡议的出台，中欧关系又有了新的战略内涵。目前，欧盟对"一带一路"倡议还没有正式的官方回应，称仍在理解阶段。欧盟对外行动署的官员称《中欧合作2020战略规划》是目前唯一双方经过讨论共同制定的战略规划。欧洲一些国家，如德国、法国、英国等表示了对"一带一路"倡议的兴趣。为了更好地加深欧盟对"一带一路"倡议的理解，并争取支持，以实现政策对接，需要加大政策沟通的力度，尤其是做好成员国的工作，以取得更多的支持。2015年6月王毅外长访问匈牙利期间，同匈牙利政府签署了《中华人民共和国政府和匈牙利政府关于共同推进"丝绸之路经济带"和"21世纪海上丝绸之路"建设的谅解备忘录》，匈牙利成为欧洲第一个与中国签署类似合作备忘录的国家。2015年9月，第五次中欧经贸高层对话在北京举行。在双方达成的多项共识中，特别就"一带一路"倡议与欧洲投资计划对接取得了积极进展。中欧双方签署了《关于建立中欧互联互通平台的谅解备忘录》，双方还同意成立工作组，就设立中欧投资基金的具体方案进行研究。这些举措为加深欧洲对"一带一路"倡议的理解提供了帮助。

（二）减少分歧，保持政策的连贯性

在如何看待未来中欧关系发展的大方向上，中欧之间依然存在理解层面的分歧。中方强调的是习主席访欧期间提出的建设“中欧四大伙伴关系”。在2015年5月5日第五轮中欧高级别战略对话中，国务委员杨洁篪表示，“当前发展中欧全面战略伙伴关系的重点是落实习近平主席去年访欧时同欧方领导人达成的重要共识，共同建设中欧和平、增长、改革、文明四大伙伴关系。”① 5月6日，外交部长王毅在接见前来参加战略对话的欧盟外交与安全政策高级代表莫盖里尼时表示，“建立四大伙伴关系是中欧双方站在时代发展潮头作出的选择，体现了双方引领人类发展的共同愿望和历史责任。”②

而欧方则认为，《中欧合作2020战略规划》是经过双方逐条讨论和谈判达成的共同成果，双方应该以此文件作为未来十年中欧合作的指导性文件。2015年5月6日中欧建交40周年之际，中欧领导人相互致电祝贺。从双方的贺函中，我们可以看出各自对中欧关系发展的理解上是有区别的。习近平主席在贺电中表示，“中欧打造和平、增长、改革、文明伙伴关系符合双方人民利益，也将为促进人类和平与发展作出贡献。中方高度重视中欧关系发展，愿同欧盟领导人一道，以中国欧盟建交40周年为契机，积极推进中欧四大伙伴关系建设，推动互利共赢的中欧全面战略伙伴关系取得更大发展。”③ 欧盟委员会主席容克在贺电中表示，“欧中关系在政治、经济、文化以及其他诸多领域取得巨大发展。欧盟致力于推进欧中全面战略伙伴关系，期待同中方共同促进和平、繁荣、可持续发展，造福欧中双方和全世界。”而欧方提及的“和平、繁荣、可持续发展”是《中欧合作2020战略规划》的主要组成部分。

---

① “中欧举行第五轮高级别战略对话”，外交部，http：//www. mfa. gov. cn/mfa_ chn/zyxw_ 602251/t1261037. shtml。

② “王毅会见欧盟外交与安全政策高级代表莫盖里尼”，外交部，http：//www. mfa. gov. cn/mfa_ chn/zyxw_ 602251/t1261151. shtml。

③ “习近平同欧盟领导人互致贺电庆祝中国欧盟建交40周年”，外交部，http：//www. mfa. gov. cn/mfa_ chn/zyxw_ 602251/t1261042. shtml。

实际上，中欧双方的话语中，对合作方向的理解是共同的，只不过是在表达方式上有所不同。近年来，中国的外交中有一种不断寻找新词汇，推出新概念的倾向。领导人上一次出访表达的一个新概念，对方还没有完全吃透和掌握，新的一次出访又推出了新的概念，让对方有自顾不暇、跟不上节奏的感觉。其实，中文的丰富内涵导致了表达方式上的多彩形式，但中欧双方合作的实质内容基本上是没有太大变化的。因此，考虑到欧方在理解和思维上的惯性所导致的差异（欧方的“方脑袋”和中方的“圆脑袋”），应该向欧方多做解释工作，减少分歧，保持政策的连续性。

最近，中方的表达方式已经有所兼顾。新的表达方式为，双方致力于共同构建“和平、增长、改革、文明”四大伙伴关系，落实《中欧合作2020战略规划》，充分发挥约70个对话合作机制的作用，全面推进中国与欧盟及成员国的关系。

（三）战略抓手

落实“一带一路”倡议与欧洲的对接，可以通过以下一些战略抓手来实现。

1. 中欧投资协定谈判。鉴于中欧庞大的经济规模，中欧在投资领域具有巨大的开发潜力。从1982年起，中国已与除爱尔兰以外的其他27个欧盟成员国签订了双边投资协定（BIT）。但现有中国与欧盟成员国双边投资协定难以满足中资“走出去”的需求。在中国与各欧盟成员国签订双边投资协定的初期，中国还是投资净目的地，因此这些协定实际上是单方面地保护外资，将中国作为东道国的法律义务维持在较低的程度，较少或未考虑中国对外投资的情形。当中国逐渐成为对外投资国之后，这些协定就无法充分保护中国投资者在海外的利益了。中国正逐渐成为重要的投资输出国，对于中国对欧投资者而言，如果《中欧双边投资协定》达成，在中国对欧盟投资者提供准入前国民待遇和负面清单的同时，中国投资者也将从欧盟提供的准入前国民待遇和负面清单中获得更大、更透明的市场准入，在国民待遇、最惠国待遇、禁止业绩要求以及争端解决机制方面，中国投资者将得到比以往更高程度和更统一的投资保护。继2011年中美决定启动“中美双边投资协定”谈判之后，中欧领导人在2012年4月中欧峰会上决定研究促进双边投资事宜，同年夏天双方启动中欧投资联合工作小组首次提到BIT谈判。2013年11月，中欧峰会正式宣布将启动中欧BIT谈判。

2. “欧洲投资计划”（即“容克计划”）。“容克计划”，即欧盟委员会2014年11月提出的旨在重振欧盟经济的欧盟投资计划，其实施途径是通过新设立总额210亿欧元的欧洲战略投资基金，在2015年至2017年间吸引来自私营部门约3150亿欧元的投资。2015年5月6日，李克强总理在会见欧盟委员会副主席、外交和安全政策高级代表莫盖里尼时指出，“中国正在以改革开放推动经济稳定增长。欧盟也推出了投资计划。中欧将发展战略有效对接，以改革的思路推进彼此间的合作，可以创造更大增长空间，实现互利共赢、多赢。”[①] 2015年9月在北京举行的第五次中欧经贸高层对话上，中欧双方同意设立工作组，探讨中方参与容克计划的具体形式。

3. 中国—中东欧合作机制。2012年中国与中东欧合作机制启动，中国与中东欧16个国家之间的机制性合作目前已经进入了第四个年头。如果把“一带一路”倡议比喻成一条正在腾飞的巨龙，中国—中东欧合作机制则是这条巨龙在欧洲的一只有力的翅膀。中国—中东欧合作机制中，欧方的16个成员国是“一带一路”倡议所覆盖地区。深化中国—中东欧合作机制，无疑会为“一带一路”建设赋予丰富内涵，进而带动中欧关系走向深入。

---

① “李克强会见欧盟委员会副主席、外交和安全政策高级代表莫盖里尼”，外交部，http：//www. mfa. gov. cn/mfa_ chn/zyxw_ 602251/t1261451. shtml。

"一带一路"框架下的学术交流：增进中欧研究合作之建议

艾沛思（Pascal Abb）

黄萌萌译①

2013年中国提出"一带一路"倡议，中国与欧洲之间开始打造一条"新的丝绸之路"经济带，中国希望进一步增进中欧交流，为此注入新动力。"一带一路"倡议更像是一个全新的"亚欧大陆桥"计划。后者诞生于20世纪90年代初期，但是由于缺乏资金支持与相互协调而最终沦为泡影。而在"一带一路"倡议支持下已经成立了相关的资助机构并且拥有大量资金支持，这就弥补了过去"亚欧大陆桥"计划由于资金不到位所造成的遗憾。与此同时，一条"海上丝绸之路"经济带也在建设之中，它将连接中国、南亚以及东非之间的交通要道。

即使中国对周边国家的基础设施建设援助已有经验，并且取得了一定的成就，但"一带一路"倡议将为中国与更多国家合作开创机遇：首先，发展中国家将在全球范围内提供公共产品，开辟更为广阔的经济地缘空间，并将自己的发展模式向其他国家开放。今后几年中，亚洲基础设施建设与投资银行（AIIB）与其他基金项目将为"一带一路"的海外项目提供超过1000亿美元的资金支持，这将为中亚很多国家带来新的发展机遇，有望帮助它们成为东亚与欧洲

① 艾沛思博士（Dr. Pascal Abb），德国区域与全球研究所研究员；黄萌萌，中国社会科学院欧洲研究所助理研究员。

之间的货运交通以及贸易重镇。

物质资源已经具备，但还需要看到“一带一路”倡议的象征意义，它是中国崛起过程中构建新型政治意愿的明确标识，也是中国关于世界经济秩序的具体设想，即通过经济融合的力量重新回归全球贸易网络的中心位置。此外，“一带一路”倡议与习近平总书记所倡导的“中国梦”密不可分，不仅强调其巨大的内政价值，同时也被赋予了较大的业绩压力。

总体上来说，中国和德国以及欧洲都可以从此倡议中受益，它不仅为双边贸易往来开辟了更便宜的交通运输通道，同时也为沿线国家的发展注入新动力，为区域稳定做出贡献，使得中国成为中亚以及中东等地区“负责任的利益相关者”。此外，德国更多地将“一带一路”倡议视为机遇而非威胁或者挑战，德国很早加入亚投行并发挥建设性作用便是很好的例证。

不过，在“一带一路”倡议具体执行过程中，它也遭受到了一些质疑。质疑的理由多种多样，比如有人认为“一带一路”倡议是一个高度复杂的工程，项目的资助对象超过60个沿线国家，不仅需要评估其各自收益，同时也要看到单个项目对于“一带一路”纲领的整体协调性的影响。为此，各国之间需要进行密切沟通与协调。此外，“一带一路”倡议的一些沿线国家存在着安全风险，区域不稳定因素不利于基础设施建设的长期蓝图的实施，而且中国企业至今还缺乏相关的应对经验。最后，亚投行承诺在效率、可持续发展以及投资计划透明性等方面建立较高的标准，但目前中国自身还未完全遵守这些标准，有些中国企业的海外项目也没有充分顾及当地民众的利益。

为了实现“一带一路”倡议目标，中国非常重视国内外专家团队建设。中国智库，比如中国社会科学院已经建立了“一带一路”的研究平台，向中亚、中东欧以及巴基斯坦等沿线国家宣传该倡议内容，交流信息，并且向中国决策者与企业反馈报告。然而，至今中德之间关于“一带一路”倡议的智库交流平台还未建成，此领域的中欧合作仅限于和中东欧国家在“16+1”平台上的交流。其实，欧洲基础设施建设倡议与“一带一路”倡议具有互补性，双方具有高度的协调需求，而且“一带一路”倡议在对外形象宣传中强调兼容并蓄，为此，如果只和中东欧国家建立“一带一路”智库交流机制多少有些缺憾。可以说，中欧在“一带一路”倡议框架下的专有技术交流并未得到完全开发。中、德双方现有的科研合作往往局限于对各自的科研成果进行报告交流，而很难做到实施共同的项目研究。

德国的科研院所以及其他机构组织在国际发展合作中拥有丰富的专业技能与经验，比如德国发展政策研究所（DIE）、德国国际合作机构（GIZ）以及欧洲智库集团（ETTG）所包括的欧洲合作伙伴。德国的政治基金会，如阿登纳基金会（KAS）和弗里德里希·艾伯特基金会（FES）凭借它们在海外多年的经营经验，对当地环境非常了解，而且德国基金会与当地组织机构之间也会互通有无。地方学术研究机构，如德国区域与全球研究所、汉堡大学亚非研究院以及柏林洪堡大学在有关中东、中亚以及南亚的科研领域中有着深入的专业知识与技能，这可与中国在此领域的研究形成互补与借鉴。此外，德国在政治风险比较研究、社会稳定以及和平与冲突根源研究等领域也颇有建树，这和中国实施“一带一路”倡议具有高度的相关性。

为了充分利用“一带一路”倡议的潜力平台并且为之做出贡献，中德与中欧之间应加强专家、智库以及大学之间的各层级交流合作。

首先，智库论坛可以成为中欧之间高层战略对话的有力补充，它们的工作重点是为“一带一路”倡议举办国际研讨会并且对之进行深入研究。在此，除了中国代表也邀请欧盟各个成员国代表一同参与。这其实是典型的双轨外交：一系列高层对话辅之及时的信息沟通与交流，将有助于协调中欧双方在“一带一路”倡议框架下进行的投资活动以及基础设施建设合作。目前，中国与中东欧国家的“16+1”智库交流平台已经使用了这个模式，而该模式也可以扩展至与欧盟其他国家进行智库交流的实践，以此消除欧盟对于中国“一带一路”倡议的忧虑，比如有人认为中国此举意在“分化”欧盟的地域统治权。如果该模式在更大的范围内得以执行，那么欧洲很多国际关系领域以及欧洲研究领域的智库将对此产生浓厚的兴趣。

从中观层面来看，应聚焦于机构合作伙伴之间的协议。协议包括科研合作的具体措施以及信息交流范围。“一带一路”倡议为中德以及中欧之间的研究机构加强现有交流提供了非常好的契机，并可逐步落实共同的科研项目，改变至今仍对各自领域独立产出的科研成果进行交流的状态。此外，在“一带一路”倡议框架下，中欧双方共同探讨投资日标国的政治、社会以及经济风险具有重要意义。这也将开辟更多的合作渠道，包括共同资助科研项目、专家交流、研究方法培训、数据库共享以及合作撰写和发表论文与报告。

最后，中欧双方可对“一带一路”倡议框架下的具体项目执行进行联合评估。公开招标对有关资助机构，如亚投行的分析评估，并且询问特定的外部机构以及专业人士。外部专业人士应参与资助拨款的评审与决策过程。专家小组可以承担具体的分析工作，比如亚投行如何对相关国家开展可持续的发展援助。此外，研究人员可为开展“一带一路”项目的中国企业提供服务，使其与沿线国家的公民社会相联系。在具体项目的执行过程中，与专家进行商议咨询可以获悉当地的社会承载力，并且了解当地民众对于具体项目的接受能力，这其实是基础设施建设长期投资不可或缺的组成部分。

“一带一路”倡议可为中德多年来所进行的科研以及教育机构合作交流开辟新的契机。当然，双方也应加强相互理解，避免误解与误判。对于德国参与者来说应认真对待中国“构建”新角色与新环境的意愿，并且理解在其“构建”过程中所承担的相关风险。即使中欧双方在执行项目过程中看到了一些问题与困难，但是中国的“一带一路”倡议确实填补了当前发展援助机构的漏缺，它为沿线国家提供了新的发展机遇，有些沿线国家至今还未参与到全球商品贸易链条之中。

由于中德之间的政治环境以及科研体制的差异，一些研究者可能会有顾虑。大多数中国智库属于国家事业单位，接受国家管理，比如中国社会科学院。因此，对于德国来自大学或者独立研究机构的研究者来说迫切需要竖立一种“禁忌意识”，即搁置敏感的政治与外交话题。这虽然在一定程度上对双方学者在大型公众场合交流的话题内容有所限制，但却为建立私人联系并且共同探讨创造了机会。

德国和欧洲希望中国遵守确保项目评估过程中透明性的承诺，并且将国际参与者包括其中。建设性的批评意见应被视为有益于“一带一路”项目推进的积极因素，而非对于中国理念的拒绝或排斥。最后，在执行为沿线国家接纳并且具有可行性的具体项目时，宣传“一带一路”倡议的最佳方式是让它拥有一个令人信服的整体纲领。在此，尊重外国智库以及非政府组织作为独立伙伴人的角色十分必要，因此，目前中方需要对非政府组织的严密审查慎重考虑。最有吸引力的国际合作者在中国十分活跃，如果它们在中国的工作与研究环境得到改善，那么它们乐意进一步加强对华合作。

中德以及中欧双方在“一带一路”倡议框架下可以实现利益共享，这不仅有利于各参与国家，同时也为双方的学者交流与科研合作创造更多机会。因此，我们希望看到“一带一路”倡议不仅为与沿线国家的贸易往来提供资金支持，同时也成为东西方科学交流的重要媒介。

领事保护：“一带一路”框架下的中欧安全合作与前景

赵纪周[①]

随着中国“一带一路”倡议的实施与中欧关系的提升等，中国企业与个人赴海外（如欧洲）投资、旅游等活动日益增多。如何更好地保护中国企业、员工及其他公民在海外的人身、财产等安全值得关注。欧洲（包括欧盟）国家在领事保护机制建设和实践方面具有一些值得参考的经验，但也存在一些不足。这对中国在推进“一带一路”过程中不断完善领事保护机制、更好地保护中国公民的海外利益具有一定的借鉴意义。而中欧在领事保护方面的合作，则有利于深化双方在安全领域的协调、提升中欧伙伴关系的内涵与水平。本文首先介绍了领事保护的概念与内涵，概述了欧盟的共同领事保护机制、欧洲国家如英国的领事保护经验与不足，以及中国领事保护机制的内容（宣传、预防、实施和保障等机制）与领事保护的实践；在此基础上，将考察中国与欧洲国家在领事保护领域交流合作的现状，并探讨在“一带一路”框架下中欧安全合作在领事保护领域的可能路径与前景。

① 赵纪周，中国社会科学院欧洲研究所助理研究员，博士。

一、领事保护的概念与内涵

主权国家对身处国外公民的保护，主要有领事保护（Consular Protection）和外交保护（Diplomatic Protection）两种途径。[①] 领事工作是一国外交工作的重要组成部分。保护海外本国公民及其利益乃是领事工作最基本也是最重要的内容。在后冷战时期，随着经济全球化的不断深入，世界各国面临着出国人员增多、领事保护任务加重的现实问题。在此背景下，世界各国的领事工作进行了改革，包括不断完善领事保护机制等，特别是领事保护的工作方式从单一保护向多元参与转变、工作重心从被动应对向主动预防转变等。

领事保护也称领事协助（Consular Assistance），是指一国的领事机构、领事官员或领事代表，根据本国的国家利益和对外政策，于国际法（如《维也纳领事关系公约》，Vienna Convention on Consular Relations）许可的限度内，在接受国[②]同意的范围内，或按其与驻在国的条约规定，保护派遣国[③]及其国民的人身、财产、合法权利和利益的行为。[④] 在国际领事实践中，领事保护大体上可分为狭义和广义两类。首先，狭义的领事保护是指当派遣国国民（包括法人）的合法权益在领区内受到违反国际法的不法行为的损害时，领馆或领事

---

① 关于领事保护和外交保护这两个概念的区别，参见万霞："海外中国公民安全问题与国籍国的保护"，载《外交评论》，2006 年第 6 期。一般认为，外交保护是比领事保护更高一级的最终形式。

② 按照《维也纳领事关系公约》的规定，接受国（the receiving state）是指接受外交或领事代表的国家，即海外公民所在的领土所属国，有时也称属地国（the territorial state）。

③ 派遣国（the sending stat e）是指派出外交或领事代表的国家，即海外公民的国籍所属国，也称国籍国（the nationality state）或属人国（the personality state）。

④ 万霞："海外公民保护的困境与出路——领事保护在国际法领域的新动向"，《世界经济与政治》，2007 年第 5 期，第 37—42 页。另参见柳炳华、朴国哲、朴永姬：《国际法》，中国政法大学出版社 1997 年版，第 200 页。

官员与领区当局交涉，以制止此种不法行为，恢复受害人应享有的权利和利益，对已受到的损害予以赔偿。如果领区当局无视或拒绝领馆和领事官员的交涉，则可将有关问题提交本国外交代表，由其与接受国外交部进行交涉，进行外交保护。其次，广义的领事保护还包括领馆和领事官员向派遣国国民提供必要的帮助和协助。[①] 目前，国际社会规范各国领事活动的主要国际公约是 1963 年签署、1967 年生效的《维也纳领事关系公约》——中国于 1979 年加入该公约。

按“中国领事服务网”上的定义，中国所认定的领事保护是指派遣国的外交领事机关或领事官员，在国际法允许的范围内，在接受国保护派遣国的国家利益、本国公民和法人的合法权益的行为。当中国公民、法人的合法权益在驻在国受到不法侵害时，中国驻外使领馆依据公认的国际法原则、有关国际公约、双边条约或协定以及中国和驻在国的有关法律，反映有关要求，敦促驻在国当局依法公正、友好、妥善地处理。领事保护还包括中国驻外使领馆向中国公民或法人提供帮助或协助的行为，如提供国际旅行安全方面的信息、协助聘请律师和翻译、探视被羁押人员、协助撤离危险地区等。[②]

保护海外公民和法人利益等，体现了安全观内涵的变化。在联合国威胁、挑战和改革问题高级别小组报告《一个更安全的世界——我们的共同责任》所提及的非传统安全因素中，人的安全成为其中一项重要内容。而 2003 年的《欧洲安全战略》指出，安全是发展的前提，后冷战时期欧洲面临着诸多新的威胁，它们更加多样化、更加不确定，并且更加难以预测。2014 年 4 月，习近平总书记

---

① 钱其琛主编：《世界外交大辞典》，世界知识出版社 2005 年版，第 1215—1216 页。

② 中国领事服务网：http：//cs. mfa. gov. cn/gyls/lscs/t830953. shtml。

首次提出总体国家安全观①，构建集政治安全、国土安全、军事安全、经济安全、文化安全、社会安全、科技安全、信息安全、生态安全、资源安全、核安全于一体的国家安全体系。② 未来中国提供国际公共安全产品的效率和能力都会有所提高，反应速度也会加快。

应该注意的是，领事保护具有较强的敏感性和复杂性，因为领事保护由各国领事在接受国境内进行，通常会涉及国际法领域的主权、人权、干涉、引渡和司法协助、国家责任敏感。因此，如何更好地保护好本国公民和法人在海外的合法权益，对于相关国家和政府而言既是一项"艺术"也可谓是一门"学问"。③

随着中国"一带一路"倡议的落实与推进，中国公民海外人身、财产安全等利益的保护，对新时期中国的领事保护工作提出了更高要求。对此，我们应该立足本国国情制定切实有效的领事保护条例、完善现有领事保护机制，在研究其他国家（或行为体）领事保护机制的同时，探讨同它们在领事保护领域的交流与合作。

二、欧洲的领事保护机制与特点

从国际法的角度看，领事保护（以及外交保护）的实践与国际法的发展密切相关。20 世纪 90 年代后，全球化背景下世界各国领事保护在国际法领域的发展出现了一些新的趋势，即国家责任的加强、领事保护形式的多样化、保护内容的完善以及保护行为的规范化。其中，当代领事保护形式多样化的表现之一是民间参与领事保护事

① 总体国家安全观的内涵，是指国家安全工作应当坚持总体国家安全观，以人民安全为宗旨，以政治安全为根本，以经济安全为基础，以军事、文化、社会安全为保障，以促进国际安全为依托，维护各领域国家安全，构建国家安全体系，走中国特色国家安全道路。

② 习近平："坚持总体国家安全观走中国特色国家安全道路"，新华网，2014 年4 月15 日，http：//news. xinhuanet. com/2014 －04/15/c_ 1110253910. htm。

③ 万霞："海外公民保护的困境与出路——领事保护在国际法领域的新动向"，《世界经济与政治》，2007 年第 5 期，第 38 页。

务力度的加强，另一种表现是保护主体的多样化——除国家保护外，还出现了国际组织（欧盟集体保护）的保护形式。[①] 在本文中，欧洲的领事保护机制是指欧盟的共同领事保护机制、成员国如英国的领事保护机制。

（一）欧盟的共同领事保护机制与特点

欧盟集体保护的出现，标志着国际领事保护机制发展中的一个重大变化，即西方国家领事保护工作的方式已从单一保护向多元参与转变。1992 年《马斯特里赫特条约》（简称《马约》）创立了“欧盟公民”（EU Citizenship）的身份，《马约》第八条规定“拥有一成员国国籍的每个人员，为联盟的公民”；第八条 c 款还规定：“每个欧盟公民在其国籍国没有派驻代表机构的欧盟以外的第三国境内有权享有其他任何一个欧盟成员国的外交或领事代表机构的保护，其条件应相同于该国给予本国国民的条件。”因此，“欧盟共同领事保护伴随着欧盟公民身份产生，是欧洲一体化发展的结果”。[②]

欧盟的共同领事保护，首先，体现在一系列相关决议和指南的陆续出台。从 20 世纪 90 年代起，欧盟陆续出台了一些决议和建议，规定了共同领事保护的基本内容。[③] 1993 年，欧盟理事会成立了“关于领事合作的工作组”（Working Party on Consular Co-operation, COCON），成员包括各成员国外交部领事部门的代表，旨在交换信息和交流经验以共同改进领事实践，还可以为成员国合作应对影响欧盟公民安全的重大领事危机事件提供建议等。1995 年 12 月，欧盟理事会通过 95/553/EC 号决议，规定了共同领事保护的基本内容，即当处于以下情形时在第三国的欧盟公民享有共同领事保护：“被拘

---

① 万霞：“海外公民保护的困境与出路——领事保护在国际法领域的新动向”，《世界经济与政治》，2007 年第 5 期，第 40 页。

② 夏莉萍：“欧盟共同领事保护进展评析”，《欧洲研究》，2010 年第 2 期，第 46—58 页。

③ “Decision of the Representatives of the Governments of the Member States Meeting Within the Council of 19 December 1995 Regarding Protection for Citizens of the European Union by Diplomatic and Consular Representations”, Official JournalL314, 28/12/1995, pp. 73 - 76.

禁或逮捕；遭遇严重事故或重大疾病；受到暴力犯罪行为的侵害；死亡；生活窘迫而急需救济或被遣返回国。"该决议还规定，"在第三国的欧盟公民如遇到其他困难而提出请求时，只要是国家权力范围之内的事情，任何一个欧盟成员国都应立即给予其协助。"[①] 因此，欧盟将共同领事保护视为欧盟公民身份的重要内涵。2000 年的《欧盟基本权利宪章》，把要求领事和外交保护的权利列为欧盟公民权的一项基本内容；《里斯本条约》也规定了欧盟公民享有领事保护的权利。[②] 总体上看，20 世纪 90 年代到 21 世纪初欧盟制订了一些关于分享信息、应急计划等事宜合作的指南和行动准则，但并不具有法律上约束力。

进入 21 世纪后，欧盟及其成员国对共同领事保护的重要性和必要性认识有所强化，欧盟共同领事保护的实践取得了较大进展。2004 年和 2007 年欧盟经历了两次扩大，人口规模大大增加；同时，随着越来越多的欧盟公民前往第三国，领事保护方面的需求也剧增。但 2004 年的印度洋海啸和 2006 年的黎巴嫩动乱等事件，却接连暴露了欧盟领事保护工作的不足。因此，在 2006 年 5 月法国前外长、前欧盟委员会委员米歇尔·巴尼尔（Michel Barnier）应欧洲理事会主席和欧盟委员会主席的邀请，就欧盟对重大跨国危机的反应情况向理事会提交了一份报告。该报告认为很多欧盟公民对共同领事保护的内容并不了解，[③] 就如何推动欧盟共同领事保护机制的实施提出

① "Decision of the Representatives of the Governments of the Member States Meeting Within the Council of 19 December 1995 Regarding Protection for Citizens of the European Union by Diplomatic and Consular Representations", Official Journal L314, 28/12/1995, pp. 73 – 76.

② 根据《里斯本条约》，欧盟公民权包括：在欧盟内的迁徙与居住权、在居住国的选举与被选举权、在第三方国家的领事保护权等。参见戴炳然："解读里斯本条约"，《欧洲研究》，2008 年第 2 期，第 55 页。

③ 在 2005 年年初对欧盟成员国公民进行的调查表明，接受调查者中，一半表示以后三年中会到欧盟以外的第三国旅行，但只有 23% 的人表示了解《马斯特里赫特条约》第 20 条关于欧盟集体保护的内容，17% 的人表示他们可能会向欧盟委员会派出的代表机构寻求保护。See Michel Barnier, "For a European Civil Protection Force: Europe Aid", May 2006, http://ec.europa.eu/commission barroso/president/pdf/rapport barnier en.pdf, p. 7.

了很多具体建议，包括信息宣传、建立应急机制和欧洲领事馆①、统一服务标准等。

2006 年 6 月，欧盟理事会出台了一份《关于在第三国为欧盟公民提供领事保护的指导方针》，对推进共同领事保护的实施提出了详细建议。② 同年 11 月，欧盟委员会颁布了《欧盟公民在第三国的外交和领事保护的绿皮书》，认为欧盟公民在印度洋海啸及黎巴嫩冲突和骚乱事故中遭受了严重损失。为此，欧盟决定：就欧盟共同领事保护机制事宜加强对欧盟公民的信息宣传，在二十五国护照中写入《马斯特里赫特条约》的相关内容；将欧盟的领事保护延伸到欧盟公民的第三国家庭成员；欧盟成立共同办公室，协调领事保护工作。③ 2007 年 5 月，欧盟委员会就 2006 年 11 月的绿皮书举行了公开听证会。④ 同年 12 月，根据公开听证会上各方的意见，欧盟委员会制订了《2007—2009 年行动计划》（Action Plan 2007—2009），把加强对欧盟公民的领事保护列为 2008 年的优先任务，并制订了三项行动目标：保证欧盟公民了解自己的权利；明确共同领事保护的范围；加强各成员国之间的合作及责任共担。该计划还提到，欧盟委员会准备在一个只有少数成员国设有代表机构的第三国的欧盟使团做试点改革，建立共同办公室（Common Office），加入该试点计划的欧盟成

① 报告认为，从长远考虑，最好的保护在第三国的欧盟公民的办法就是建立“欧洲领事馆”，尤其是申根签证国之间应联合起来建立这样的领事馆，由欧盟委员会负责共同培训的费用。建议在加勒比、巴尔干、印度洋和西非四个地区建立第一批欧洲领事馆进行试点。选择这四个地区作为试点是基于以下三方面的考虑：这四个地区的欧盟成员国驻外使领馆的数量、欧洲旅游者的人数和欧盟委员会代表团的数量。See Michel Barnier Report, p. 23.

② “Guidelines of Consular Protection of EU Citizens in Third Countries”, June 2, 2006, http: //register. consilium. europa. eu/pdf/e n/06/st10/st10109. e n06. pdf.

③ European Commission, “Green Paper of 28 November 2006 on Diplomatic and Consular Protection of Union Citizens in Third Countries”, COM (2006) 712 final, Official JournalC30 of10. 02. 07.

④ European Commission “EU Initiative to Strengthen Consular Protection for Citizens Outside the European Union”, ME MO/07/551, December 5, 2007, http: //europa. eu/rapid/press Releases Action. do? reference = ME MO/07/551.

员国在责任共担的原则下为所有欧盟公民提供领事服务。[①] 2008 年 5 月 6 日，欧盟委员会发布倡议书，建议各成员国在 2009 年 7 月 1 日之后在其颁发的护照上印上《马斯特里赫特条约》中关于共同领事保护的规定和欧盟网站的网址并发行包含此项内容的格式相同的贴纸，以方便公民贴在护照上；要求各成员国在此倡议书发布 18 个月后向欧盟委员会说明其贯彻落实建议书的各项措施。2011 年"9·11"恐怖袭击的发生，使得欧盟各国更加认识到欧盟公民可能同时受到类似灾难性事件的损害、有必要加强合作应对危机事件。因此，进入 21 世纪后发生的一系列灾难性事件，在很大程度上推动了欧盟共同领事保护的进展。

其次，欧盟逐渐建立了关于共同领事保护实践的各项机制，包括：

1. 信息宣传和查询机制。2006 年 3 月，欧盟委员会制作发行了《欧盟领事协助手册》(European Consular Assistance Brochure)[②]，让更多的欧盟公民了解共同领事保护。2007 年 4 月，还印制了上亿万份宣传共同领事保护的海报，发给 27 个成员国的旅游机构。此外，欧盟如今已建设了专门的关于领事保护的官方网站[③]，以供所有欧盟公民进行有关信息的查询，包括：各国旅行建议，包括欧盟所有成员国以及美国和澳大利亚等国外交部关于旅行建议网站的链接；《欧盟领事协助手册》；欧盟成员国在世界其他国家的代表机构等情况。

2. 协商交流机制。欧盟共同领事保护的协商机制分为两个层面：其一，欧盟层面。领事保护合作属于共同外交与安全政策的内容，由成员国代表组成的一般事务暨对外关系理事会（General Affairs and External Relations Council，GAERC）负责，而实际工作则由

---

① "EU Initiative to Strengthen Consular Protection for Citizens Outside the European Union", MEMO/07/551, December5, 2007.

② Council of the European Union, "European Consular Assistance Brochure", http://www.mzz.gov.si/file admin/page uploads/Konzularneinformacije/Konzularnapomoc/Consular brochure apr06.pdf.

③ http://ec.europa.eu/consularprotection/content/home_en.

COCON 开展，如举行小组会议或专题研讨等。[①] 其二，成员国层面。同驻在非欧盟的第三国的欧盟成员国使领馆，通常会定期举行关于领事保护的“碰头会”以交流各自的经验，研讨所在国的有关法律规定及由其变化而可能对欧盟公民领事保护工作的影响等。[②]

3. 应急合作机制。在处理紧急危机事件方面，欧盟成员国通常由它们驻在第三国的代表机构共同向驻在国政府交涉、赴现场处理危机等，以共同承担领事保护的责任。[③] 需要撤离本国侨民的成员国可以请求启动欧盟的民事保护机制（Community Mechanism for Civil Protection），以获得监控和信息中心（Monitoring and Information Centre，MIC）的协助。该中心有两大职能：一是在各成员国设有联络点，了解各国可用于危机处理的资源情况；二是可以协助成员国向危机发生地区或国家派遣领事小组或医疗小组。[④] 此外，轮值主席国也可以要求驻世界各地的欧盟代表机构向成员国的驻外使领馆提供后勤支持。[⑤] 2007 年 6 月，为推动各成员国在危机期间的有效合作，英、法等国提出了所谓“领事危机中的领导国家”（Lead State in Consular Crisis）的概念，即在第三国发生危机事件时，志愿承担责任去保护那些国籍国没有在该第三国设置代表机构的欧盟公民的欧盟成员国。到目前为止，英、法、德三国都曾承担过“领导国家”的职责。[⑥] 2008 年 12 月，COCON 提出成员国应考虑在“领导国家”

---

① Stefan Olsson（ed.），*Crisis Management in the European Union*，Springer-Berlin Heidelberg，2009，p. 112.

② Stefan Olsson（ed.），*Crisis Management in the European Union*，p. 116.

③ Council of the European Union，“Reinforcing the European Union's Emergency and Crisis Response Capacities”，June 15，2006，10551/06. http：//consilium. europa. eu/uedocs/cmsUpload/st10551en06. pdf，p. 6.

④ Stefan Olsson（ed.），*Crisis Management in the European Union*，p. 119.

⑤ Council of the European Union，“Reinforcing the European Union's Emergency and Crisis Response Capacities”，p. 7.

⑥ 2008 年 1 月乍得局势恶化时，在欧盟各成员国中只有德国和法国在乍得设有大使馆。法国担任“领导国家”，从乍得撤出了来自欧盟 12 个成员国以及来自其他 60 个非欧盟成员国的 1200 人。Slovenian Presidency of the EU Press Release，“Evacuation of EU citizens from Chad and Application of the Consular Lead State Concept”，Press Releases，February 11，2008.

的基础上，用法律来规范领事合作的框架。此外，欧盟成员国还举行或参加关于应对共同领事危机的演习、研讨等交流活动。例如，2006 年 4 月，欧盟成员国举行了由军方和领事部门合作以撤离欧盟公民（EVAC06）的演习。[①]

总之，欧盟共同领事保护在规则机制建设和具体实践操作等方面都有较为鲜明的特点。但在现实中，欧盟各成员国在第三国设置的领事或代表机构并不均衡，从数量上来讲也不足以实施和完成领事保护的任务。因此，欧盟成员国需要加强它们之间以及同非欧盟国家，如中国等，在领事保护方面的合作，以共同的努力来保护海外公民。此外，欧盟在领事工作上实行的集体保护，实际上冲击了传统的国际法和外交保护的国籍联系原则、对等原则等，不但在欧盟内部可能造成某种不良影响，也有可能导致国际关系和国际法上的不平等状况。[②] 最后，必须应该看到，欧盟现行的共同领事保护机制还存在成员国之间的责任与分担等问题，因此会影响对欧盟在海外的公民进行有效的共同领事保护。

（二）欧盟成员国的领事保护机制与特点：英国为例[③]

后冷战时期，世界各国的领事保护应急与预防机制大致拥有一个共同特点，即领事保护工作的重心从被动应对转向主动预防。英国是一个老牌资本主义国家，已经建立了较为完备而有特色的领事预警机制，包括对出国公民进行宣传教育的方式具有多样性以及宣传内容的丰富性。[④] 下面以英国为例，考察欧盟成员国的领事保护机制特别是预警机制，及其特点：

1. 发布旅行建议和安全提示。英国外交和联邦事务部（Foreign

---

① Council of the European Union, "Reinforcing the European Union's Emergency and Crisis Response Capacities", p. 6.

② 尹生："欧盟公民的产生与现代国际法的发展"，《江汉论坛》，2004 年第 8 期。

③ 2016 年 6 月 24 日，英国举行脱离欧盟的全民公投，其结果为脱欧的比例高于主张留欧的票数。英国在真正完全脱离欧盟之前仍将是欧盟成员国，但这期间将难免发生诸多不确定性。

④ 关于英国领事保护预警机制的内容，参见英国外交和联邦事务部网站：http://www.fco.gov.uk。

and Commonwealth Office，FCO）是负责推广英国海外利益的政府部门，在1968年由外交部及联邦事务部合并而设。FCO官网上提供关于世界各国的旅行建议和安全提示；介绍应对各种危机或突发情况的办法以及根据不同情况获得何种领事保护的服务；通过领事保护的有关案例进行预警教育。

2. 通过一系列出版物来介绍世界各国的概况，包括当地的恐怖主义形势和犯罪活动、旅行安全、风俗习惯、入境要求、流行疾病和自然灾害等。

3. 驻外使、领馆还专门配备协调员，为英国的海外企业提供安全信息方面的服务等。

4. 注重政府和非政府机构的合作，通过多种方式加强对公众的安全宣传和教育，包括：（1）FCO的网站。（2）电话、传真或电子邮件。（3）FCO的领事司印刷关于领事服务和领事保护介绍的手册，既有助于增加公民对领事保护工作的了解，也可以降低他们对领事保护工作某些不切实际的期望。（4）通过英国广播公司（BBC）等介绍领事服务和领事保护的内容。（5）通过提高预警信息的送达率，提高预警效果。例如，2001年6月，FCO曾在全国范围发起过名为“出发之前先了解情况”（Know Before You Go）的大规模群众活动，旨在提醒英国公众在出国旅行前先买保险，并浏览FCO网站上的安全提示和旅行建议。当时有很多旅游、保险公司和电视台参与宣传，受众数量超过了数千万。[①] 英国政府举办的此类普及性宣传活动，可以极大地提高关于领事保护的安全信息之覆盖率和普及率。（6）英国的有些非政府组织也经常提供一些关于海外安全的建议，例如关注人们的心理问题等。

5. 为减少领事预警费用等开支，FCO还与众多的旅行社和保险公司加强合作。

6. 英国在撤侨时，不排除会考虑动用军事力量。例如，2013年

① 夏莉萍：“美英领事保护预警机制的特点及对我国的启示”，《外交评论》，2006年第1期。

埃及局势急剧恶化，英国政府就准备动用海军撤出在埃及的英国人；如果情况危急，还会计划采取军事干预行动实施撤侨工作。

7. 收取领事保护经费或设立专项资金，为领事保护工作提供必要的物质保证。一方面，英国实施的撤侨行动坚持对撤离侨民收取一定的费用，另一方面，英国还建立了领事保护专项基金以提供物质保障。2002 年，英国外交部、财政部和内政部曾对领事保护的资金保障进行了改革，将领事保护费纳入领事预算的专门账目，还允许领事费可以根据情况实行"涨价"。

总之，英国领事保护的预警机制比较完备且具特色，例如，在提供预警信息方面，渠道众多、内容丰富而且效果良好；在领事保护预警机制建设方面，参与者既包括英国政府、外交部门等官方机构，还有一些民间机构如在海外的公民组织、慈善机构等；在安全信息等方面，英国政府还比较重视同本国的海外企业的沟通与合作。当然，英国等西方发达国家的领事保护预防机制各具特色，[①] 同时也都存在一些不足。[②]

三、中国的领事保护机制与实践

在后冷战时期，传统安全与非传统安全威胁交织，全球范围内的重大领事保护案件呈现出多地域、同时期爆发的态势。2016 年 6 月 14 日，委内瑞拉发生局势动荡，在委多家华人商铺被抢导致数万华人离开。对此，中国驻委大使馆及时发布了应急通知，所有在委中企也制定了紧急撤离预案。这一危机事件，再次表明加强中国领

① 这方面的代表性研究成果，主要是比较、分析美国和英国领事保护预警机制的特点，并提出了一些值得中国借鉴的做法。参见夏莉萍："美英领事保护预警机制的特点及对我国的启示"，《外交评论》，2006 年第 1 期。

② 例如，《旅行建议：向那些需要的人们提供信息》（Travel Advice：Getting Information to Those Who Need it）提出了英国领事保护预防机制存在的不足之处。参见 Rachel Briggs，Travel Advice：Getting Information to Those Who Need it，2002，Foreign Policy Center，UK，http：//fpc. org. uk/fsblob/72. pdf，2007 - 8 - 20。

事保护的必要性和重要性。当前，中国正积极实施“一带一路”倡议、推进与沿线国家经贸交往、开展国际产能合作以及鼓励人员交流等，这些都涉及到中国公民的海外利益维护等问题，从而对中国领事保护工作提出了更高要求。

（一）中国领事保护的机制

领事工作是中国外交工作的重要组成部分。中国外交部直接承担领事保护的重任，坚持“以人为本”“执政为民”的理念①，并提出“以人为本，领事保护无小事；执政为民，人民利益高于一切”等外交为民的信条，把保护人民群众的根本利益作为中国的领事保护工作的出发点和归宿。② 中国对海外公民实施领事保护的主体是政府，在国外是驻外使领馆。目前，中国共有260多个驻外使领馆，都是具体实施领事保护工作的主体。

大致来看，中国采取了以下各种措施加强领保机制的建设：

1. 加强内部应急机制建设。例如：2004年7月成立涉外安全司作为部内常设机构，协调和处理相关涉外领保事务；同年11月，就由外交部牵头建立了境外中国公民和机构安全保护工作部际联席会议制度，以统一指挥、协调中央各部及地方政府，处理国外涉及中国公民和企业的重大领事保护事件。此外，外交部还成立应急小组、制定工作计划、确定联络方案、开设热线电话与收集各方资讯等。当发生重大领事保护案件时，外交部能够及时启动有关应急机制，会同有关部门、协助中国驻事发国的使领馆快速、高效、妥善地处理各种领保案件。实践证明，应急机制的建立和完善非常必要和有效——目前为止，中国实施的几次重大撤侨行动非常迅速而且高效。

2. 加强与其他国家之间进行的磋商协调机制。多年来，中国政府注重挖掘和运用丰富的外交资源，敦促有关国家切实维护海外中国公民合法权益。此外，中国领事保护工作的国际协商注意“走出

---

① “中国外交部设立领事保护中心”，http：//news.xinhuanet.com/，2007年8月24日。

② 石洪涛：“中国将建立五项机制保护海外公民安全——专访外交部领事司副司长魏苇”，《中国青年报》，2005年12月28日。

去"和"请进来"的有机结合，即一方面，中国经常派出领事代表团访问其他国家和（或）国际组织，进行领事磋商或领事会谈；另一方面，很多国家和国际组织也到中国访问，开展关于领事保护方面的研讨和交流等。

3. 加强领保职能机构建设，加强领事保护工作。2006 年 5 月，中国外交部首次在领事司内设立领事保护处，专门协调处理涉及海外中国公民和法人合法权益保障的工作。[①] 2007 年 8 月，外交部在原领事保护处的基础上组建领事保护中心，旨在进一步整合资源，提升预警、处置、宣传和立法等方面的协调行动能力。外交部领事保护中心成立后，增加了工作人员并着重加强对公众进行关于自我保护知识和手段的宣传。2014 年 8 月，外交部全球领事保护与服务应急呼叫中心[②]开始试运行，并在年内正式启动。中国公民如果在海外遭遇紧急情况或突发危机而需要领事保护与协助，可拨打 0086－10－12308 或 0086－10－59913991 这两个 24 小时的领事保护和服务热线求助。目前，中国"外交部全球领事保护与服务应急呼叫中心"系统已覆盖全球 270 个驻外机构[③]，成为海外公民与祖国之间的一条全天候、零时差、无障碍的领保应急绿色通道。

4. 加强公众预警与服务机制。2011 年 11 月正式开通的"中国领事服务网"[④] 是外交工作践行"以人为本、外交为民"理念，为公民海外出行提供"一站式"信息服务的平台。网站于 2013 年 12 月改版上线，不仅提供涉及公民出行目的地安全提醒、领侨新闻及各类实用服务信息，还新增了"出国及海外中国公民自愿登记""海外申请护照在线预约"等便民服务系统。此外，在有条件的驻外使领馆实行中国公民自愿登记制度，以及时提供领保服务；各驻外

① 领事保护处曾先后实施了东帝汶、黎巴嫩、汤加等几起重大撤侨行动，并处理了多起中国公民在海外遭绑架等领事保护案件。

② 外交部全球领事保护与服务应急呼叫中心：http：//cs. mfa. gov. cn/gyls/lsgz/ztzl/lsbhyfwyjzx/。

③ 关于中国的驻外领事机构的具体情况，可参见"中国领事驻外机构大全"，http：//cs. mfa. gov. cn/gyls/lsgz/ztzl/zglszwjgdq/。

④ 中国领事服务网：http：//cs. fmprc. gov. cn/。

使领馆逐步建立了新闻发布制度，及时向外界通报重大突发领保事件的相关信息等。

中国领事保护机制的一个重要特点，乃是预防与处置并重，为中国公民和企业“走出去”保驾护航。一方面，注重“前期预防”，如及时通过“中国领事服务网”“领事直通车”微信等平台发布安全提醒（其中，2015 年全年发布 500 余条），为公民海外出行提供重要参考依据；积极开展“下地方、进校园、入企业”等预防性举措；出版发行了由 30 多位一线外交官以亲身经历撰写而成的《外交官在行动——我亲历的中国公民海外救助》，使领事工作贴近公众。另一方面，应急处置快速而高效，如 2015 年妥善处置近 8 万起领事保护与协助案件，其中包括上百起重大领保案件，撤离战乱和自然灾害地区中国公民 6000 余人，安全营救遭绑架劫持人员 50 多名。

总之，由于中国政府对领事保护工作的高度重视，以及领保机制的不断完善，中国为海外中国公民提供的领事保护力度明显增大。

（二）中国领事保护的实践

一般而言，保护海外公民的主要内容包括领事保护、预防措施和非战争撤离行动等。早在 1991 年海湾战争时，中国就从伊拉克疏散、撤离了一些公务人员。进入 21 世纪后，由于党和国家领导人高度重视以及公众对外交政策应更好保障企业和公民利益的强烈需求，中国政府开始有系统地从危机发生区域撤离本国公民。中国外交部积极提升其领事保护的能力，而中国企业和驻外使领馆也不断完善自身的危机管理程序。

过去十多年里，中国政府经常动用国内民航公司的包机将中国公民撤离危险地区。2006—2015 年，中国实施了十几次大规模撤离中国公民的行动。[①] 其中，2006—2010 年，从所罗门群岛、东帝汶、黎巴嫩、汤加、乍得、泰国、海地和吉尔吉斯斯坦撤回 6000 名中国公民；而 2011 年无疑是一个重要的转折点——当年中国从埃及、利

① 其中，关于 2014 年、2015 年的《年度中国领事保护与协助案件总体情况》，可参见 http：//cs. mfa. gov. cn/gyls/lsgz/ztzl/ajztqk2014/。

比亚和日本共撤离了4.8万名公民，该数字为1980—2010年总和的五倍（表1）。特别是从利比亚撤侨的意义尤为重大，原因有三：中国首次在撤侨行动中动用了中国空军和海军力量；撤侨行动中与北非、中东和欧洲国家开展了大量外交合作；此次撤侨的规模十分浩大，但行动非常迅速。此外，利比亚撤侨是一次具有里程碑意义的中欧合作。例如，希腊和意大利成为从利比亚撤离中方人员行动中成千上万中国人的中转地，马耳他也力所能及地为中国公民提供了一些服务。① 而在预备阶段，中国则征求了拥有动用军队撤侨行动经验的欧洲国家（如英国）的意见等。

2011年利比亚局势动荡期间，中国政府通过海、陆、空三种方式从利比亚撤离中国驻利比亚人员；"徐州"号护卫舰赴利比亚执行保护任务，中国首次动用军事力量撤侨。空军派出四架"伊尔"-76飞机，于2月28日飞赴利比亚、接运中国在利比亚人员。

表1　中国公民历次撤离行动（2006—2015）②

国家	日期	事件	撤离中国公民人数	交通工具
所罗门群岛	2006年4月18日	当地中国城爆发反华暴行，60间餐馆和商铺被焚烧	310	包机
东帝汶	2006年4月底	首都帝力发生暴乱	243	两架包机
黎巴嫩	2006年7月	与以色列交战	167	撤离到邻国，主要是陆路交通
汤加	2006年11月	首都努库阿洛法发生暴乱	143	包机
乍得	2008年1月	内战	411	撤离到邻国，主要是陆路交通
泰国	2008年11月	由于曼谷暴乱，国际机场关闭	3346	四架包机
海地	2010年1月	地震	48	包机

① 2012年9月，笔者在德国柏林同中国驻马耳他前大使张克远的访谈。

② 本文根据有关资料数据整理。参见"近年来中国政府实施的重大海外中国公民撤离行动"，《广州日报》，2011年2月28日；Yin Yeping, "Chinese Nationals Evacuated from Central African Republic", *Global Times*, 31 December 2012. "China Completes Evacuation of Citizens from Japanese Disaster Hit Areas", *People's Daily Online*, March 21, 2011。

续表

国家	日期	事件	撤离中国公民人数	交通工具
吉尔吉斯斯坦	2010 年 6 月	奥什地区发生民族冲突，一些中国人也成为被攻击的目标	1321	九架包机飞往乌鲁木齐
埃及	2011 年 1 月	“阿拉伯之春”	1800	八架包机
利比亚	2011 年 3 月	暴乱和内战引发国际军事行动	35860	海陆空从邻国撤离
日本	2011 年 3 月	地震、核工厂部分熔解	9300	42 架包机及常规的商用飞机
中非共和国	2012 年 12 月	内战	300 多	包机及商用飞机
也门	2015 年 3 月 29 日	内战	571	中国海军舰队

总之，近年来中国领事保护工作发展很快、领事保护能力也不断提高。特别值得一提的是，中国在对中国公民实施救助的同时，还尽最大可能对其他国家公民施以援手，彰显了中国作为负责任大国的风采。中国的领事保护预警机制起步较晚，但在具体实践中的成就已是举世瞩目；尤其是中国在有些撤侨行动中，还曾多次为在第三国的外国民众等提供协助和保护，向世界展示了中国作为一个负责任大国的良好形象，以及具有中国特色社会主义的国家软实力。

四、中欧在领事保护领域的交流与合作现状及前景

加强领事保护的工作，离不开国籍国自身的努力，也需要开展双边，乃至多边性的国际合作。实际上，加强对海外公民的领事保护，可以促进一国内部的机制建设和能力提升，还有利于其对外关系的拓展与深化。

在保护海外公民方面，中国和欧洲国家同样面临不确定的风险

和威胁。下面，将概述一下中欧在领事保护领域交流与合作的现状与今后深化合作的可能路径，并展望其前景。

（一）中欧在领事保护方面交流与合作的现状

过去十年里，中国同欧洲国家在领事保护方面的交流与合作较为频繁、深入。早在2007年5—6月，中国外交部领事司官员分别与西班牙外交部领事司、希腊外交部奥运及国际体育关系司、英国外交部领事局和移民司的官员举行了领事磋商，就领事协助、2008年北京奥运会期间的涉外案件处理等问题交换了意见。近年来，领事保护越来越多地成为中国与欧洲国家在安全合作领域的重要话题。例如，2012年10月，中国与法国决定在推进双方的全面战略伙伴关系中加强领事合作；12月，中国和瑞士举行第六轮领事（移民）对话，就进一步发展两国领事关系、便利两国人员往来、保护公民海外安全和合法权益等问题进行交流并达成诸多共识。2013年10月，中国与德国举行首轮机制化领事磋商，议题包括领事保护、加强中德领事合作与交流等；12月，中国和英国就开展领事合作及商签双边领事条约等问题举行领事会晤。2014年9月，中瑞（士）第八轮领事（移民）对话①和中德（国）第二轮双边领事磋商②，都旨在深化中瑞、中德领事关系与合作、保护双方公民合法权益等；10月，中捷（克）首轮领事磋商③和中法（国）第二轮领事磋商④的主要议题，都是维护公民的合法权益等。在2015年，中国与一些欧洲国家就设立领事机构或扩大领区达成了协议；中国驻英国贝尔法斯特、德国杜塞尔多夫新的领事机构相继开馆，进一步扩大了中国领事服务在欧洲的辐射范围，有利于为中国公民、企业提供更加及时的领

---

① http://www.fmprc.gov.cn/web/wjb_673085/zzjg_673183/lss_674689/xgxw_674691/t1187614.shtml.

② http://www.fmprc.gov.cn/web/wjb_673085/zzjg_673183/lss_674689/xgxw_674691/t1188651.shtml.

③ http://www.fmprc.gov.cn/web/wjb_673085/zzjg_673183/lss_674689/xgxw_674691/t1201436.shtml.

④ http://www.fmprc.gov.cn/web/wjb_673085/zzjg_673183/lss_674689/xgxw_674691/t1203259.shtml.

事保护与服务。2016年1月，中国与丹麦举行第二次领事会晤，旨在深化中丹领事关系与合作、保护公民合法权益等；而且，丹方还参观了中国外交部全球领事保护与服务应急呼叫中心。[①] 由此可见，中国与欧洲在领事保护方面的交流合作，体现了“走出去”与“请进来”的有机结合。

尤其值得一提的是，中英两国还就领事保护中的撤侨等问题开展了国防部门的交流合作。撤侨行动是一个国家确保动荡地区本国侨民和资产安全的重要手段，英国在多次撤侨行动中积累了丰富经验。随着经济飞速发展，侨民和中资企业也逐渐遍布全球，中国在动荡地区展开撤侨行动正日益成为本国军队遂行非战争军事行动的重要内容。2016年3月23—24日，在中国海军指挥学院一场代号为“联合撤侨-2016”的中国和英国联合撤侨室内推演拉开帷幕。[②] 中英双方分别介绍了各自国家和军队在“利比亚撤侨行动”“也门撤侨行动”“黎巴嫩非军事人员撤离行动”中的经验做法——中国外交部领事保护中心参加了活动；共同围绕“非军事人员撤离行动的政策”“撤侨行动中军地协调措施”等九个专题展开了交流研讨；以“某国政局动荡，外国侨民纷纷请求撤离，中英两国决定组建特派舰艇编队赶赴该国，联合展开撤侨行动”为想定背景，中英展开了联合撤侨室内推演。此次推演旨在总结交流两国展开撤侨行动的方式方法，进一步增进相互了解和信任，加强两国在非传统安全领域的交流合作，特别是在非战争军事行动领域和人道主义救援行动中的务实合作，从而为巩固和推动中英两国两军关系的发展增添了积极因素。

（二）中欧在领事保护方面合作的可能路径：沟通与协调

近年来，一些国家地区的政局动荡等威胁到了中国和欧洲在海

---

① http：//www. fmprc. gov. cn/web/wjb _ 673085/zzjg _ 673183/lss _ 674689/xgxw _ 674691/t1331708. shtml.

② “‘联合撤侨-2016’中英联合撤侨室内推演在海军指挥学院举行”，中国国防部网，2016年3月23日，http：//www. mod. gov. cn/shouye/2016-03/23/content_ 4647297. htm。

外侨民的人身及财产安全。相对于领事保护对象的种类多、数量大、风险各异等特点，领事保护的手段却较为有限、甚至单一（如撤侨）；而一国领事保护的预防与应急机制的实效，还要看其接受国属地管辖权的情况——出于相互对等、尊重等原因，双方缔结的领事条约里规定的领事保护手段可能较为保守，而领事官员通常只能在本领区内开展领事工作，除非接受国同意。当无法直接通过领事条约行使领事保护职能时，就需要考虑采取外交干涉的方式，但这种方式耗时费力、会大大降低保护海外侨民人身及财产安全的效率。因此，加强与欧洲国家在共同的接受国就领事保护等问题进行沟通与协调十分必要。

在某一共同的接受国内发生了危机事件而必须实施撤侨行动时，中国和欧洲国家的相互协调对双方都有利。因为在撤侨行动中，众多国籍国对接受国的交通、安全和人脉等资源会展开竞争。例如，2006 年从黎巴嫩撤侨的行动中，欧洲国家就因为彼此之间的资源竞争而导致很难租到撤侨的交通工具。2010 年从吉尔吉斯斯坦撤侨时，中国和欧洲国家为获取吉军方护送本国国民到机场也存在一些竞争。[①] 由此可见，驻在同一个第三国的中国和欧洲国家就领事保护问题而加强政治与安全交流的重要性。

在领事保护的撤侨方面，中国和欧洲之间的合作可以考虑以下几个方面：首先，开展专家或实践层面的对话，交流和总结各自在相关案例中的经验教训，从而比较分析中欧在理念和现实操作中的异同之处，为将来的务实合作奠定必要的基础。其次，组织或举行关于危机处理的联合演习，在假想的某种情境中训练双方的行动协调性与技术互通性。此外，在特定时期或特定地区/国家发生危机或冲突而需要撤侨时，中国与欧洲国家可以考虑撤离中国和欧洲的公民，而不仅仅采取单边性的行动。这样既可以降低救援成本，减少

---

① 奥利弗·布劳恩（Oliver Brauner）："保护在吉尔吉斯斯坦的中国公民——2010 年撤离行动"，《国际政治研究》，2013 年第 2 期。

技术性问题的概率，并可以避免竞争性的抢夺撤侨资源等行为。①

在共同驻有使领馆的第三国，中国和欧洲也可以开展领事保护方面的合作。2013 年 1 月，在阿尔及利亚撒哈拉天然气田发生了人质劫持事件，② 阿军方开展营救人质行动解救了 685 名阿尔及利亚人和 107 名外国人，但仍有来自英国、法国、罗马尼亚和美国等国的 23 名人质不幸遇难。这一事例表明，通过国际合作共同打击恐怖主义势力和保护侨民具有重要意义。因此，中国和欧洲国家的同在某一个第三国的公司、企业以及使领馆都是保护其海外公民的重要主体。但相对而言，欧洲国家的公司、企业等在海外安全和利益保护方面的历史比较长久、经验较为丰富。近年来，中国“走出去”的公司、企业越来越多，但在冲突预防和危机处理等方面的观念和经验还有待增强。在这个意义上说，要在安全风险或潜在风险较高的第三国保护海外侨民的安全与利益等，或许中国和欧洲国家的使领馆可以交换有关安全评估的信息、乃至彼此的撤侨方案等——当然，这在现实操作中还存在一些困难和挑战，尤其是政治与安全部门官员之间的交流。但除了保证商业秘密之外，中国与欧洲国家的海外企业（特别是有共同投资的那些）甚至商务部门的官员可以先尝试进行领事保护方面的交流。而如果中国和欧洲国家都计划在一个局势不太稳定的第三国进行投资，那么中国和欧洲国家的公司或企业则可以开展风险评估、制定应对预案等，切实推动中欧安全合作在领事保护领域的成效。

（三）中欧在领事保护方面合作的前景与挑战

目前看，中欧领事保护合作还面临一些挑战与障碍。

首先，中欧安全合作的意愿还需要强化。其一，加强双边、乃

① 杜懋之（Mathieu Duchatel）：“海外公民保护与欧中安全合作”，《国际政治研究》，2013 年第 2 期。

② 劫持人质的武装分子声称此举是为报复法国对马里北部极端组织采取的军事行动。该气田由英国石油公司、挪威国家石油公司和阿尔及利亚石油天然气公司共同运营，日本工程巨头日挥公司参与天然气田的建设。遭绑架的人质来自英国、法国、美国、爱尔兰、日本、马来西亚与挪威等至少 12 个国家。

至多边性的合作意识。通常而言，国籍国在领事保护问题上更愿意采取单边行动，以迅速撤离本国侨民。例如，2013 年初马里局势发生动荡，为保护生活在该国南部的6000 名法国人免遭军事袭击，法国迅速出兵马里开展所谓的反恐行动就是一次单边性的行动。[①] 即使欧洲国家推崇多边主义，但在实施领事保护方面可能会选择单边行动或双边合作——而且这种双边合作可能表现为优先与其他欧洲国家或美国而非中国来实现联合撤侨等。其二，增强同第三方合作的意识。中国与欧洲国家在领事保护方面的双边交流与合作，并不足以保护各自的海外公民。因此，可以考虑与第三国的军方及警察等安全部门进行合作，改进预警和防范措施；驻在第三国的使领馆与企业注意改善本国和本企业在当地精英、民众心目中的形象。当然，中国和欧洲国家如果共同合作来帮助改善和稳定第三国的局势，也会减少领保案件的几率——但这需要长期的努力并面临诸多不确定性，更何况中国或欧洲国家与某一第三国的特殊关系与合作经验，并不必然具有可推广到其他第三国的普遍性。其三，中欧安全合作意愿的强化，有助于降低或减少它们对第三国有限的领事保护资源的无序竞争。2011 年的利比亚撤侨案例证明，中国与欧洲国家的协调、合作非常重要；2010 年的吉尔吉斯斯坦撤侨案例，则表明在具体撤侨实践中难以避免出现对领事保护资源的竞争局面。因此，合作意愿的加强需要落实在具体行动上。

其次，中欧安全合作的开展，需要欧洲国家自身具备一定的提供安全和保障安全的能力，否则会制约它们与中国在领事保护方面的合作。二战结束后的很长时间里，欧洲国家主要依赖北大西洋公约组织（北约）提供集体安全与核保护。冷战结束后，特别是进入 21 世纪后随着欧盟共同安全与防务政策的建设，欧盟和一些欧洲国家在危机管理、冲突预防和民事撤离行动等方面拥有了较为丰富的经验和实践。因此，欧盟和很多欧洲国家在一定意义上都是可以提供安全的行为体；但问题是欧洲国家大小不一、外交政策优先项各

① "France had to intervene in Mali", *Financial Times*, 16 January 2013.

异，在领事保护方面的机制与能力则是参差不齐。这有可能阻碍它们同中国在领事保护方面合作的深度与水平。中国与欧洲国家在继续改进预警和应对机制的同时，还需要不断增强实施领事保护行动的资源与能力；此外，中欧还应该继续在人员配备、技能培训、预警防范等方面进行交流，为中欧安全合作奠定必要的基础。

第三，中国和欧洲国家在领事保护方面的合作，需要稳步推进，力争签署框架性协议或谅解备忘录来确定、推动在领事保护和民事撤离等领域交流合作的内容、范围与方式等。此外，中国和一些欧洲国家可以“先行一步”——如前所述，中国和英国举行联合撤侨室内推演，双方的领事官员、军方人士和同在一个第三国的企业代表之间开展交流、研讨甚或模拟演练等——在中欧领事保护方面的合作中树立表率。

中国与欧洲国家在领事保护方面的合作有助于减少或降低，但无法完全避免或挽回其公民在海外安全和利益方面的损失。因此，领事保护工作的理想境界是加强主动预警和事前防范，以及同第三国或地区的密切关系。就中欧在领事保护领域的合作而言，领事保护机制的建设、领事保护技能的提升以及关于领事保护的政治性协议等都需要双方共同从战略的高度、以长远的眼光来稳妥、务实地推进。而要从根本上缓解、减少有关地区或国家冲突或危机等乱局爆发的深层原因，则需要包括中国和欧洲国家在内的世界各国的携手合作。

结　语

中国推动实施的“一带一路”倡议中，“丝绸之路经济带”和“21 世纪海上丝绸之路”的目的地都在欧洲大陆。所以，欧洲是中国对外交流的战略重点。在中欧战略关系全面提升的背景下，中国与欧洲国家的政治互信逐渐增强，战略冲突较少，为双方合作与交流提供了良好环境。但就目前来看，中欧实现安全合作还存在一些障碍因素，而且短期内难以消解。例如，从欧洲角度来看，首先，欧洲本身对其行为体角色的定位不明、将安全议题视为"禁忌"的思想以及美国对欧洲外交与安全政策的行动能力所持的疑虑态度，都阻碍着欧洲国家在安全与防务领域采取共同立场和集体行动。其次，在具体操作和实际执行方面，欧洲（欧盟及其成员国）和中国都面临一个困惑和难题——究竟谁可以代表欧洲与中国开展安全与防务领域的合作，是欧盟的某个机构如对外行动署还是欧盟的成员国？

如前所述，在欧盟共同领事保护中，《马斯特里赫特条约》确立了"欧盟公民"的身份，欧盟可以制定或推动关于欧盟公民领事保护方面的法规条约等，但主权国家才是最主要的和最终的责任承担者。因此，中欧在领事保护领域的具体合作将主要在中国同欧盟成员国等之间开展，如开展模拟行动、举行撤侨演习等。但在欧盟层面上，中国可以同欧盟相关机构、官员等加强经验交流、技能培训等，从法律机制建设、双方密切沟通等方面互相学习和借鉴。

应该说，研究欧洲和中国的领事保护机制、探讨中欧在领事保护领域的交流与合作之可能，对于在当前实施"一带一路"倡议背景下推进中欧关系的发展、丰富中欧战略伙伴关系的内涵和提升中欧安全合作的水平等具有重要的学术与现实意义。

“一带一路”倡议下的中德关系发展前景

连玉如①

“一带一路”系“丝绸之路经济带”和“21世纪海上丝绸之路”的简称，是中国国家主席习近平2013年9月和10月出访中亚和东南亚国家期间先后提出的重大倡议；2015年3月，中国国家发展改革委、外交部、商务部经国务院授权发布《推动共建丝绸之路经济带和21世纪海上丝绸之路的愿景与行动》，②“一带一路”倡议遂成为国家内外发展的总体构想与方略。它为1949年同年成立的中华人民共和国和德意志联邦共和国相互关系发展注入了新活力和新愿景；两国关系在“一带一路”倡议下的发展前景是积极向上的。这可以从必然性和可能性两个方面论述。

一

所谓“必然性”，同国际关系大背景的演变紧密相连；任何双边关系发展都不可能脱离国际关系大背景。对此，美国学者布鲁斯·琼斯曾经提出分析国际问题的两个重要视角，即“地缘政治”和“全球治理”：地缘政治涉及在世界经济与政治实力重新分配中的

① 连玉如，北京大学国际关系学院教授，柏林自由大学博士。

② 文件全文详见王义桅：《“一带一路”机遇与挑战》，人民出版社2015年版，附录一，第213—227页。

“大国关系”；全球治理则侧重现有的“正式和非正式体制”能否继续应对全球化复杂形势的挑战。①

当今世界区域性和全球性挑战众多。且不论世界经济整体下滑趋势不减的挑战，仅从欧洲地区来说，自2015年至今，乌克兰危机、希腊债务危机、恐怖袭击、难民潮、英国脱欧等接踵而至，扎堆蔓延，一直困扰着欧洲联盟及其成员国。尽管签订了促使交战方停火的《明斯克协议》，但乌克兰冲突没有根本解决；欧元区没有垮掉，但是希腊债务危机的负面影响远未销声匿迹。欧洲2015年以来面临自第二次世界大战结束以来最大的难民与移民问题挑战。在全球避难申请中，德国、奥地利和瑞典等国收到的申请已占世界总量的三分之二。难民潮已经击垮欧盟有关难民申请的“都柏林机制”；仅德国一国2015年就接纳了110万难民。② 亚太地区的地缘政治危局也世人皆知。菲律宾政府2013年提起的所谓“南海问题仲裁案”导致的紧张局势和大国博弈，扰乱了本来繁荣稳定的亚太地区。

德国驻华使馆政务参赞马丁·图默尔（Martin Thümmel）曾在分析中德双边关系以及国际形势发展时，提出“政治关系跃居前位”的突出特点；认为外交政策重返国际关系大舞台，其中欧洲与亚洲是变化的中心，其影响程度前所未有。③ 这种看法不无道理。问题是如何管控好危机，完善全球治理框架？这就需要负责任大国为有效的全球治理和新型大国关系塑造搭建桥梁；分处亚欧两大洲中心地位的中国和德国恰是这样两个大国。

世人津津乐道中国的崛起，其实德国也是21世纪的新崛起大国。早在2003年伊拉克危机时，笔者就撰文指出：“伊拉克危机是一个重要的标志和信号，表明统一德国已经重新步入国际政治强国

---

① 详见美国布鲁金斯学会高级研究员布鲁斯·琼斯在2016年4月16日学会网站发表的文章：“G20中国峰会——当地缘政治遇到全球治理”，http://www.360doc.com/content/16/0416/01/22998329_550997777.shtml。

② 约瑟夫·亚宁（Josef Janning）：“行动压力下的欧洲”，载于《DE Magazin Deutschland》4/2015，第37—39页。

③ Martin Thümmel：“Deutschland und China-Was ändert sich an unseren Beziehungen?”，载于《德语国家资讯与研究》第六辑，外语教学与研究出版社2016年版，第58页。

行列，成为一个世界政治大国，昔日人们熟悉的‘经济巨人、政治侏儒’的德国形象已经一去不复返了！”① 2008年中德关系由于“达赖事件”陷入深重危机，笔者撰文系统阐述了中德两国都是新崛起大国的问题；只是由于国情不同，崛起的领域呈现相反的特点：德国崛起主要体现在政治方面，因为它早已是“经济巨人”；中国崛起主要反映在经济领域，因为它早已是世界政治大国，具有联合国安理会常任理事国的否决权等。②

中德两国自1949年成立以后至今走过的道路，具有惊人的并行不悖或相似之处。③ 尤其值得重视的是：中德两国由于特定的历史情境分别有过“韬光养晦”和“克制文化”的经历。然而，几乎是在同一时期，即2013—2014年间，两国都分别向世界宣示，要在全球治理和应对危机中承担更多的国际责任。中国国家主席习近平在2013年提出“一带一路”倡议，与此相适应的一系列配套举措，譬如建立亚投行等，已经开始实施或成功运行。

德国默克尔大联合政府2013年大选后一登台，就在2014年1月29日发表施政声明强调德国将致力于在欧洲和世界承担更多责任。④ 两天以后，在慕尼黑第50届安全论坛的开幕式上，德国联邦总统高克（Joachim Gauck）致辞向世界宣示：德国新政府在新时期的外交政策将更具积极性、进取性和全球性；德国是国际秩序与安全的保障力量，将为国际热点问题迅即而有效的解决做出更为实质性贡献。⑤ 对于与此相关的境外派兵问题，高克表示：德国既不会原则性

---

① 连玉如：“聚焦德国问题”，载于《欧洲研究》，2003年第2期，第1页。

② 连玉如：“中德‘天然盟友’关系刍议”，载于《国际政治研究》，2008年第3期，第15—26页。

③ 笔者在2008年发表论文中详细阐述了中德两国所走道路的并行不悖或相似之处，详见“中德‘天然盟友’关系刍议”。这个相似或相同的单子是可以继续充实和罗列下去的。

④ Näheres dazu siehe Das Parlament, 3. Februar 2014, DOKUMENTATION, S. 4 – 7.

⑤ Joachim Gauck, Rede zur Eröffnung der 50. Münchner Sicherheitskonferenz, 31. Januar 2014, http://www.bundespraesident.de/SharedDocs/Reden/DE/Joachim-Gauck/Reden/2014/01/140131-Muenchner-Sicherheitskonferenz.html.

地加以否定，也不会（恪守同盟义务）条件反射似地力表赞同，而是会将政治与外交方式解决冲突置于首位；德国绝不支持纯军事性质的干预行动，但是假如出现损害人权、种族仇杀和清洗等反人类罪行，德国必须做出反应，援助受害民众；更加意识明确地承担国际责任，符合德国的利益。① 在慕尼黑安全论坛上，德国外长和防长也分别发表讲话，对高克的致辞加以呼应，表示德国将在国际冲突与危机面前摒弃“等待”与“观望”态度；在出兵干预问题上将一如既往谨言慎行，但是“克制文化”不等于“袖手旁观”，等等。②

中德两国不仅具有主观上更多承担国际责任的战略叙事，而且还有客观上得以施展各自抱负的国际平台。两国分别出任 2016 年和 2017 年 G20 峰会主席国。中国提出 2016 年 G20 杭州峰会的主题是“构建创新、活力、联动、包容的世界经济”（即“4 个 I”：innovative，invigorated，interconnected，inclusive），意欲从创新增长方式，完善全球经济金融治理，促进国际贸易和投资，推进包容、联动式发展等四大领域前行——借助“一带一路”、亚投行等与更多的国家良性互动，实现与其他国家的互利共赢。2017 年 G20 峰会将在德国的汉堡举行，德国外长已经提出峰会的主题应是“公正与可持续性”。③ 可以想见，中德两国通过各自的努力和相互的合作，可以在 G20 这一新的国际多边秩序机制中为大国关系和全球治理搭建桥梁，做出建设性贡献。这已涉及可能性问题了。

---

① Joachim Gauck, Rede zur Eröffnung der 50. Münchner Sicherheitskonferenz, 31. Januar 2014, http://www.bundespraesident.de/SharedDocs/Reden/DE/Joachim-Gauck/Reden/2014/01/140131-Muenchner-Sicherheitskonferenz.html.

② 转引自 Michael Staack, Aktiver, globaler, engagierter? Deutschlands Außenpolitik nach der Euro-Krise，详见中译文，载于《德国研究》（*Deutschland-Studien*），2014 年第 3 期，第 6—7 页。

③ Frank Walter Steinmeier, Brüche und Brücken: Deutsche Außenpolitik in bewegten Zeiten, 27. Juni 2016, http://www.auswaertiges-amt.de/DE/Infoservice/Presse/Reden/2016/160627-BM-GIGA.html.

二

中德关系是一种新型大国之间的关系。尽管两国的体量、人口等诸多因素差异较大，但德国是“欧洲的德国”，在欧盟中具有主导地位和作用，中德关系可以定性为大国性质的关系。中德关系同中美关系不同，不是所谓“新起大国”和“守成大国”之间的争斗关系，必然陷入所谓“修昔底德陷阱”。然而，“传统经济大国”德国对“新起经济大国”中国，以及“传统政治大国”中国对“新起政治大国”德国的习惯与适应，却不是一蹴而就的事情。[①] 另外，中德这样两个新崛起大国还需要各自邻国、区域乃至国际社会的适应与认可，国际范围流传的所谓“德国威胁论”和“中国威胁论”说明这一层面问题的重要性。

总之，在“每天都同全球化约会”的时代，中德两个新起大国之间的相互适应和相互帮衬，对于大国关系良性互动与全球治理有效实施是十分重要的！在这方面，可以说已经呈现出良好发展势头，对“一带一路”倡议下中德关系发展抱持乐观态度，盖源于此。具体来说，这种良好发展势头突出体现在2014年中德第三次政府磋商后签订的创新伙伴关系行动纲领上，并释放出来两个积极的信号。

第一个积极信号是“传统经济大国”德国对“新起经济大国”中国的支持。《中德合作行动纲要：共塑创新》共有110条，其中第8条明确规定：“德方欢迎拓展中国与欧洲之间陆路贸易通道及‘丝绸之路经济带’倡议。这将为中德、中欧合作开创新的机遇并为包

---

① 譬如，2006年一些德国精英人士发出的所谓“中国经济发展正在引发全球范围‘瓜分福利的世界大战’”论调，以及2007年以后中国普遍的对默克尔“人权外交”的批判等，是为突出事例。

括中亚地区在内的沿线国家稳定与繁荣做出贡献。”① 这是 2014 年 10 月 10 日签订的文件。此后一年多来，双方致力于经济发展战略对接，如“中国制造 2025”同德国“工业 4. 0”，另外，积极推动高铁等基础设施领域的第三方市场合作取得突破等。这对拉动两国经济增长，为区域和世界的稳定、发展与繁荣具有重要意义。

2013 年 9 月，笔者曾在柏林对德国前外长汉斯—迪特里希·根舍（Hans-Dietrich Genscher）进行过访谈，他对笔者强调说，中德两国之间有一个最大的共性，就是中间夹有一个俄罗斯。这话蕴含的战略意蕴，同上述文件的表述精神是相通的，即“一带一路”倡议将为中德、中欧合作开创新的机遇，并为包括俄罗斯在内的中亚地区沿线国家稳定与繁荣做出贡献。当然，近几年德国、欧盟同俄罗斯之间由于乌克兰危机等关系紧张，而中俄两国关系发展热络，是否会影响中德和中欧关系？对此，德国官方人士明确表态说：德国不认为俄罗斯加强对华关系是一种风险，相反，德国乐见中俄经济关系的黄金时代；只是在全球化的条件下，中俄经济的黄金时代“只有在重建已经丧失的俄与西方的信任才有可能开启”。② 在这方面，德国正在不间断地同中国和俄罗斯进行磋商。

中德两国经济关系是两国关系发展的基础与恒定因素。两国双边贸易额是中俄贸易额的两倍；相当于英国、法国和意大利三国对华贸易额总和。德国有人担心中国经济发展会构成强大的竞争，损害德国利益。然而，德国亦不乏有识之士明确宣示：竞争是好事，可以搞活经济；德国工业数十年来一直处于同其他欧洲国家以及日本、韩国和美国的激烈竞争中，正是由于德国抵御了保护主义诱惑，所以保持了强大与活力；没有竞争压力，就没有改革动力，长此下去必然衰落；关键是在未来的 5—10 年间，中国和德国的企业之间

① 文件全文中文版：http：//news. xinhuanet. com/world/2014 - 10/11/c_ 1112772707. htm；德文版：http：//www. bundesregierung. de/Content/DE/Pressemitteilungen/BPA/2014/10/2014 - 10 - 10 - aktionsrahmen - dt - chin - konsultationen. html。

② 详见德国驻华使馆政务参赞 Martin Thümmel 文章，前引文，第 59 页。

要实行“公平竞争”，中德双方都足够强大，能够实现这一目标。[①]

第二个积极的信号是“传统政治大国”中国对“新起政治大国”德国的支持。2014 年签订的《中德合作行动纲领》，不仅强调定期政府磋商机制对促进两国合作的核心协调作用，而且还在第 3 条商定：于 2015 年“启动由两国外长主持、国防部代表参加的中德外交与安全战略对话，每年举行一次，以此加强两国在外交和安全政策问题上的协调”。[②] 这方面的对话已经展开，前景广阔。

2015 年 12 月中德两国外长在柏林开启第一轮外交与安全战略对话；次年 4 月 8 日在北京举行第二轮对话，会谈气氛良好。中德两国愈来愈多地共同参与处理重大国际问题的解决，已经奠定进一步深化合作的基础。譬如，在阿富汗和平进程中两国共同倡议采取措施，中方帮助培训阿富汗警方，承诺进一步提供经济和军事的援助等。另外，德方还关注到：中国在伊朗核问题谈判、朝核问题解决、通过首次（2016 年 3 月 29 日）任命“叙利亚问题特使”参与解决叙利亚冲突等国际热点问题上，正在加大投入和承担责任的力度。德国外长在北京表示：没有中国的参与，这些重大的国际问题将无法得到有效解决。

叙利亚持续五年之久的战争是德国、欧洲难民与移民危机的主要根源之一。默克尔一直强调要从源头上解决问题。在中国欢庆 2016 年猴年春节的 2 月 8 日，她时隔四个月再次访问土耳其，同土总理商讨打击难民偷渡等问题，还提议联合动用北约的资源，来支持欧洲边境管理局和土耳其海岸警卫队的工作等。这些举措，更多的还是“应急”之举，而非从源头上的“治本”方略。中国积极参与处理叙利亚危机，与各国一道探寻解决方案，势将有助于从根本上解决叙利亚的难民问题。

如前所述，德方认为中德关系近年来发展变化的一个突出特点

---

① 详见德国驻华使馆政务参赞 Martin Thümmel 文章，前引文，第 60 页。

② 文件原文详见：http：//news. xinhuanet. com/world/2014 - 10/11/c_ 1112772707. htm。

是“政治关系跃居前位”，欧洲和亚洲是国际关系的中心舞台。对与此相关的中德作用，德方特别指出：中德两国影响力巨大，在驾驭国际危机方面承担着特别责任；且经常不得不为此放弃直接和短期的收益等。譬如，德国在欧盟接纳了远超于其他成员国接纳的难民，在克服主权债务危机中履行了更多的互助义务等；中国方面则提供愈来愈多的人道主义和发展援助，如对阿富汗和非洲地区的援助等，“未来的发展将愈来愈多地取决于中国的战略定力与耐心”。[①] 这些认知几年前还十分罕见。

当然，中德关系顺利发展还需要正视与克服一些阻碍因素；其中，两个涉及德国方面的平衡问题值得关注。

三

涉及德国方面的两个平衡问题，一是欧盟内部的结构平衡，二是德国对主要大国关系的平衡。

关于第一点，德国在欧盟中的主导作用和欧盟结构的失衡问题。

在上述一年多来欧盟面临的一系列危机中，世人看到，欧盟诸机构及其精英苍白无力、招架乏术，只有德国总理默克尔奔波在各个危机现场，发挥着主导作用。譬如，2015 年 1 月乌克兰东部战事升级，默克尔同法国总统奥朗德倡议并同俄乌两国达成第二个《明斯克协议》，促进乌克兰战事停火；同年夏天希腊债务危机紧要关头，默克尔政府立场坚定且不无耐心，对希腊最终政治妥协起到关键性作用，欧元区得以维系。在汹涌而来的难民潮中，默克尔和欧盟委员会主席容克等人公开呼吁，不要重蹈民族藩篱和“自私自利欧洲”的覆辙；但在公正均摊难民份额问题上欧盟成员国难以协调立场。2016 年 6 月 23 日，英国全民公投脱欧后，德国总理默克尔和

① 文件原文详见：http：//news. xinhuanet. com/world/2014 - 10/11/c_ 1112772707. htm，第 58—59 页。

外长施泰因迈尔分别邀请欧盟主要成员国到柏林商讨和协调应对措施，表示希望英国政府尽快向欧洲理事会提起退欧申请；此前不会同英国进行任何正式谈判。

不难看出，在德国的超强权势面前，欧盟正在经历法国孱弱、英国离异、波匈等东欧国家右翼民族主义政治发难的结构失衡困境。与此同时，德国的主导作用却又在不同的议题上引发不同的结果。譬如，在乌克兰危机中是"领导者"；在希腊债务危机中成"霸主"；在难民危机中又沦为"孤家寡人"，甚至还被扣上"道德帝国主义"的帽子。①

2016年4月8日，李克强总理在会见德国外长施泰因迈尔访华时表示：中国乐见一个团结、稳定和繁荣的欧洲。这是中国一贯的对欧政策立场。但是如何做到欧洲的团结、稳定与繁荣，特别是德国如何发挥它的主导作用？对此，欧美问题资深专家汉斯·孔德纳尼（Hans Kundnani）于2015年底撰文指出：德国的体量和其欧洲中心的位置，使它成为欧洲的不稳定因素，导致当今欧洲的混沌状态；德国无意、也无力承担起欧洲霸权和带来稳定，像二战后美式霸权那样；认为德国将能"主导"欧洲一直是危险的幻想。② 另一位欧洲问题专家乌丽克·圭罗（Ulrike Guérot）在分析德国的超强权势现象时，指出它是欧盟机制失效的结果而非原因；法国因国内经济、政治、社会、安全等方面的困难形势导致的孱弱也是重要原因。这对德法关系乃至欧盟的发展非常不利。如何化解这一困局？她给出的应对方案是必须建立联邦主义政治架构的欧洲政治联盟。③

笔者以为，孔德纳尼的分析太过囿于19世纪欧洲均势博弈的藩篱。圭罗的建议即便不是乌托邦，也还遥不可及。欧盟成员国追求

---

① Vgl. Ulrike Guérot, Von Normalität über Übermacht zur Ohnmacht? Betrachtungen zur deutschlen Rolle in Europa, in: Aus Politik und Zeitgeschichte, 52/2015, S. 19.

② Hans Kundnani, Ein deutsches Europa-oder ein chaotisches? In: Aus Politik und Zeitgeschichte, 52/2015, S. 12 – 17.

③ Ulrike Guérot, Von Normalität über Übermacht zur Ohnmacht? Betrachtungen zur deutschlen Rolle in Europa, in: Ebenda, S. 19 – 22.

的是欧盟的强大（super power）而不是强国（super state），欧盟只是一个奉行“辅助性原则”的国家联盟。[①] 据此，基于历史与现实的考量，重建德法双引擎（Tandem），是化解欧盟困境的当务之急。

德法和解与合作是二战以后欧洲一体化发展的决定因素，今后仍将如此。德国在欧盟发挥主导作用，不能没有法国的（政治）配合与支持，即如过去几十年法国领导欧洲整合不能缺少德国的（经济）配合与支持一样。然而，德国统一以后，德法关系从此前的“不平等但是均衡的关系”转为此后的“平等但是失衡的关系”却是一种深层次的结构性矛盾。如何克服这一矛盾，特别是尽快弱化直至改变法国孱弱、德国超强的失衡情境，将决定欧盟整合的未来发展前景。在这方面，德国更应在“辅助性原则”基础上承担更多的团结互助义务。这对彻底摆脱法德两国根深蒂固的历史梦魇，即“法国怕衰落”“德国怕孤立”意义重大而深远。[②]

四

关于德国对主要大国关系的平衡问题，主要涉及德俄、德美和中德关系。德国重视对俄罗斯的战略伙伴关系，深知欧洲安全必须与俄合作，不能没有、绕过甚或针对俄罗斯；只有同俄紧密联系才能加强欧洲在多极化世界中的影响。[③] 然而，德国又是北约成员国，保持与发展同美国牢固的同盟关系是德国 1949 年建国以后至今“自

---

① 这是欧盟的性质与发展的终极目标，相关论述详见连玉如：“再论‘德国的欧洲’与‘欧洲的德国’”，载于《国际政治研究》，2014 年第 6 期，第 17—21 页。

② 参见斯坦利·霍夫曼：“法国：一个世纪，两大忧患”以及约瑟夫·乔菲：“德国：从腓特烈大帝到联邦共和国”，分别载于罗伯特·A. 帕斯特编，胡利平、杨韵琴译：《世纪之旅：七大国百年外交风云》，上海人民出版社 2001 年版，第 69—97、98—153 页。

③ Michael Staack, Aktiver, globaler, engagierter? Deutschlands Außenpolitik nach der Euro-Krise，详见中译文，载于《德国研究》（*Deutschland-Studien*），2014 年第 3 期，第 9—10、15—16 页。

由、安全与福利的关键”。[1] 强化大西洋联盟，势必影响对俄关系改善；致力于“整体欧洲”的建设，美国与北约的作用又会被边缘化。德国如何在政治理性与盟国义务之间权衡与抉择，对欧洲乃至世界格局的发展具有举足轻重的影响。

在对华关系上，德国同样面临平衡的矛盾：一方面，为了应对全球化挑战，需要加强同中国的全方位战略伙伴关系；另一方面，德国又将中国视为“危险”的竞争者，认为德国与欧盟在非洲、拉美或中亚的传统伙伴正在愈来愈向中国或其他崛起大国靠拢，有损德国的利益，[2] 等等。

在中德关系发展过程中，如何相互客观、理性地认知对方，十分重要。假如以其国情为尺度去衡量和要求对方，往往出现问题。譬如对“稳定”的看法。德国的历史和国情决定了德国人最为看重货币的稳定；德国对其历史上的恶性通货膨胀谈虎色变，因此维护央行独立和币值稳定，这是德国无论如何都要坚守的原则与国策。中国的历史和国情决定了中国人最为看重社会的稳定；假如动乱甚或内战，那么带给亚洲和世界的，就不是百分之几十的经济增长贡献率以及上亿人次的中国旅游购物刺激和助推各国经济发展，而是亿万（而非叙利亚的几百万）之众的难民潮冲击了。

双边关系的良好与健康发展离不开相互信任的基础，而这需要政治家具有战略眼光与历史意识。德国的政治精英应该说很有历史意识。德国长期实施的外交政策“克制文化”就是一种深刻反思二战纳粹历史的结果；另外，德国对以色列、波兰等国坚持“特殊关系”，谨言慎行，不会公开对以色列的“人权问题”说三道四等，也集中体现了历史意识。但在认识中国与处理对华关系上，德国的历史意识还很缺乏。

譬如，德国外长施泰因迈尔 2016 年 6 月 27 日在汉堡发表的论德

---

① 详见《德国基民盟、基社盟和社民党大联合政府执政联盟条约》，第 7 部分“在世界上承担责任”，http：//www. cdu. de/artikel/der – koalitionsvertrag – von – cdu – csu – und – spd。

② Heinrich Kreft，Deutschland，Europa und die neuen Gestaltungsmächte. In：*Aus Politik und Zeitgeschichte*，Nr. 50 – 51，2013，S. 16.

国外交政策讲话中，一方面明确表示应该抛弃"西方中心主义"，实行真正的观点与方法上的"多元主义"；提出应努力认识和了解世界上其他行为体的秩序观念及其区域、文化、社会的差异，以及哪些历史背景、叙事模式、梦想与精神创伤奠定了一个社会超越现实秩序的政治与社会关系基础。[①] 然而另一方面，在谈到中国的南海问题时，他却又背离了自己的上述主张，充斥着对中国的误识与偏见。[②]

德国以及其他西方国家惯常使用西方的国际关系理论和历史典故解释和预测中国的发展。其实，正像前国委戴秉国在华盛顿一次讲话中义正词严宣示的，作为一个5000年的东方文明，中国有完全不同于传统西方大国的文化传统、政治思维和国际视野；南海问题关乎中国的领土主权、安全、发展利益和海洋权益，是防止丧失固有领土和遭受霸权主义与强权政治欺辱的历史悲剧重演问题，简单而朴素，没有其他考量，即所谓同谁战略比拼，或"统治"亚洲与世界野心等；中国只有一个"野心"，"就是做好中国自己的事情，让近14亿中国人能过上比较体面的、有尊严的日子"。[③]

中德关系发展中存在的意识形态障碍等不是容易跨越的。但从中德各自本体发展、两国对国际格局以及自身国家利益的认识与变化等国际关系的结构角度出发，而不是囿于意识形态藩篱，笔者仍然坚持"中德'天然盟友'关系"（Natürliche Partnerschaftsbeziehung）的看法，[④] 对中德关系在"一带一路"倡议下的发展前景抱有乐观态度。在全球化的背景下，中德（欧）已是近邻，中德两国良性互动有助于促进亚洲、欧洲与世界的平衡、稳定与福祉。

---

① Frank Walter Steinmeier, Brüche und Brücken: Deutsche Außenpolitik in bewegten Zeiten, 27. Juni 2016, http://www.auswaertiges - amt.de/DE/Infoservice/Presse/Reden/2016/160627 - BM - GIGA.html.

② 譬如，他在讲话中认为：中国正在"改变"地区力量对比和既定规则；南中国海的紧张局势表明：国际法及其机构遭到"蔑视"，国际组织和决策机构受到"挑战"，其改革诉求是在自己的秩序观念基础上建构新组织等。同上。

③ 详见戴秉国2016年7月5日在华盛顿"中美智库南海问题对话会"上的讲话，http://www.fmprc.gov.cn/ce/ceke/chn/zgyw/t1377746.htm。

④ 连玉如："中德'天然盟友'关系刍议"，载《国际政治研究》，2008年第3期。

“一带一路”倡议下的中德可持续发展

贝特霍尔德－库恩（Berthold Kuhn）
陈旸译　黄萌萌校[①]

一、中国新发展目标下的“一带一路”倡议

2016 年 3 月中国全国人民代表大会审议通过了《中华人民共和国国民经济和社会发展第十三个五年规划纲要草案》。“十三五”规划重点强调绿色和可持续发展。在中华人民共和国新五年规划的五项议题中，“绿色发展”位列第三项，“共享和社会福利”位于第五项。其余核心议题分别是创新、协调与经济开放。

胡鞍钢在分析历年五年规划时指出，过去的五年规划就已提及通过技术创新和节能减排实现可持续性和包容性的经济增长。[②] 实际上，中国最晚从“十一五”规划，就已经开始强调这一点。

由此看来，中华人民共和国的新五年规划完全顺应国际形势。2015 年 9 月，联合国峰会在纽约通过了《2030 年可持续发展议程》（简称《2030 议程》）。习近平主席参会并向中国和世界释放了一个重要信号。《2030 议程》中的 17 项发展目标，将可持续性原则与经济、生态和社会发展目标相结合。中国新经济增长模式——“中国新常态”——聚焦于质量型增长，它比以往的经济增长战略更强调

① 贝特霍尔德－库恩，柏林自由大学奥拓—苏尔政治学研究所客座教授；陈旸，北京外国语大学博士研究生；黄萌萌，中国社会科学院欧洲研究所助理研究员。

② 胡鞍钢：《中国创新绿色发展》，中国人民大学出版社 2014 年版。

经济、社会和生态领域的相互联系。

中国的全球性责任在"十三五"规划中占有更重要的地位。规划首先提出全球性合作视角，"一带一路"倡议成为全球性责任和全球性合作战略的一个重要元素。"一带一路"旨在开发新市场，使中国成为更具吸引力的投资和贸易伙伴。中国为此采用合作多元化战略，投资于亚洲基础设施投资银行、金砖国家新开发银行、新丝路基金等项目，并且加强与上海合作组织（Shanghai Cooperation Organization，SCO）及中非合作论坛（das Forum für Chinesisch Afrikanische Beziehungen，FOCAC）的合作和交流。

中国通过"一带一路"倡议，力求沿陆上和海上丝绸之路，在道路、铁路、发电厂、管道和港口等领域加强基础设施建设，并为此提供资金、贷款和财政补贴。同时，中国希望借此为国内多年产能过剩的钢铁行业寻求新订单，转移产能，这或许会给当地的环境和气候带来一定负担。然而，中国在能源领域的投资政策，将在环境和气候政策方面带来一定的积极效应。中国将继续扩大油气管道进口，这不仅有利于保障其能源安全，同时有利于环境和气候保护。总体看来，提高天然气使用比例将提高中国能源政策的环境友好性。除了经济领域，打击恐怖主义和保障国际海路安全对中国意义也尤为重要。

中国将承担全球责任并致力于全球合作。有些分析人士鉴于政治紧张局面，如南海争端，错误地将中国参与国际事务的动机过多地归因于地缘政治利益。一些知名的研究机构也做出类似判断，如德国墨卡托中国研究中心的董事会主席就"遏制"一词的意涵——北约积极"划定"或"限制"中国势力范围的政策——在德国发起了一场政治讨论。

这种判断忽视了两个现实：一方面，中国需要服从国际规范，另一方面，中国作为联合国安理会常任理事国扮演着重要角色。此外，中国在许多领域成为了国际机构的成员国并承担了更多的国际责任，中国为实现联合国发展目标所做的努力便是一个绝佳例证。

如今，环境、气候、国际性的和平和社会政策都属于安全利益的范畴，需要大国的共同行动。鉴于中国庞大的人口数量和沿海大城市的人口密度，相比于俄罗斯等国，中国更容易受到气候变化特别是海平面上升的威胁，因此，中国参与气候协定谈判至关重要。中国现已处在经济政策和清洁技术转型的重要阶段，它致力于解决诸如特大城市空气质量等问题。

二、联合国可持续发展目标

联合国的17项发展目标如下：

1. 在世界各地消除一切形式的贫困；

2. 消除饥饿，实现粮食安全，改善营养状况和促进可持续农业发展；

3. 确保健康的生活方式，促进各年龄段人群的福祉；

4. 确保包容、公平和优质的教育，促进全民享有终身学习的机会；

5. 实现性别平等，为所有妇女、女童赋权；

6. 确保所有人享有水和环境卫生，并对其进行可持续管理；

7. 确保人人获得可负担的、可靠和可持续的现代能源；

8. 促进持久、包容和可持续的经济增长，促进充分的生产性就业、确保人人有体面的工作；

9. 建设具有风险抵御能力的基础设施、促进具有可持续性的工业发展，并推动创新；

10. 减少国家内部和国家之间的不平等；

11. 建设包容、安全、有风险抵御能力和可持续性的城市及人类居住区；

12. 确保可持续性消费和生产模式；

13. 采取紧急行动应对气候变化及其影响；

14. 保护性开发海洋及海洋资源以促进可持续发展；

15. 保护、恢复和促进可持续利用的陆地生态系统，可持续森林管理，防治荒漠化，制止和扭转土地退化，遏制生物多样性的丧失；

16. 创建和平、包容的社会以促进可持续发展，让所有人都能诉诸司法，在各级建立有效、负责和包容的机构；

17. 加强执行力，重振可持续性的全球伙伴关系发展。①

"可持续发展目标"是"千年发展目标"的承继，中国高质量地完成了"千年发展目标"。与过去目标主要的不同是，17 项可持续目标不仅针对经济欠发达的国家和地区现存问题，同时也标明是世界各国都应履行的义务。

这 17 项目标又通过 169 项子目标和参数进一步明确。《2030 议程》曾一度因其复杂性而受到政界和媒体的批评，如某期《经济学人》的封面标题为"169 项戒条"（2015 年 5 月 28 日）。然而，各国能超越意识形态和文化的界限，就如此广泛的共同目标和子目标达成一致，可谓是一种成功。《2030 议程》将作为国际性合作的参考框架。通过制定一系列五年规划，中国在不同行政层级拟定目标和确定指数也变得游刃有余。

三、联合国气候变化框架协议方第 21 次会议：巴黎气候峰会

习主席也出席了 2015 年 11 月的巴黎气候峰会。中国代表团在其中扮演了重要角色，中国的立场和方案，有助于缓解有着高标准气候政策国家与欠发达发展中国家间的分歧。最终，各国在巴黎顺利达成一份全面的气候保护协定，多数国家承诺履行协定中的气候保护义务。在排放量占全球过半的 55 个缔约国批准之后，《巴黎协定》才正式生效。这一前景比较乐观。

德国和中国呼吁世界各国批准该协定。《巴黎协定》首次使所有

① http://www.un.org/sustainabledevelopment/sustainable-development-goals/.

国家承诺履行气候保护义务：在国际法的约束下，各国都应制定国家自主贡献和相应的实施措施。减少废弃排放量和适应气候变化都是巴黎谈判的议题。对此，各国承诺在资金和技术方面支持发展中国家，中国也表示会参与其中。

同样，中国承诺实现雄心勃勃的温室气体减排目标。特别是相对于2009年哥本哈根峰会的微弱成果，巴黎气候峰会达成的积极成果让许多原本持批评态度的观察者感到意外。早在2014年底，美国总统奥巴马和习主席在北京会面时已经就减少有害气体排放达成共识。中美两国和欧盟各国在纽约和巴黎峰会中都发挥了积极作用。

四、以可持续发展作为“中国走向全球”的引擎

“一带一路”倡议带来巨大经济发展潜能的同时，也蕴含着一些风险。中国及其伙伴能从几十年来大型项目存在的问题中吸取多少教训，以及是否能满足本国和国际社会在与环境相关的投资和基础设施政策上以可持续性发展为导向的新要求，尚未可知。

20世纪80年代，世界银行和地区发展银行曾饱受诟病，因为它们曾投资于一些对环境有害的基础设施建设，如大型河坝。例如，世界银行参与资助在秘鲁卡米塞阿的天然气项目，这一项目对环境造成的负面影响遭到人权和环境组织的强烈谴责：当地动植物受到严重的生态破坏，当地居民的生活空间被毁，他们被迫迁居，这是否符合国际法，尚存争议。

自邓小平领导实行改革开放以来，中国通过自身发展道路意识到，开发新市场有着巨大的增长潜力，同时也可以显著改善绝大多数人民的生活水平。同时，中国也意识到，资源密集型的经济增长方式将造成很大程度的环境破坏。如今，诸多中国大城市的空气质量问题远超过世界卫生组织的临界值。一系列的环境和健康问题曾

在中国一些地区引起了民众抗议。政治领导层通过与学术界的密切交流意识到了这一问题，并同专家们共同寻找合适的解决方案。从有关可持续发展的探讨和实践来看，其议题范围十分广泛。这促使中国致力于在地区和全球经济中践行可持续性的发展议程，并论证了本文的观点，即中国可以通过与环境技术发达国家，如与德国的合作落实这些要求。

五、中国的“绿色讨论”和发展目标

除了“十三五”规划中五大议题之一的“绿色发展”，中国还有诸多承载着政策愿景、具体政策和示范性工程的概念和理念，其中最重要的概念之一是“生态文明”。2007 年 10 月“生态文明”被写入十七大报告并作为生态建设的发展目标。它同“和谐社会”和“科学发展观”等其他具有多重愿景的概念相关联。

“生态文明”的概念，表现了中国为实现未来的政策愿景而提出有本国特色的理念，同时，中国的政策并未背离国际理念。针对可持续发展，中国已发布了多份报告，并从政策和实践两方面着手“低碳”与“循环经济”理念，如 2011 年提出的“低碳城市”和“低碳社区”。在世界范围内，中国支持有关绿色增长理念的持续发展，这特别体现在同联合国亚洲及太平洋经济社会委员会（UN ESCAP）的对话，以及同韩国等国的双边对话。“生态马克思主义”已成为中国学术界探讨的理念，“中国梦”和“美丽中国”的概念与促进可持续发展的愿景同样息息相关。

中国为未来五年制定了许多宏远目标，包括约束性和预期性目标。“十三五”规划的约束性目标有：使 5575 万贫困人口脱贫，单位国民生产总值的二氧化碳排放量降低 18%，城市空气质量优良天数占全年比例超过 80% 等。预期性目标包括人均年收入年增长 6.5%，将城市基本养老保险参保率提高到 90% 等。中国政府采取了一系列措施解决环境问题，比如已提及的修订环境保护法，2013 年底通过的国家大气污染防治行动计划，及2015年1月开始实施的加强版绿色建筑标准等。

这些目标与中国在巴黎气候峰会的许诺相契合，即2030年左右，二氧化碳排放量将达到峰值，单位国民生产总值排放量应在2005年的基础上降低60%到65%，非化石能源供给比例应提至20%，森林蓄积量应增加45亿立方米。2013年起，中国的绝对碳消耗量呈下降趋势，由此中国可能进入转折期，但其随后的发展则取决于诸多因素。正如欧洲的许多矿采区一样，中国的一些城市和地区，如山西省，经济发展非常依赖煤炭开采，一旦关闭煤矿，政府要进行大量补偿。

中国十分重视气候保护领域的“互惠共利”。要通过投资新技术，特别是促进可再生能源发展的技术使国内经济获得强大的增长动力。中国已是全世界最大的可再生能源投资国。碳排放交易体系将在试点项目结束后于2017年在全国范围内启动，届时将带动经济领域的高效能源和技术发展。

六、德国的“绿色探讨”和发展目标

中德两国均积极支持实施《2030议程》。2016年12月，德国接任中国成为二十国集团的主席国，这为深化并且改革可持续发展为主题的对话合作机制创造了良好契机。

不过，两国的“绿色探讨”在一些方面也有所不同。德国政府较少使用“绿色发展”这一概念，因为这有可能让人将其与在野党“绿党/联盟90”相联系。在德国，对经济增长的批判是得到更多讨论的话题，如对后现代理论中的“非增长”“去增速”和“放弃消费”的探讨。在中国，“乐活生活”（Lifestyle of Health and Sustainability，LOHAS）的意识也逐渐发展起来。

尤其在2011年3月福岛核事故之后德国退出核能使用，德国国内辩论围绕着“能源转型”这一全世界都极为关注的概念展开。

2011 年 3 月 11 日，一场地震和由此引发的海啸使日本福岛核电站的诸多冷却系统瘫痪。继 1986 年 4 月发生在切尔诺贝利的核事故之后，在人口密集的日本产生的放射性核污染再次警示德国民众，使用核能存在着严重弊端。福岛核事故提醒人们，除了最终原料储存问题和相关成本与风险，自然灾害也可能引发核灾难。

除了退出核能，德国也旨在通过大力扶植可再生能源，大幅降低二氧化碳的排放量。为此，德国引入上网电价补贴制度，它能激励私人家户自觉转向使用可再生能源，特别是太阳能。此外，风力发电得以继续推广，但由此产生的能源成本提升和对风车破坏农业面貌的控诉也引起了一些政策上的争议。同样，因与社会福利政策相关，停止使用褐煤在德国也引起争议。德国联邦政府在巴黎许诺，2020 年前降低 40% 的二氧化碳排放量，2050 年前甚至降低 80%—95%。

早在 1992 年，德国就制定了国家可持续发展战略，主要涉及代际公平、生活质量、社会团结和国际责任。此后，可持续性在政界和民间的诸多领域成为中心原则，并可通过相应指标和报告予以评估。许多国家和非国家行为体负责指标制定和报告并提出批评建议。比如，在贝塔斯曼基金会设定的可持续性发展指数（Sustainable Development Index）上，将德国同其他国家取得的进步进行比较。

七、两大工业国的发展潜能和合作前景

中国新的关注点在于以高品质和清洁能源实现的可持续性增长模式，这为同德国展开合作创造了极好的先决条件。在大气、水和垃圾处理以及工业和建筑业的提效与节能方面，德国的创新产品和技术在全球领先。据中国绿色科技理事大会的专家预测，绿色技术在中国的年市场值可达 9200 亿欧元。正如联邦环境、自然保护、建

筑和核安全部支持出版的刊物所强调的①，在这方面中德合作潜力巨大。

这其中包括具有特殊合作潜力的建筑行业，因为中国致力于通过城镇化来实施现代化政策。为了实现远大的气候目标，中国日益重视环保的建筑方式。这方面的需求量很大，许多 20 世纪 80 年代和 90 年代建造的住房并没有考虑到环境因素。无论是工业还是保护、改造旧城区，德国都经验颇丰。为促进两国这方面的合作，期间中德双方举办过诸多对话和活动形式，如“2015 广东绿色建筑研讨会”。

无论是在德国还是中国，在可持续发展领域取得的进步和承担的国际责任均应接受非政府组织的批评与监督。德国并非完全知晓的是，具备专业知识的独立性基金会和倡议在中国也在逐渐增多。最重要的基金会包括阿拉善 SEE 基金会、老牛基金会和阿里巴巴公益基金会。霍尔泽（Holzer）曾在给生态网（econetwork）的撰文中分析了中国环保基金会的工作。民间发起成立的环保组织如自然之友（Friends of Nature）、北京地球村（Global Village Beijing）、公众环境研究中心（Institute for Public and Environmental Affairs，IPE）、绿色浙江（Green Zhejiang）、创绿中心（Greenovation Hub）、中国青年应对气候变化行动论坛（China Youth Climate Action Forum）等，仅仅是在中国活跃的非政府组织中的几个代表。比如，公共环境研究中心（IPE）曾联合绿色选择倡议（Green Choice Alliance）通过蔚蓝地图（Blue Sky Map）应用程序发布了污染数据。这一数据后来被中国环保部门采纳，IPE 也因这一民间力量的投入受到全世界的诸多赞许。同样也有许多非国家组织活跃在气候保护领域，比如，中国民间气候变化行动网络（China Civil Climate Action Network）就是该领域的网络性组织，其成员中国国际民间组织合作促进会（Chinese Association for NGO Cooperation）与德国伙伴有着密切合作。

---

① 德国商会网：“德中生态商务平台报告：绿色市场和生态变化”，2015 年 8 月期，第 14 页。

在德国，德国环境援助、德国环境与自然保护联盟、德国观察、德国自然保护联盟、生态性社会市场经济论坛、罗宾·伍德环保组织、自然力和其他许多区域性或地区性的倡议组织都是可持续发展和自然与环境保护领域重要的非国家行为体。100 多个这样的组织共同组成了德国气候联盟（Klima-AllianzDeutschland）①。同样，高校间的合作也为研究可持续发展的跨学科理念提供了更多潜力，例如德意志学术交流中心对柏林自由大学和北京大学均加入的可持续性高校联盟（University Alliance for Sustainability）予以资助。

最高层达成的政治许诺、政府及相关部门的规划与调控职能、研讨的广度和多样性、从事可持续性问题的国家和非国家行为体的分布密度、高水平科研能力和国际性合作这些重要因素，确保了中德两国雄心勃勃的目标制定和可持续发展目标的高质量实施，无论是在本国，还是在双方承担的更多国际责任范围内。

---

① http：//www. die - klima - allianz. de.

“一带一路”倡议与中德关系：潜力与挑战

郑春荣[1]

近年来，欧盟面临着多重危机叠加的挑战，经过这些危机的应对，德国在欧盟内的领导地位越来越明显，但正如欧洲难民危机的应对所显现的，德国也更易陷入孤立。[2] 与此同时，中德关系处于历史最好发展时期，双方建立了全方位战略伙伴关系，合作日益全面深入，德国也被视为在中欧关系中扮演着某种领导角色。[3] 与此相应，在中国提出“一带一路”倡议后，德国政府对“一带一路”倡议的立场和反应也广受关注。本文旨在探讨的问题是，“一带一路”倡议会给中德关系的进一步发展带来哪些潜力，其中又蕴含着哪些挑战。在回答这些问题的过程中，本文把考察的重点更多地放在德国的视角，为此，以下首先论述德国政府对“一带一路”倡议的官方回应。

一、德方对“一带一路”倡议的回应

德国官方总体上对“一带一路”倡议反应积极，德国是最早对

---

① 郑春荣，同济大学德国研究中心主任，教授。

② 郑春荣：“欧洲难民危机背景下德国在欧盟中的领导角色”，载郑春荣主编：《德国发展报告（2016）：欧洲难民危机背景下的德国》，社会科学文献出版社2016年版，第1—13页。

③ 郑春荣：“德国在中欧关系中的角色”，《欧洲研究》，2015年第3期，第1—14页。

"一带一路"倡议表示欢迎的欧洲国家之一，并作为意向创始国加入了亚洲基础设施投资银行（简称"亚投行"）。

2014 年 10 月 10 日，中德双方在柏林进行了第三轮政府磋商，并共同发表《中德合作行动纲要：共塑创新》。该文件的第 8 条表示，"德方欢迎拓展中国与欧洲之间陆路贸易通道及'丝绸之路经济带'倡议。这将为中德、中欧合作开创新的机遇并为包括中亚地区在内的沿线国家稳定与繁荣作出贡献。"[①] 2015 年 10 月 29 日默克尔第八次访华时，习近平主席表示，中方赞赏德方积极支持和参与"一带一路"和亚洲基础设施投资银行倡议；默克尔则表示，在新形势下，德方愿深化同中方在经贸、产业和金融方面务实合作，积极参与"一带一路"和亚投行建设[②]。在此次访问期间的一次记者招待会上，默克尔更为明确地表示，"我们密切关注丝绸之路沿线的投资项目，如果可能，我们也想在此做出我们的贡献。"[③]

期间，中国领导人还提出了在"一带一路"倡议框架里开展第三方市场合作的建议，并率先与法国达成了"第三方市场合作的联合声明"[④]。此后，李克强总理在 2015 年 10 月默克尔访华期间也向德方提出了这个倡议。对于第三方市场合作的意义，李克强总理当时在安徽省合肥市举行的中德经济顾问委员会座谈会上表示，"通过开展国际产能合作，将发达国家的高端技术同中国的中端技术装备相结合，可以更好适应发展中国家需求，扩大发达国家先进技术和

---

① 《中德合作行动纲要（全文）》，http：//www. fmprc. gov. cn/ce/cede/chn/sbwl/t1212296. htm，last accessed on 02 March，2016。

② "习近平会见德国总理默克尔"，http：//news. sina. com. cn/c/2015 - 10 - 30/doc - ifxkhchn5606599. shtml，last accessed on 02 March，2016。

③ Pressekonferenz von Bundeskanzlerin Merkel und dem Ministerpräsidenten der Volksrepublik China，Li Keqiang in Peking，29. Oktober 2015.

④ 《中华人民共和国政府和法兰西共和国政府关于第三方市场合作的联合声明》，http：//www. gov. cn/xinwen/2015 - 07/01/content_ 2888266. htm，last accessed on 02 March，2016。

产品市场，也可以助力中国产业结构升级，是三方受益之举。”① 具体到中德之间的第三方市场合作，李克强在2016年3月德国总统高克对中国进行国事访问时进一步指出，中德双方应“推进‘中国制造2025’和德国‘工业4.0’战略对接，把德国的先进技术同中国性价比高、具有一定竞争力的装备相结合，携手开展第三方市场合作”②。德方一开始并未马上回应中国提出的携手开发第三方市场的合作倡议，主要原因是德方期待中方能提出更为具体的第三方市场合作的建议。德方的这一观望立场最晚至第四轮中德政府磋商时发生了转变。

2016年6月13日发布的《第四轮中德政府磋商联合声明》，有专门的章节论述了“在第三国及第三方市场合作”，其中也明确了第三方市场合作的一些原则：“双方强调，第三方市场合作项目应由相关企业按市场原则来决定，透明公平的竞争条件是其前提。此外，在基础设施、能源、交通、环保、农业、卫生等领域可能开展的项目还应符合相关市场的利益，满足社会和环境要求，促进互联互通，支持就业和经济增长。”③ 我们可以认为，这些原则的达成和引入，消除了德方在第三方市场合作上的某些顾虑。

为了避免欧盟各国在“一带一路”倡议里与中国合作上的内部竞争，以及确保中欧之间的合作符合欧盟在公共采购、知识产权、竞争规则、环境与劳动等领域的标准，德国从一开始就强调欧盟在“一带一路”倡议里的角色，并推动中欧之间建立相应的对接机制。

① “李克强与德国总理默克尔共同出席中德经济顾问委员会座谈会”，http：//paper. ce. cn/jjrb/html/2015－10/31/content_ 280844. htm，last accessed on 02 March，2016。

② “李克强：推进‘中国制造2025’和德国‘工业4.0’对接”，http：//finance. sina. com. cn/stock/t/2016－03－21/doc－ifxqnsty4805200. shtml，last accessed on 22 March，2016。

③ 《第四轮中德政府磋商联合声明》，http：//news. xinhuanet. com/world/2016－06/13/c_ 1119035292. htm，last accessed on 02 July，2016。

为此，在2015年9月中欧签署建立互联互通平台的谅解备忘录之后[①]，德国始终强调这个平台在中欧对接中的核心作用[②]。这也反映在《第四轮中德政府磋商联合声明》中，其中特别写道：中德“双方将在现有机制（特别是中欧互联互通平台）下，探讨促进德方企业更好参与的路径，扩大在产业投资、金融等方面的合作”[③]。

在与“一带一路”倡议相配套的亚投行建设方面，德国也积极支持和参与。2015年3月17日，在中德首次高级别金融对话发布的联合声明中，德国宣布愿意以意向创始成员国的身份加入亚投行。此前数日，即3月13日，英国作为首个欧盟成员国表示愿意作为创始成员国加入亚投行。德国之所以落在英国后面，是因为德国作为当年的七国集团轮值主席国，原本希望西方能就此问题达成共同立场。由于美国和日本的反对，七国集团达成一致显得不现实，于是德国希望欧盟成员国之间形成有协调的行动，但最终因为英国的单独行动而未获成功[④]。德国感到欣慰的是，法国、意大利和德国一起表态愿意加入时，发表了一个共同声明，其中表示，新的这家银行将为该地区经济社会发展和全球经济增长做出积极贡献。虽然在加入时间上德国落在英国后面，但是德国在亚投行中占据了非常显著的位置：德国向亚投行提供45亿美元资金，是排在中国、印度和俄

---

① 中欧互联互通平台的任务是：加强信息交流、推动运输无缝联接和运输便利化，对接彼此相关倡议与项目；在中欧各自政策和融资渠道中明确合作机遇，包括“一带一路”倡议和“泛欧交通运输网”之间的合作；积极寻求对中欧双方均开放的投资机遇；为中国和欧盟之间的国家和地区可持续和相互衔接的跨境基础设施网络创造良好环境。参见：“第十七次中国欧盟领导人会晤联合声明——中欧40年合作后的前进之路”，http：//news. xinhuanet. com/2015 - 06/30/c_ 1115774915. htm，last accessed on 02 March，2016。

② 关于中欧在“一带一路”倡议里的合作与对接，参见崔宏伟：“‘一带一路’倡议与荣科投资计划对接前景分析”，载《德国研究》，2016年第1期，第51—61页；See also Margot Schüller and Yun Schüler-Zhou，“Chinas Seidenstraßen-Initiative trifft auf transeuropäische Infrastrukturpolitik”，*GIGA Focus*，Nummer 8，2015，pp. 1—8。

③ 《第四轮中德政府磋商联合声明》，http：//news. xinhuanet. com/world/2016 - 06/13/c_ 1119035292. htm，last accessed on 02 July，2016。

④ 这是德国联邦财政部长朔伊布勒（Wolfgang Schäubler）于2016年2月25日受邀参加由德国阿登纳基金会和德国工商总会（上海）联合举办的欢迎晚宴上发表讲话中透露的信息。

罗斯之后的全球第四大股东，也是亚洲区外最大的出资国；德国人还担任副行长一职，以及拥有董事会的三个域外名额之一，且德国决定此董事常驻北京，另外，这名董事还代表欧元区国家[①]。

综上所述，德国政府看到了“一带一路”倡议和亚投行所可能带来的巨大发展机遇，因此，表现出积极支持和参与的态度。与此同时，德国非常强调欧盟层面的作用，主张在中德、中欧对接合作中，需要遵守欧盟的相关标准与规则。

二、“一带一路”倡议给中德关系发展带来的潜力

如上所述，德方之所以对“一带一路”倡议表态积极，是因为它看到了其中所蕴含的机遇，而这些机遇很多也是中国在推进“一带一路”倡议中所期许的，因此，如果中德两国之间能在“一带一路”倡议中合作共赢，无疑将给中德关系的未来发展带来新的潜力与动能。在笔者看来，“一带一路”倡议至少将在以下几个方面为中德关系的发展提供助推力。

首先，“一带一路”倡议的实施有助于赋予中德合作更多战略内涵，增加双边关系的全球性。近年来，中德关系在高水平上不断向前发展，如何进一步提升中德关系，需要有力的抓手。习近平主席2014 年3 月 28 日在《法兰克福汇报》发表署名文章，其中表示：“让我们超越简单的买卖关系，以更加创新和开放的思维，赋予中德合作更多战略内涵。”[②] 事实上，中德双边关系的战略性和全球意涵在不断增加。在建立中德政府磋商机制和全方位战略伙伴关系基础上，中德近年还建立了外交与安全战略对话机制和高级别金融对话

---

① “德国收获亚投行董事和副行长 成大赢家”，http：//business. sohu. com/20160202/n436706282. shtml，last accessed on 02 March，2016。

② “习近平在德国《法兰克福汇报》发文章阐述中德合作”，http：//news. xinhuanet. com/zgjx/2014 -03/29/c_ 133222760. htm，last accessed on 02 March，2016。

机制。而且，正如第四轮中德政府磋商联合声明所显示的，中德在全球危机与冲突（如叙利亚、阿富汗问题）中的协调在加强，在全球治理中的沟通合作也在增强，尤其中德两国分别主办 2016 年和 2017 年二十国集团（G20）峰会，这提供了额外的推动力。而且，“一带一路”倡议的实施，将使中德双方拥有更多共同的利益，来合作推动“一带一路”沿线国家和地区，例如中亚地区的稳定与繁荣，如前所述，中德双方在《中德合作行动纲要：共塑创新》中就有类似的共同表述。另外，“一带一路”沿线也包括中东、非洲等不稳定地区，鉴于欧洲正遭受着尤其来自叙利亚的难民的冲击，欧洲，尤其是德国，和中国拥有实现这一地区稳定与发展的共同利益①。

而且，“一带一路”倡议也有助于推动中德两国在相关多边机制中的沟通，例如，德国利用 2016 年担任欧洲安全与合作组织（OSZE）主席的机会，以“互联互通”的主题来赋予这个平台新的动能，并为此于 5 月 18—19 日在德国柏林举行了欧洲安全与合作组织互联互通经济会议，中方也应德方邀请与会②。

其次，“一带一路”倡议有助于推动中德双边经贸投资，以及在第三方市场的合作。这不仅会使中国企业受益，“欧洲商品、服务和金融业也能由此开拓新的市场”③。其中，中欧班列成为了“一带一路”推动中德双边经贸投资的引擎，这主要是因为班列运输相比海上运输具有明显优势，比海运节省一半时间，而运费比空运低。2014 年 3 月，习近平主席与德国副总理加布里尔共同出席了重庆至杜伊斯堡的渝新欧国际铁路通车仪式，这在德方看来是中德在“一

---

① Michael Schaefer, Wei Shen and André Loesekrug-Pietri, “Diplomatie mit neuen Mitteln. Chinas ‘Neue Seidenstraße’ sollte strategische Priorität der EU sein”, *Internationale Politik*, 1/2016, pp. 78 - 87.

② “Implications of the One Belt, One road Initiative for Europe and the Eurasian Continent” -Rede von Staatssekretär Markus Ederer bei der Veranstaltung “Bestandsaufnahme OBOR”, Berlin, 02. 02. 2016.

③ Michael Schaefer, Wei Shen and André Loesekrug-Pietri, “Diplomatie mit neuen Mitteln. Chinas ‘Neue Seidenstraße’ sollte strategische Priorität der EU sein”, *Internationale Politik*, 1/2016, pp. 78 - 87.

带一路”倡议上合作的第一步。如今，中德之间已经开通多条国际铁路货运班列（例如重庆—杜伊斯堡、郑州—汉堡、沈阳—莱比锡、北京—纽伦堡等）；4 月 14 日，广东石龙至杜伊斯堡中欧班列开行，和其他班列不同，它每周四固定开行一趟，实现了常态化运营①。中国铁路总公司和德国铁路股份公司还签署协议，商定要在中欧班列、高铁运营维护和开拓第三方市场方面开展战略合作。2015 年，中德之间货运班列运载量达 3 万个集装箱。预计到 2020 年，这一数字将增长 3 倍，达到每年约 10 万个集装箱②。

与中欧运输便利化相关的是，海关通关便利化合作，以及高铁领域的合作。在《中德合作行动纲要：共塑创新》中，双方表示，“共同倡议并致力于在轨道交通领域建立高效供应链，以实现商品无障碍运输。”在《第四轮中德政府磋商联合声明》中，明确了中国中车集团和德国西门子集团在高铁领域的合作，共同开发第三方市场。事实上，第三方市场可以开展的项目除基础设施（包括信息通信基础设施）外，还有能源、交通、环保、农业、卫生等诸多领域，在合作中，可以实现中德各自在资金、技术、市场、管理经验等领域的优势互补，而且能够共同应对欧亚大陆互联互通建设过程中的安全治理问题，并获得更广泛的国际支持、响应与协作。

最后，“一带一路”倡议的实施有助于加强中德双方在金融领域的合作，推进人民币国际化。中方支持法兰克福人民币离岸市场和当地人民币清算行的建设与发展，以及德国金融机构使用人民币合格境外机构投资者（RQFII）额度进入中国市场投资；德方则支持人民币加入国际货币基金组织特别提款权货币篮子，支持落实国际货币基金组织份额改革方案。而且，如前所述，德国是亚投行的重要出资国，与此同时，在德国的支持下，中国成为了欧洲复兴开发银

① “广东常态化开行中欧班列”，http：//www.gov.cn/xinwen/2016－04/14/content_5064091.htm，last accessed on 02 July，2016。

② “德铁愿积极对接‘一带一路’建设”，http：//paper.ce.cn/jjrb/html/2016－03/21/content_296060.htm，last accessed on 02 July，2016。

行的正式成员，中德未来在投融资领域有广阔的合作前景。

三、"一带一路"倡议发挥潜力过程中面临的挑战

虽然中方希望以"一带一路"为抓手提升中德关系的水平，德国政府对参与"一带一路"倡议表态积极，双方也开展了初步的合作，取得了初期的成果，然而，由于德方对"一带一路"的认知存在偏差，"一带一路"倡议的推进还面临着诸多挑战。

第一，德方对"一带一路"倡议认知存在偏差，有人担心"一带一路"倡议有"秘密议程"（hidden agenda），鼓吹"一带一路"的西进是为了扩大中国的势力范围，认为该倡议是中国地缘政治战略上的算计，最终目的是打破西方国家在世界范围的主导地位，不愿相信"一带一路"倡议是"一个跨大洲、跨文化的和平工程"①。例如，德国墨卡托中国研究中心学者认为中国在推行平行结构，挑战现有国际秩序，虽然中国并未力求破坏或退出现有国际组织与规范，而是扩大参与建构国际秩序的额外渠道，但这些渠道部分是补充性的，而部分却是竞争性的②；又例如，德方担心中国无条件的金融支持是对欧盟发展援助模式的挑战，会降低诸如中亚地区国家的改革动力，增加它们对中国商品和资本的依赖；再如，欧盟及其大国（尤其德国）对中国与中东欧合作（16＋1）提出质疑，认为中方是在对欧盟国家"分而治之、各个击破"，它们表面上是担心缺乏欧盟层面的协调和透明度，实则担心中国与中东欧投资联系的增强，

① Maximilian Mayer, "Vom Nutzen des Seidenstrassen-Projekts. Die Achse des Friedens", *Neue Zürcher Zeitung*, 23. 3. 2016, http://www.nzz.ch/meinung/kommentare/vom-nutzen-des-seidenstrassen-projekts-die-achse-des-friedens-ld.9307, last accessed on 02 July, 2016.

② Moritz Rudolf, Mikko Huotari, Johannes Buckow and Sebastian Heilmann, "Chinas Schatten-Außenpoltik: Parallelstrukturen fordern die internationale Ordnung heraus", *China Monitor*, Mercator Institute for China Studies (Merics), Nummer 18, 23. September 2014.

会削弱欧盟对东欧和东南欧国家的政治经济影响力，甚至担心中国在欧洲的经济“渗透”会使欧美关系变得紧张乃至遭到破坏①。

与此同时，“一带一路”倡议未规定明确的规范、规则和结构。虽然“一带一路”倡议的这一开放性与包容性得到了德方的赞赏，但是，不能忽视的是，德方始终在强调遵守现有的西方主导制定的规则和标准，反对新兴国家建立平行的规则和标准。

第二，中欧（中德）对接具有双向性，中国已经且会在将来更多地面临欧盟提出的市场互惠（reciprocity）问题，要求中国开放更大范围的政府采购等。对于中德合作，德国国内经常有“中国获益更多、德国获益较少”的论调；德国联邦教研部的《中国战略2015—2020》文件也认为对华合作面临不公平竞争环境、非自愿技术转让、政府决策不透明及信息获取困难等问题。② 为此，默克尔在2016年6月出席第四轮中德政府磋商期间，特别也强调了互惠对等的问题。③ 而且，如今互惠问题也已经被欧方与是否给予中国市场经济地位问题联系在一起。总之，对于“一带一路”倡议，德方某些怀疑论者仍然认为这个倡议主要服务于中国的利益，或者认为这个倡议只是为了输出中国过剩的产能，通过改善地区一体化来发展中国的落后地区，或者确立中国对其周边邻国的“中心地位”，而并不能真正带来互利共赢。④

---

① 崔宏伟：“‘一带一路’倡议与容克投资计划对接前景分析”，载《德国研究》，2016年第1期，第51—61页。

② Bundesministerium für Bildung und Forschung (BMBF), *China-Strategie des BMBF 2015 – 2020. Strategischer Rahmen für die Zusammenarbeit mit China in Forschung, Wissenschaft und Bildung*, Berlin, Oktober 2015.

③ 对此的反驳，参见：“中德经贸合作不‘对等’？前驻德大使谈中德关系发展的关键”，http://www.thepaper.cn/www/v3/jsp/newsDetail_forward_1486240_1, last accessed on 02 July, 2016。

④ 2016年2月2日德国外交部在柏林专门举办了主题为“‘一带一路’倡议对欧洲以及欧亚大陆影响”的研讨会，国务秘书艾德和在其致辞中间接提及了德方的担忧。参见：“Implications of the One Belt, One road Initiative for Europe and the Eurasian Continent” – Rede von Staatssekretär Markus Ederer bei der Veranstaltung “Bestandsaufnahme OBOR”, Berlin, 02.02.2016。

第三，德方对第三方市场开展合作的倡议虽然感兴趣，但期待中方提出更具体的建议，甚至德方有人认为中国和德国在沿线经济带上，也就是第三方市场上的竞争不可避免。例如，德国工商大会（DIHK）和德国贸易与投资委员会（GTAI）2015 年 11 月的一份调查报告表示，德国企业与中国企业在第三方市场上的竞争增强了，而且在未来还会进一步加剧，中国企业在德国核心出口行业已经获得了大幅的市场份额[①]；又例如，中国与德国在中东欧地区也存在一定程度的市场竞争关系：德国是中东欧国家最大的投资者，也是波兰、匈牙利、捷克、斯洛伐克、斯洛文尼亚等国最大的单一贸易伙伴。中东欧国家与德国贸易的三分之一是中间产品，表明中东欧国家在德国供应链中占据着重要地位。欧盟安全研究所的一份报告称，中国获得中东欧国家能源和基础设施领域投资项目，会直接挤占欧洲企业的获利空间[②]。

第四，虽然中德制造业战略对接，即"中国制造 2025"与德国"工业 4.0"对接意义重大，但是，德方担心知识产权保护、专门技术流失等问题。目前，中德双方展开了网络安全合作，例如在《第四轮中德政府磋商联合声明》中，"双方同意，不从事或在知情情况下支持利用网络侵犯知识产权、窃取贸易机密或商业秘密，以使其企业或商业行业获得竞争优势"[③]。双方达成的这一政治意向声明有助于适当消除德方在合作中的疑虑。但必须看到，这种担心依然存在，例如德国联邦教研部的《中国战略 2015—2020》文件特别强调，在涉及公布关键技术诀窍或"市场换技术"等方面，要在与中

① Deutscher Industrie-und Handelskammertag e. V. （DIHK）and Germany Trade and Invest（GTAI），"China als Wettbewerber für deutsche Firmen auf Drittmärkten：Eine Bestandsaufnahme"，Bonn，2015.

② Nicola Casarini，"The EU-China Partnership：10 Yeas On"，*EU Institute for Security Studies Brief*，No. 35，October 2013；Nicola Casarini，"Is Europe to Benefit from China's Belt and Road Initiative?"，*IAI Working Papers*，15/40，October 2015.

③ 《第四轮中德政府磋商联合声明》，http：//news. xinhuanet. com/world/2016 - 06/13/c_ 1119035292. htm，last accessed on 02 July，2016。

方合作上小心行事。①

最后，德方还担心“一带一路”倡议实施中存在的风险因素。例如，德国学者担心，“一带一路”沿线增加互联互通，在使得货物流动变得便捷的同时，也提高了恐怖主义团体的流动性，以及使得有组织犯罪变得更容易。另外，德方也担心，中亚和中东地区的安全局势不稳，会给“一带一路”的推进和实施带来不少困难；对外大型投资项目风险大，有失败的危险，而且，增加对“一带一路”沿线国家的经贸投资，并不一定能带来这些国家的政治稳定②。

四、结语

虽然德国方面迄今对“一带一路”倡议表态和参与均显积极，但给人感觉德方的主动性并不是很强，这和德方在“一带一路”倡议认知上的诸多疑虑相关，这其中最为关键的是德国有些人仍然固守旧的地缘战略竞争的思维定式。为此，中方未来仍然需要继续就“一带一路”倡议的内涵和目标，它的开放性、包容性等做好宣传沟通，讲好“一带一路”倡议的“故事”，真正做到共商共建共享，以消除德国以及其他沿线国家的疑虑。除了中欧互联互通平台，中德双方还可建立专门的对话机制，就“一带一路”倡议加强对话沟通，进一步明确具体项目，例如在第三方市场的合作（合作目的地、合作领域、合作形式），使德国能更为主动地参与“一带一路”倡议。随着中德两国有更多企业在“一带一路”倡议框架里实现互利共赢的合作，德国企业参与的主动性有望进一步提升，而且，德国国内对德国参与“一带一路”倡议的民意环境也将得到改善。毕竟

---

① Bundesministerium für Bildung und Forschung（BMBF），*China-Strategie des BMBF 2015－2020. Strategischer Rahmen für die Zusammenarbeit mit China in Forschung*，*Wissenschaft und Bildung*，Berlin，Oktober 2015.

② 这是欧洲学者在同济大学德国研究中心于2015年12月3—4日主办的主题为“亚欧合作视角下的‘一带一路’倡议”国际会议上表达的若干观点。

在“一带一路”倡议所倡导的“五通”（政策沟通、设施联通、贸易畅通、资金融通、民心相通）中，民心相通是非常重要的一环，这对于德国这个在西方国家中持有最负面中国形象的国家而言，显得尤为重要。

最后，我们必须注意到，近年来，随着中德关系的走近，有的西方学者认为德国在脱离其跨大西洋的轨道，而扩大其与中国之间的“特殊关系”，并为此提出警告。① 但仔细考察德国的对华政策，情况并非如此。德国外交部长施泰因迈尔在一次讲话中明确表示，在与亚洲合作、尤其是对华政策上，要更多地在跨大西洋共同体中讨论，包括欧洲要加强在给予中国市场经济地位和南海问题上与美国的沟通与协调。② 但问题在于，如果德国在发展中德关系上处处受制于美国的利益和考量，缺乏独立自主的判断，那么，德国在参与“一带一路”倡议上就会缩手缩脚、瞻前顾后，从而错失“一带一路”倡议所蕴含的、推动中欧和中德合作的巨大潜力。

---

① Hans Kundnani, “Leaving the West behind: Germany looks East”, *Foreign Affairs* 2/2015.

② Rede von Außenminister Frank-Walter Steinmeier anlässlich der Outreach-Veranstaltung zur European Union Global Strategy on Freign and Security Policy in Berlin, 28.01.2016.

"一带一路"倡议与中国—中东欧国家合作

孔田平[①]

历史上的丝绸之路是指从汉唐都城长安出发，经西北经西域，通向南亚、西亚、中亚、北非和欧洲的陆上贸易通道。1877 年，德国地理学家李希霍芬首次把汉代中国与中亚南部、西部以及印度之间以丝绸贸易为主的交通路线称为"丝绸之路"。1910 年德国历史学家赫尔曼出版《中国和叙利亚之间的古代丝绸之路》，他根据考古发现，进一步将丝绸之路延伸到地中海西岸和小亚细亚，确定了丝绸之路是古代中国经由中亚通往南亚、西亚、北非和欧洲的贸易通道。古代丝绸之路在促进中西经济与文化交流中发挥了重要作用。随着陆路贸易成本的上升，经过南海和印度洋的海上丝绸之路日益兴盛。1405—1433 年郑和率领的庞大船队七下西洋，这是朝贡体系下重大的航海行动，其目的是耀兵异域，以示中国之富强。此后，明朝开始转向闭关锁国。丝绸之路的重要性开始下降，中国经济在全球的地位也开始下降。得益于工业革命和海外扩张，西方迅速崛起。1830 年之后，中国逐步失去了全球第一大经济体的地位。1840 年之后，中国成为了列强欺凌的对象。20 世纪的两次世界大战使得中国国力进一步下降。1978 年开始的改革开放极大地解放了生产力，中国保持了经济的高速增长，国力逐步上升。在全球化的背景下，

---

① 孔田平，中国社会科学院欧洲研究所研究员。

丝绸之路的历史记忆被唤醒，主要的国际行为体均提出了丝绸之路倡议，复兴丝绸之路日益成为沿线国家的共识。2012 年 9 月 2 日，温家宝总理在第二届中国—亚欧博览会开幕式暨中国—亚欧经济发展合作论坛上的演讲《再创丝绸之路新辉煌》。2013 年，中国的丝绸之路倡议正式形成。2013 年 9 月 7 日，国家主席习近平在哈萨克斯坦纳扎尔巴耶夫大学发表演说。习近平主席指出，为了使欧亚各国经济联系更加紧密、相互合作更加深入、发展空间更加广阔，我们可以用创新的合作模式，共同建设“丝绸之路经济带”，以点带面，从线到片，逐步形成区域大合作。同年 10 月 3 日，习近平主席在印尼国会发表演说，中国致力于加强同东盟国家互联互通建设，倡议筹建亚洲基础设施投资银行，愿同东盟国家发展好海洋合作伙伴关系，共同建设“21 世纪海上丝绸之路”。“丝绸之路经济带”和“21 世纪海上丝绸之路”倡议合称“一带一路”。2013 年 11 月，党的十八届三中全会《中共中央关于全面深化改革若干重大问题的决定》明确指出：“推进丝绸之路经济带、海上丝绸之路建设，形成全方位开放新格局。”2014 年、2015 年和 2016 年的政府工作报告均将“一带一路”建设列为政府工作的重点。

早在“一带一路”倡议提出之前，2012 年中国与中东欧国家合作框架即“16 + 1”合作已经形成。“一带一路”倡议覆盖的国家事实上也包括中东欧国家十六国。中东欧国家在“一带一路”倡议中的地位及作用值得进行深入的探讨。本文首先探讨中东欧国家在“一带一路”倡议中的地位，其次分析“16 + 1 合作”机制的形成及其特征，最后考察“一带一路”倡议与“16 + 1 合作”机制的关系。

一、中东欧国家在“一带一路”倡议中的地位

中东欧国家包括波兰、匈牙利、捷克、斯洛伐克、斯洛文尼亚、爱沙尼亚、拉脱维亚、立陶宛、保加利亚、罗马尼亚、克罗地亚、马其顿、波黑、黑山、塞尔维亚和阿尔巴尼亚。上述十六国是中国

发展与中东欧国家务实合作的对象国。条条新丝绸之路通向欧洲，中国强调“一带一路”建设将连通亚太经济圈和欧洲经济圈，这无疑将为中东欧国家提供机会。

从中东欧国家所处的地理位置看，中东欧国家是连接欧亚大陆交通通道的必经之路，个别国家如波兰甚至可以发挥枢纽的作用。中东欧国家独特的地理位置使之可以成为中国产品进入欧洲的门户。由于新丝绸之路的终点为欧洲，无论是从连云港出发的新亚欧大陆桥，还是“渝新欧”“汉新欧”和“郑新欧”国际货运等国际铁路货运班列均经过波兰，蓉欧快铁的终点站为波兰罗兹，“苏满欧”货运班列的终点为波兰华沙。波兰明确表示期望成为中国在中东欧的物流中心。中东欧国家可以从便捷而高效的欧亚交通走廊中获益。高效便捷的欧亚交通走廊有助于中东欧国家加强与中国以及中亚的经济联系，有助于降低物流成本以及双边贸易的增加。

中东欧国家可通过欧亚交通走廊扩大对华出口。中东欧国家的基础设施落后于西欧，其基础设施建设或更新具有实际需求。中国的“一带一路”倡议有可能为中东欧国家基础设施的建设或更新创造新的机会。无论是中东欧的欧盟成员国还是未入盟的西巴尔干国家，基础设施如公路、铁路、港口等的建设或现代化均有需求。

中东欧国家与中亚国家不同，由于中东欧国家资源禀赋的限制，其不可能成为中国的能源供应基地。由于中东欧国家的战略重点在欧洲，其贸易和投资高度依赖西欧，其经济增长前景主要依赖于欧洲经济区的表现。对中国“一带一路”倡议带来的潜在的商业机会，中东欧国家会表示欢迎，并会利用商业机会。从贸易和投资的潜力看，中东欧国家可成为中国的重要经济伙伴。

中东欧国家可以利用丝绸之路经济带建设为其西部大开发带来机遇。丝绸之路经济带的构想将其西部开发与中国的对外战略相结合，为其西部地区的发展创造了难得的历史机遇。中东欧国家的企业家可以借机在西部拓展市场，寻求投资机会。以波兰为例，波中贸易三分之二集中在东部发达地区，与西部省份的贸易只占贸易额的0.7%。地方合作也主要集中在东部地区。

中东欧国家在共建“一带一路”上具有强烈的政治意愿。迄今为止，已有匈牙利、捷克、波兰、斯洛伐克、保加利亚和塞尔维亚与中国签署了共建丝绸之路谅解备忘录。不同的中东欧国家对“一带一路”建设有不同的期待。匈牙利希望成为中国通向欧洲的门户，捷克希望成为中国在中东欧的金融中心和物流中心，波兰希望波兰企业从“一带一路”倡议中获益，希望波兰企业与中国企业建立长期和富有成效的伙伴关系。西巴尔干国家则希望中国参与其基础设施项目。中东欧国家视“一带一路”倡议为发展中国与中东欧国家合作的机会之窗。

二、“16+1合作”机制的形成与特征

“16+1合作”机制的形成是中国外交的一大成就。“16+1合作”机制是指2012年4月之后在中国与中东欧国家之间形成的各种机制或安排。中国与中东欧国家之间政府间网络的形成是中国与中东欧国家关系的一大进展。2012年9月6日，外交部中国—中东欧国家合作秘书处正式成立，外交部副部长担任秘书长。中国—中东欧国家合作秘书处为发展中国与中东欧国家的双边和多边关系提供了有益的平台。根据中国的建议，16个中东欧国家可基于自愿原则，指定相关部门和人员参加秘书处的工作。为促进合作，中东欧国家均指定了国家协调员。国家协调员会议成为了中国与中东欧国家之间政策沟通和立场协调的平台。自2012年起，“16+1合作”机制为中东欧国家所接受，“16+1合作”机制的发展进入快车道。在过去四年间，一年一度的中国—中东欧国家领导人会议成为惯例，中国与中东欧国家间形成了不同的合作机制。与单方面的12项举措不同，《布加勒斯特纲要》《贝尔格莱德纲要》和《苏州纲要》成为了中国与中东欧国家对合作的共同承诺。

中国与中东欧国家关系的升温源于中国与中东欧国家之间的相

互重新发现。[①] 中国对中东欧国家的重新发现集中体现在如下几个方面：首先，中东欧国家特别是欧盟新成员国可在欧洲发挥重要作用。欧盟在中东欧的三轮扩大后，已有11个中东欧国家加入欧盟，成为欧盟成员国。其他五个西巴尔干国家也以加入欧盟为目标。其次，中东欧国家可作为中国探索欧洲市场的桥头堡。中东欧国家地理位置优越，便利的交通设施将这些国家与西欧连接起来，欧洲一体化进程使中东欧市场成为欧洲市场的重要组成部分。第三，中东欧国家实现了经济体制的转型，建立了市场经济体制，一些成员国取得了经济上的成功。尽管中东欧国家遭受国际金融危机和欧元区债务危机的冲击，但其经济的恢复能力较强，如果实行合理的经济政策，这些国家的经济仍具有良好发展前景。中东欧国家对中国的重新发现体现在如下几个方面：首先，中国已经成为全球力量转移的重要因素。中东欧国家的政治精英注意到全球经济版图的变化以及中国在其中的作用。匈牙利总理欧尔班在2010年上海世博会发表演讲，称亚洲巨子处在世界地缘政治变化的中心。他指出，“新的权力引擎正在出现，经济政策的新的观念和构想占据主导地位。我们都非常清楚，世界正在经历快速而深刻的变革，中国在这些变革中发挥关键作用。”[②] 波兰前总统克瓦希涅夫斯基认为，“世界正在向多极化的方向前进，美国、欧洲以及像中国、印度或巴西这样的强国将在多极化世界中扮演重要的角色。中国或欧洲都能够在这世界里拥有强有力的地位。”[③] 波兰官员贝阿塔·斯泰尔玛赫认为，“中国是亚洲经济增长的领导者，就像我们的国家一样（波兰是中东欧增长的领导者）。不论是对进口商、对出口商或是投资企业而言，中国的经济增长使其成为非常具有吸引力的合作伙伴。因此我们必须进一步

① 崔洪建：“中国与中东欧之间的‘重新发现’”，http：//news. xinhuanet. com/world/2012-09/07/c_ 123686311. htm。

② CHINA：Hungarian Prime Minister Viktor Orban meets Premier Wen Jiabao and gives keynote speech on final day of Shanghai Expo 2010，http：//www. itnsource. com/shotlist/RTV/2010/11/01/RTV2775010/？ v=1.

③ “来自欧洲和波兰的观点：聚焦中国”，《智库》杂志波中合作专辑，2011年。

思考在我们面前的潜在合作领域。”① 一些中东欧国家的专家认为中国巨额的贸易盈余和外汇储备使中国可以扩大在欧洲的经济存在。其中最有前景的领域为铁路的现代化、高铁的引进、道路和航空基础建设项目、能源工业、矿业和造船业等。其次，中国应当视为中东欧国家重要的经济伙伴。尽管中国与中东欧国家相距遥远，中国经济的高速增长以及中国的巨大市场为中东欧国家企业提供了机会。一些决策者意识到中东欧国家可以从与中国的密切经济合作中获益，应当挖掘与中国经济合作的潜力。

在欧盟东扩之后，中国对中东欧国家的兴趣增加。2003 年 10 月中国政府首次发表的《中国对欧盟政策文件》明确地指向扩大的欧盟。文件指出，“2004 年，欧盟将扩至 25 国。一个囊括东西欧、面积 400 万平方公里、人口 4.5 亿、国内生产总值逾 10 万亿美元的新欧盟行将出现。”② 文件强调“深化同欧盟各成员国，包括新成员国的关系，维护中欧总体关系的稳定性和连续性”，首次提到与新成员国的关系③。这意味着中国将即将入盟的中东欧国家纳入对欧政策的框架之中。与中东欧国家的关系嵌入了中欧关系的战略框架之中。中国的对欧政策可分为不同的层次：与欧盟机构的关系；与欧盟大国的关系（德国、法国和英国）；与次区域的关系（南欧、北欧和中东欧）。“16 +1 合作”机制给予了中东欧国家在中国外交政策中以独特的地位。

中国作为世界经济强国的崛起是全球力量转移的最重要因素之一。快速经济增长和人民的福利改进可以归因于正确的经济改革战略、健全的经济政策、对外部世界的开放和过去 30 年来的全球化进程的积极参与。2010 年，中国名义 GDP 超越日本，成为世界第二大经济体。中国已成为全球制造业的中心，制造业居世界第一。改革

---

① “来自欧洲和波兰的观点：聚焦中国”，《智库》杂志波中合作专辑，2011 年。

② 《中国对欧政策文件》，2003 年 10 月，http：//news. xinhuanet. com/world/2003 - 10/13/content_ 1120641. htm。

③ 《中国对欧政策文件》，2003 年 10 月，http：//news. xinhuanet. com/world/2003 - 10/13/content_ 1120641_ 1. htm。

释放了遭到压抑的企业家精神，一些创新和有竞争力的企业应运而生。这些公司的价值链向上移动，与其他在中国和世界各地的公司展开竞争。2001 年底中国加入世贸组织是推动外贸增长的里程碑事件。2002 年中国又提出“走出去”战略，中国政府鼓励中国企业开拓全球市场，包括中东欧国家。在中国加入世贸组织前的最后十年，中国外贸平均年增长率为 15.5%。在 2002 年到 2011 年加入后的十年，平均每年增长率增加了 22.6%。全球金融危机后，中国的对外贸易增长放缓。受美国次贷危机的冲击，2009 年中国的进出口下降了 13.9 %。作为世界第一个出口国和第二大进口国，中国成为贸易大国。2012 年从进出口总额看，中国超过美国，成为全球最大的贸易国家。同年美国的进出口总额为 3.82 万亿美元，而中国的进出口总额达到了 3.8 万亿美元。根据美联社报道，2006 年美国是 127 个国家最大的贸易伙伴，中国是 70 个国家最大的贸易伙伴。到 2011 年，中国是 124 个国家最大的贸易伙伴，而美国是 76 个国家最大的贸易伙伴。无疑，中国已经成为名副其实的贸易大国。2013 年中国的进出口总值达到 4.16 万亿美元，中国超过美国，成为世界第一大商品贸易国。中国已完全融入全球经济，中东欧国家作为欧洲新兴市场的组成部分不可能长期被忽视。全球金融危机加快了中国在中东欧国家的经济介入。

遭受国际金融危机的冲击的中东欧国家转向中国寻求经济合作和贸易促进。2010 年欧尔班上台执政，匈牙利推出“向东开放”政策。温家宝总理访问匈牙利时，匈牙利表示愿意充当中国在东南欧经济、金融和物流的桥头堡。一些中东欧国家重申，它们可以充当中国进入欧盟市场的门户。作为全球金融危机的后果，尤其是欧元区债务危机，西方需求下降迫使中东欧国家企业寻找欧洲以外的市场，中国作为最大的新兴市场理所当然成为其选项。中东欧国家政府积极寻求深化经济关系的途径，波兰发起“去中国”战略，旨在鼓励波兰企业家与中国的商业伙伴合作，探索蓬勃发展的中国市场。在捷克共和国举行的“中国投资论坛”旨在推动中国和捷克共和国的经济关系。政治领导人和企业领导人表现出发展经济和贸易关系的意愿，在过去三年间，中国与中东欧国家合作的机会之窗已经打开。

为更好地理解“16 +1 合作”机制，有必要概述“16 +1 合作”机制的主要特点。“16 +1 合作”机制非常独特，集团或国际组织均无法概括其特征。

在笔者看来，“16 +1 合作”机制具有如下特点：

（一）平等伙伴关系

尽管无论从面积、人口和经济规模看，中国均大于中东欧国家或中东欧十六国的总和，但是中国寻求与中东欧国家在平等的基础上建立伙伴关系。中国在对外交往中，坚持大小国家一律平等的原则。在“16 +1 合作”机制中，每个国家都是平等的伙伴。每个国家均可利用“16 +1 合作”机制增进其国家利益。“16 +1 合作”机制首先是中国的想法，该机制是基于自愿的原则。在中国外交部建立中国—中东欧国家合作秘书处之后，中东欧国家可基于自愿原则指定相关机构或协调员参与秘书处的工作。关于“16 +1”不同的合作机制，中东欧国家可自愿参加，中国不会将其意愿强加给中东欧国家。中东欧十六国被视为“16 +1 合作”机制的平等伙伴。

（二）松散的机制化

在过去四年多的时间内，“16 +1 合作”已沿松散的机制化方向演进。“16 +1 合作”机制不同的制度安排并非紧密型的，每个国家或相关机构可决定是否参加相关的合作机制。中国—中东欧国家领导人会晤每年举行一次，中国—中东欧国家经贸论坛在领导人会晤期举行。在领导人会晤之前，通常会举行国家协调员会议，就相关问题协调立场，为领导人会晤做准备。值得注意的是，中国与中东欧国家之间在特定领域的合作日益机制化，通常不同领域的机制化采取协会（联合会）、论坛或网络等形式。近年来，中国与中东欧国家在特定领域合作的松散机制化成为中国与中东欧国家关系的一种新现象。2014 年 5 月，中国—中东欧国家旅游促进机构和旅游企业联合会协调中心在匈牙利布达佩斯成立。该中心致力于“16+1”旅游资源的整合，推动中国与中东欧国家的旅游合作。9月，中国和中东欧国家省州长联合会在布拉格成立，成为中国与中东欧地方合作的重要平台。同月，中国—中东欧国家投促机构联系机制形成，秘书处分别设在北京和华沙。中国—中东欧国家高校联合会也于该月成立。12月16日，中国贸促会与波兰企业发展局共同签署了《关于共同推动建立中国—中东欧国家联合商会的谅解备忘录》，中国—中东欧国家联合商会正式成立。联合商会的执行机构设于波兰首都华沙，中方秘书处设于中国贸促会。2015年6月，中国—中东欧国家农业合作促进联合会在保加利亚首都索非亚成立。9月，虚拟“16+1合作”技术转移中心（简称“16+1技转中心”）在斯洛伐克成立。“16+1技转中心”秘书处职能由斯洛伐克科技信息中心（代表中东欧十六国）及中国科学技术部（代表中国）行使。

值得注意的是，在2015年11月举行的中国—中东欧国家领导人苏州峰会通过的《苏州纲要》明确支持中国与中东欧国家特定领域合作的机制化。如《苏州纲要》表示支持塞尔维亚牵头组建中国—中东欧国家交通基础设施联合会，支持拉脱维亚牵头组建中国—中东欧国家物流合作联合会，支持斯洛文尼亚牵头组建中国—中东欧国家林业合作协调机制。《苏州纲要》表示欢迎中国社会科学院牵头组建“16+1”智库交流与合作网络。12月宣告成立的“16+1”智库交流合作网络将为深化“16+1合作”提供智力支撑，将成为引领中国与中东欧国家智库交流的高端平台。

苏州峰会通过的《中国—中东欧国家合作中期规划》充分肯定了特定领域合作的重要性，强调领域合作联合会是“16+1合作”的支柱。该规划明确表示鼓励组建新的领域合作平台。中国与中东欧国家特定领域的合作秉持平等协商、优势互补和合作共赢的原则，领域合作平台的参加基于自愿原则，因此可称之为“松散的机制化”。特定领域合作的机制化为中国—中东欧国家之间特定领域的合作提供了信息交流与机会共享的平台，有助于进一步挖掘中国与中东欧国家在不同领域的合作潜力，巩固"16 +1 合作"的基础，推动"16 +1 合作"的进一步深化。

表1　中国与中东欧国家特定领域合作的机制化

机制	主办国（机构）	地位
中国—中东欧国家旅游促进机构和旅游企业联合会协调中心	匈牙利	已建立
中国—中东欧国家高校联合会	轮值（高校）	已建立
中国—中东欧国家投促机构联系机制	波兰和中国（秘书处）	已建立
中国—中东欧国家联合商会	波兰（执行机构） 中国（秘书处）	已建立
中国—中东欧国家交通基础设施联合会	塞尔维亚	筹备
中国—中东欧国家农业联合会	保加利亚	已建立
中国—中东欧国家省州长联合会	捷克	已建立
16 +1 技术转移中心	斯洛伐克（科技信息中心，秘书处） 中国（科学技术部，秘书处）	
中国—中东欧国家物流合作联合会	拉脱维亚	已建立
中国—中东欧智库交流与合作网络	中国（中国社会科学院）	已建立
中国—中东欧国家林业合作协调机制	斯洛文尼亚	已建立

资料来源：根据公开信息整理。

（三）合作的全面性

"16 +1 合作"机制包括了诸多的合作领域，如政治对话、经济合作和人文交流等。如果我们梳理中国与中东欧国家在"16 +1"的合作领域，可以说合作领域非常全面。合作的重点领域有互联互通、贸易与投资、金融合作、科技合作、人文交流等。

"16 +1 合作"机制促进了中国与中东欧国家的政治对话。"16 +1 合作"机制是中国与中东欧国家进行高层政治对话的平台。在 2012 年之前，中国与中东欧国家之间的高层互访并不频繁，中东欧国家在国家领导人出访日程中并不占有优先的位置。如 2012 年温家宝总理访问波兰是 25 年间中国总理对波的首次访问。"16 +1 合作”机制形成后，一年一度的中国—中东欧国家领导人会晤为总理层级的政治对话提供了机会。

互联互通是中国和中东欧国家共同关注的领域。中国已与塞尔维亚和匈牙利签署了匈塞铁路建设的合作协议。2015 年 11 月 24 日，中国政府与匈牙利政府在苏州峰会上签署了《关于匈塞铁路项目匈牙利段开发、建设和融资合作的协议》。12 月 23 日，中铁公司承建的匈塞铁路塞尔维亚段正式启动。2014 年中国提出的连接匈塞铁路与希腊比利埃夫斯港的中欧陆海快线也获得了相关国家的积极回应。

贸易与投资是“16 +1 合作”的重点领域。在过去十几年，中国与中东欧国家的贸易增长迅速。2014 年中国与中东欧国家的贸易额达到 602 亿美元，是 2004 年贸易额的五倍多。中国在中东欧国家的投资有所增长，累计投资额超过 50 亿美元。2014 年 9 月，日照金禾公司决定在匈牙利东北部投资 9950 万美元，建立柠檬酸厂。中东欧国家在华投资也有所增加。继烟台万华和广西柳工参与并购之后，2015 年中国企业在捷克的并购取得进展。国有企业中国铁路通信信号集团公司收购捷克有轨电车制造商 Inekon Group 多数股份。中国参与西巴尔干国家的多个基础设施项目，中国提供的优惠贷款在塞尔维亚、黑山和马其顿获得利用。

（四）多功能的安排

尽管“16 +1 合作”是中国的倡议，但是该倡议已获得中东欧十六国的认同，成为了中国与中东欧国家的共同事业。“16 +1 合作”机制可发挥多种功能。首先，“16 +1 合作”机制是中国加强与中东欧国家双边关系的重要手段；其次，“16 +1 合作”机制可推动涉及中东欧多个国家合作项目的落实；最后，“16 +1 合作”机制也可促进中欧关系的发展。《中国—中东欧国家合作贝尔格莱德纲要》强调中国—中东欧国家合作与中欧关系并行不悖，确认致力于本着平等相待、相互尊重、相互信任的原则深化和平、增长、改革、文明四大伙伴关系，为落实《中欧合作 2020 战略规划》做出应有贡献。①

2012 年"16+1 合作"机制形成之初，欧盟和一些成员国的官员对此疑虑重重。尽管在第一届中国—中东欧国家领导人会晤新闻公报上明确强调中国—中东欧国家关系是中欧关系的重要组成部分，但是一些观察家还是指中国对欧洲实行"分而治之"的策略。随着时间的推移，人们越来越清楚"16+1 合作"机制不对中欧关系构成任何威胁，中国以实际行动回应欧盟的关切。波兰一位学者注意到中国改变了处理问题的方式，如在布加勒斯特峰会之前就其建议咨询欧盟委员会和中东欧国家②。《布加勒斯特纲要》强调"中国—中东欧国家合作与中欧全面战略伙伴关系相辅相成，并行不悖"③。阿尔巴尼亚前总统迈达尼认为，"中东欧国家与中国的合作不会削弱欧盟的政策。布鲁塞尔官僚机构提出的关切没有意义。除欧盟的中国政策即所有二十八国的总体框架外，事实上，每个成员国都实行自己对中国的双边政策。同样，11 个欧盟的中东欧成员国或 5 个潜在的候选国也急于利用中国对中东欧地区日益增加的兴趣。"④ 在过去三年多，通过"16+1"机制加强合作的政治意愿得到增强。正如西科尔斯基先生所言，"我们地区与中国的联系越多，欧盟与中国的关系就越好。"⑤

---

① 《中国—中东欧国家合作贝尔格莱德纲要》，http：//news. xinhuanet. com/world/2014-12/17/c_ 1113667695. htm。

② Justyna Szczudlik-Tatar，*China and the CEE Look for New Development Opportunities*，PISM Bulletin，No. 134 (729)，12 December 2014.

③ The Bucharest Guidelines for Cooperation between China and Central and Eastern European Countries，http：//gov. ro/en/news/the-bucharest-guidelines-for-cooperation-between-china-and-central-and-eastern-european-countries，15/04/2015.

④ Remarks by Mr Rexhep Meidani，Former President of Albania，Report on the2nd High Level Symposium of Think Tanksof thePeople's Republic of ChinaandCentral and Eastern European Countries，Bled，Slovenia，2 and 3 September 2014.

⑤ Draft speech of Minister Radosław Sikorski at the opening of the conference "China-Europe：New Approach for a New Time"，China V4 think-tank round table，Beijing，13 September 2012，http：//www. msz. gov. pl/resource/5f52157d-4300-4661-9078-e588ab7201fb：JCR，20/04/2015.

（五）良好的规划性

“16 + 1 合作”机制以特定目标为导向。在过去四年多，“16 + 1”倡议已经成为中国与中东欧国家合作的机制化平台。“16 + 1 合作”机制具有良好的规划性。从第二次中国—中东欧国家领导人会晤起，峰会均会发布以会晤地点命名的纲要。该纲要事实上是下一年度推进合作的工作计划。2013 年的布加勒斯特峰会通过《布加勒斯特纲要》，2014 年的贝尔格莱德峰会通过《贝尔格莱德纲要》，2015 年的苏州峰会通过《苏州纲要》。苏州峰会还通过《中国—中东欧国家合作中期规划》，该规划旨在明确 2015 年至 2020 年的工作方向。规划指出，“16 + 1 合作”将努力推动重要的国别和区域项目。“16 + 1 合作”不替代现有双边合作机制或平台，二者相互补充、相互促进，加快提升中国同十六国关系水平和规模。“16 + 1 合作”将与欧盟重大倡议和规划对接，有效促进中欧和平、增长、改革、文明四大伙伴关系。欢迎和支持建立中欧互联互通平台。“16 + 1 合作”将充分把握“一带一路”建设带来的重要契机，不断拓展合作空间，同时为“一带一路”建设做出更多贡献[①]。

（六）合作伙伴之间的不对称性

波兰学者瑞德兴指出了波中关系的七个不对称性：政府权能的不对称性、规划时间的不对称性、前景和优先合作对象的不对称性、政治文化的不对称性、规模的不对称性、贸易的不对称性（贸易不平衡）。[②] 其实，中国与其他中东欧国家之间也存在类似的不对称性。在“16 + 1 合作”机制中，中国要面对 16 个不同的合作伙伴。应对合作伙伴之间的不对称性，发挥“16 + 1 合作”的整体效应是“16 + 1 合作”面临的日常挑战。

---

① 《中国—中东欧国家合作中期规划》，http：//news. xinhuanet. com/2015 – 11/25/c_ 128464366. htm。

② R. Pyffel：Seven asymmetries in Polish-Chinese relations—how to deal with them? http：//www. polska – azja. pl/2015/04/08/r – pyffel – seven – asymmetries – in – polish – chinese – relations – how – to – deal – with – them/.

三、“一带一路”倡议与“16 +1 合作”机制

从时间顺序看，“16 +1 合作”机制先于“一带一路”倡议。2012 年 4 月，中国总理温家宝访问波兰，与中东欧国家举行总理会晤，开启了中国与中东欧国家合作的新时期，“16 +1 合作”机制正式启动。2014 年国家主席习近平分别提出建设“丝绸之路经济带”和“21 世纪海上丝绸之路”倡议，“一带一路”倡议逐渐成形。

坦率而言，“16 +1 合作”机制如何在推动“一带一路”倡议的落实上发挥作用尚处在初步的探讨阶段。习近平主席 2015 年 11 月会见中东欧国家领导人时强调要实现“16 +1 合作”与“一带一路”建设充分对接。

首先，“16 +1 合作”机制可以成为“一带一路”倡议政策沟通的平台。“一带一路”倡议的落实离不开政策沟通。通过“16 +1 合作”机制，中国可以与中东欧国家就相关的政策进行沟通，就经济发展的政策和战略进行充分的交流，以寻求双方在经济发展战略上的对接。

其次，“16 +1 合作”机制可以成为探寻“一带一路”建设项目的平台。中国已经与多个中东欧国家签署了共同推进“一带一路”建设的谅解备忘录，双方合作的意愿非常强烈。中国与中东欧国家在基础设施、能源、产能合作等领域具有合作潜力，“一带一路”倡议的落实需要项目的支撑。要将合作的潜力转化为可行的互利共赢的合作项目需要做大量的工作。“16 +1 合作”机制可以为探寻“一带一路”建设项目发挥其作用，一些跨国的合作项目上如匈塞铁路以及中欧陆海快线等更加需要“16 +1 合作”机制的介入。

再次，“16 +1 合作”机制可成为中欧在“一带一路”倡议上合作的平台。中国与中东欧国家的合作是中欧关系的重要组成部分，“16 +1 合作”的深化有助于中欧关系的均衡稳定发展。2015 年中欧

决定将“一带一路”倡议同欧洲投资计划有效对接，建立中欧互联互通平台。中方对中欧互联互通平台在“16+1合作”框架内取得成果抱有期待。由于中欧在“一带一路”上的合作尚处在初始阶段，“16+1合作”在其中发挥何种作用有待观察。

围绕“一带一路”倡议，在中东欧国家和西欧国家存在一些误读。一些中东欧学者视之为中国的地缘政治战略，如华沙大学教授博格丹·古拉尔奇克认为，在习近平构想中，在国内要实现“中华民族的伟大复兴”，在国际上提出“一带一路”的“地缘政治计划”，这是中国版的“地缘政治游戏”。为此需要就中国的“一带一路”倡议做好解释工作。“一带一路”倡议是中国的地缘经济构想，而非“地缘政治战略”；“一带一路”倡议是开放包容的发展平台，非排他性的安排（不同的丝绸之路倡议可以兼容）；“一带一路”倡议是促进相关国家互利共赢发展的合作倡议，非中国版的马歇尔计划；“一带一路”倡议使中国更好地融入全球经济，中国建立的国际金融机构如亚洲基础设施投资银行和丝路基金在现有国际金融体系下运作，无意削弱和动摇现有国际经济秩序；“一带一路”倡议是全面的倡议，包括政治合作、政策对话、贸易投资、基础设施建设、互联互通、人文交流，非纯经济倡议；“一带一路”倡议包括国际和国内两个层面，其国内层面（西部的开放与开发）被外部世界忽视；“一带一路”倡议是一个长期的愿景，而非短期的政策选择；“一带一路”倡议秉承古代丝绸之路经济合作与文化交流的遗产，试图在变动的国际秩序中复苏古代丝绸之路的精神。中东欧国家可成为中国“一带一路”倡议的重要合作伙伴，迄今为止已有六个中东欧国家与中国签署共建“一带一路”谅解备忘录。“16+1合作”机制可以成为增进中国与中东欧国家在“一带一路”建设合作的平台，中国和中东欧国家可以在此框架内进行政策对话、项目探寻以及项目合作。“一带一路”倡议已提出三年，尚处在初始阶段。要使“一带一路”倡议结出丰硕的合作成果，要使“16+1合作”机制与“一带一路”倡议有效对接尚需要付出艰巨的努力。

“一带一路”倡议与中欧在伊朗的能源合作

贺之杲①

正如丹尼尔·耶金（Daniel Yergin）所说：“能源，是世界政治经济发展变化最重要、最敏感的一条神经，它已经成为决定世界政治经济格局的关键力量。”② 能源安全已成为一个综合性议题，涉及国家安全、社会安全、环境安全和人的安全。能源安全是关系到中国经济社会发展、军事能力建设的一个重要议题。实现能源安全战略的途径包括消费革命、供给革命、技术革命、体制革命和国际合作。③ 中国除了加强内功，如改善能源消费结构、推行能源市场化改革、调整经济结构和提高能源功效，构建绿色能源体系等，还要加强能源安全合作。

能源合作是“一带一路”倡议的重大引擎。能源作为国家的基础产业和战略资源，“一带一路”能源合作建设意义重大，中国以共商共建、共同发展、互利共赢的思路实现双边和多边合作。2015 年 3 月 28 日，中国政府（发改委、外交部、商务部）发布《推动共建丝绸之路经济带和 21 世纪海上丝绸之路的愿景和行动》，系统阐述

① 贺之杲，中国社会科学院欧洲研究所助理研究员，博士。

② Daniel Yergin, *The Quest: Energy, Security and the Remaking of the Modern World*, Penguin Press, 2011.

③ 程志强：“推动全球能源革命的战略构想”，人民网—《人民日报》，2016 年 1 月 26 日，http://theory.people.com.cn/n1/2016/0126/c40531-28084240.html。访问时间：2016 年 5 月 1 日。

了“一带一路”的时代背景、共建原则、框架思路、合作重点和合作机制等。[①] “一带一路”倡议是一个囊括文化、经济和政治的综合网络，将国家、地区和城市沿着丝绸之路联结起来的方案。“一带一路”倡议是灵活的、包容的和开放的，因为“一带一路”倡议并非是一个机制或组织，而是在多重背景下多种行为体的合作框架。

中东地区是“一带一路”倡议的重要节点。找寻落实“一带一路”倡议的着力点变为头等大事。伊朗将在“一带一路”倡议中起关键作用。伊朗是中东的地区大国，是连接中东和欧亚的重要通道。伊朗是石油输出国组织第二大原油生产国，拥有世界10%的原油储藏量和16%的天然气储量，[②] 天然气储量居世界第二位，仅次于俄罗斯。由于紧靠里海和波斯湾，伊朗是保证中国来自中亚和中东能源安全的重要地缘桥梁，有“伊朗枢轴”之称。[③] 伊朗的石油、天然气可利用石油管道经由里海、土库曼斯坦、乌兹别克斯坦和哈萨克斯坦输入到中国，如耐卡石油管道（Neka Pipeline）。而伊朗欧洲管道（Persian Pipeline）是将伊朗南部阿萨鲁耶（Assaluyeh）天然气从波斯湾抵达欧洲市场的天然气管道，途径伊朗、土耳其、希腊、意大利、瑞士、奥地利、德国、法国和西班牙。这个管道可与跨亚得里亚海管道（Trans Adriatic Pipeline）相连结。[④] 随着伊朗开始享

---

① “推动共建丝绸之路经济带和21世纪海上丝绸之路的愿景与行动”，新华社，2015年3月28日，http：//world. people. com. cn/n/2015/0328/c1002 – 26764633. html。访问时间：2016年4月28日。

② 伊朗油气田主要分布在伊朗西南部离伊拉克不远的胡泽斯坦省（Khuzistan）以及波斯湾，里海地区也有重要的石油储藏，主要包括阿瓦士油田（Ahwza）、马伦油田（Ma-run）、加奇萨兰油田（Gach Saran）、阿加贾里油田（Agha Jari）、比比哈基麦油田（Bibi-Hakimeh）和南帕斯天然气田（South Pars）。伊朗设有石油部，负责石油管理工作。从1987年起，伊朗允许伊朗石油部和伊朗国家石油公司与当地和外国的个人、合法团体签订合同，即后来被称为“回购”（buy-back）的合作方式。

③ Robert D. *Kaplan*, *The Revenge of Geography*: *What the Map Tells Us about Coming Conflicts and the Battle against Fate*, New York: Random House, 2012.

④ Paul Stevens, “Prospects for Iran’s Oil and Gas Sector”, Chatham House, The Royal Institute of International Affairs, 2015.

有北方—南帕斯天然气田开发权，伊朗开始加紧开发 10—19 号气田。①

中伊能源合作源远流长。自 1993 年成为石油净进口国后，中国积极寻求与伊朗能源合作。2002 年 4 月，中国与伊朗签署《关于石油领域开展合作的框架协定》。2004 年，中伊签署《中国国家发展和改革委员与伊朗石油部合作谅解备忘录》。该备忘录是价值近 1000 亿美元的长期能源合作项目，中国石油化工集团公司负责伊朗亚达瓦兰油田项目的开发计划，伊朗以市场价格每日向中国出口 15 万桶原油；中国在未来 25 年内，每年从伊朗购买 1000 万吨液化天然气，并在伊朗合资建设液化天然气炼制厂。2016 年 1 月 22—23 日，习近平主席对伊朗访问。习主席是伊朗制裁取消后第一个访问伊朗的国家领导人。双方发表《中华人民共和国和伊朗伊斯兰共和国关于建立全面战略伙伴关系的联合声明》，双方签署了关于共同推进"一带一路"建设的谅解备忘录。中伊双方共签署 17 项文件，开启了中伊关系新时代。在该政治文件的指导下，中伊双方承诺在未来十年内将双边贸易额提升至 6000 亿美元，继续推进中伊能源合作。

尽管新能源革命正影响着世界能源格局，但中国在短期内不可能改变对外能源依存度较高的局面。2015 年 4 月，中国原油进口量近 740 万桶/日，取代美国首次成为全球第一大原油进口国。能源既有治理与市场逻辑，即多元化的行为体维护能源安全的治理制度和规范，又有地缘政治逻辑，即国际行为体在地理要素和能源格局状态下为实现能源安全展开的权力博弈。能源市场的全球治理规则逻辑与地缘政治的权力逻辑使得中国、欧盟、伊朗三方合作有其必然性与可能性。国际合作既是实现能源合作、全球能源治理的有效途径，又是国家能源外交、获得长期稳定与价格合理能源的出路。中

---

① Dalga Khatinoglu, Reasons for Iran to focus on South Pars gas field, 29 August, 2015. http://en.trend.az/business/energy/2428192.html. 访问时间：2016 年 5 月 1 日。南帕斯天然气田是伊朗与卡塔尔共同开发的气田。伊朗出于对储量下降的担心，希望以天然气代替高成本和污染重的液态燃料，不断加大开采力度。

欧伊三方合作，意味着三方均可从合作中获益。当然，三方在合作中仍有竞争。下文主要分析，中欧伊三方合作的机遇与挑战，以及中欧在伊朗的能源合作路径和方式。

一、中欧在伊朗能源合作的机遇

首先，在乌克兰危机和欧俄制裁—反制裁的背景下，欧盟一方面加紧内部能源联盟建设，另一方面寻求新的能源来源渠道。[①] 在伊朗核问题出现之前，欧伊能源合作已发展较为成熟，欧洲是伊朗第一大石油出口对象。“一带一路”倡议的提出，中国与欧盟能源战略转变相一致。因此，中国应抓住历史机遇。欧盟委员会预测，到2030年，欧盟将从伊朗每年进口250亿到350亿立方米的天然气，[②] 达到从北非进口总量的水平，也将减少对俄罗斯的能源依赖。对中国而言，“一带一路”倡议提供了能源合作的战略蓝图。伊朗总统哈桑·鲁哈尼（Hassan Rouhani）表示，“我们不会忘记那些在艰难和遭受制裁的日子里帮助我们的朋友。现在条件已经准备好了，为我们与那些此前无论多么艰难仍与我们保持经济关系的国家进一步加强关系。”[③] 伊朗政府已组建跨部门的委员会与中国“一带一路”倡议对接。中国推行“一带一路”倡议，通过在经济与投资领域实现中国与伊朗的共同发展，包括加强能源基础设施互联互通合作，共同维护输油、输气管道等运输通道安全，推进跨境电力与输电通道

① Gonzalo Escribano Frances, “Market or geopolitics? The Europeanization of EU's energy corridors”, *International Journal of Energy Sector Management*, Vol. 5, No. 1, 2011, pp. 39 – 59. Birchfield V. L. and Duffield J. S. ,(eds), *Towards a Common European Union Energy Policy: Progress, Problems, and Prospects*, Palgrave Macmillan, 2011, pp. 46 – 47.

② Iran to become major Europea ngas supplier by 2030, September 14, 2015. http://www.irna.ir/en/News/81759836/. 访问时间：2016年4月20日。

③ “伊朗改革派的春天来了?”中国青年网，2016年3月3日，http://www.youth.cn/preview/news.youth.cn/gj/201603/t20160303_7701129.htm，访问时间：2016年5月2日。

建设，积极开展区域电网升级改造合作。

中欧关系在“一带一路”倡议背景下面临着发展和提升的新机遇。能源合作是中欧（安全）合作的重要内容。① 一方面，中欧是国际社会举足轻重的行为体，双方不仅具有极大的市场规模，还有较大的出口能力；中国与欧洲是能够影响到国际社会的地区性力量，既是其所在地区的主要力量，也可将其力量辐射到周边地区。另一方面中欧不具有太多的对抗性因素，双方无直接的根本利害冲突，在国际问题上有不少相近看法。欧洲在多重危机背景下，外交战略呈收缩态势，更加关注西亚、北非、中亚等欧盟大周边地区。提出“一带一路”倡议的中国开始推行“西进”战略，中国与欧洲在战略重合区域的合作与冲突将日趋增加。在能源层面，双方在石油市场稳定和保持石油低价位有着共同利益。中欧双方可以求同存异，进一步加强政治对话，协调能源安全战略合作，建立能源安全磋商机制和制度，塑造两者在国际能源市场上的能源定价话语权。欧盟提出 2020、2030、2050 气候和能源框架，欧盟能源安全战略，2016 年欧盟又提出建设能源联盟②。中欧可以在能源对话框架内加强能源领域合作，重点加强全球能源安全合作。实施中欧能源合作路线图，推动双方在能源立法、政策和标准制定领域加强交流与合作。欧洲石化企业在乌克兰危机和俄罗斯制裁背景下，紧盯伊朗能源市场。

① 自 1994 年，中国与欧盟开展能源对话，涉及议题包括新能源、清洁能源、核能、能源立法等，http：//ec. europa. eu/energy/en/topics/international – cooperation/china；《中欧能源安全联合声明》，https：//ec. europa. eu/energy/sites/ener/files/documents/20120503_eu_ china_ joint_ declaration_ energy_ security_ en. pdf。中欧能源合作已有中欧能源工作组、中欧能源交通战略对话、中欧能源与环境项目、中欧清洁能源中心等。访问时间：2016 年 5 月 20 日。

② 欧洲能源联盟建设的五大原则是：安全、团结与信赖，建成一个具竞争力的内部市场，能源需求的现代化，欧盟能源的低碳化，新技术开发。能源联盟的成立，一方面便利欧盟境内能源交流，减少不确定性和风险，另一方面促进欧洲一体化在危机面前继续前行。EU Energy Security Strategy，May 2014，Available at：http：//ec. europa. eu/energy/en/topics/energy – strategy/energy – security – strategy；The EU 2020 Climate and Energy Package，October 2010. Available at：http：//ec. europa. eu/clima/policies/strategies/2020/index _ en. htm. 访问时间：2016 年 5 月 2 日。

地缘政治因素使得欧盟能源安全观增强，欧盟开始寻求以相互依存与合作为基础的市场规则模式和以地缘政治为基础的权力政治之间的平衡。这为中欧能源合作提供了可能性，便于保证双方的能源供给和运输安全。

其次，伊朗制裁结束为中欧能源合作打开了历史窗口。从2003年伊朗核问题出现，到2015年7月制裁取消，美欧制裁措施主要针对伊朗的能源部门，而能源行业在该国经济中十分重要。伊朗在长期遭受制裁与寻求经济改革发展背景下，缺乏资本技术和人力资源来发展其最重要的能源部门。总的来说，制裁的内容包括限制出口，禁止大规模投资以及限制伊朗获取投资的能力等。伊朗核问题发生之后，除了既有的美国对伊朗的单边制裁外，伊朗还受到联合国安理会四轮制裁。这些制裁包括伊朗航运、能源工业和金融体系。伊朗石油部长赞加内（Bijan Namdar Zanganeh）曾表示，制裁解除后，伊朗将日均增加50万桶原油出口量，若以每桶30美元计算，一年则将增加约100亿美元收入。[①] 伊核全面协议签订之后，诸多力量涌入伊朗，以求获取伊朗市场的一杯羹，这对中欧能源合作既是机遇又是挑战。一方面，中国油气企业将有更大空间寻求合作，另一方面，中资企业在伊朗的特殊地位将被削弱，面临更大的竞争。在伊核全面协定签订之后，欧盟与伊朗重叙旧缘。2016年4月16日，欧盟高级代表和副主席费代丽卡·莫盖里尼（Federica Mogherini）派遣一个高规格代表团访问伊朗，包括欧盟专员、负责内部市场和产业的官员、负责交通的官员、负责气候行动和能源的官员、负责研究科学创新的官员等。[②] 莫盖里尼认为伊朗与欧洲有深厚的历史文化

① Iran：Lifting of Sanctions Will Lower Oil Prices and Boost Domestic Economy if Managed Well，August 10，2015，http：//www. worldbank. org/en/news/press - release/2015/08/10/iran - lifting - sanctions - will - lower - oil - prices - and - boost - domestic - economy - if - managed - well. 访问时间：2016年4月23日。

② EU High Level delegation of HR/VP Federica Mogherini and EU Commissioners to visit Iran，13 April 2016. http：//europa. eu/rapid/press - release_ IP - 16 - 1366_ en. htm. 访问时间：2016年5月2日。

纽带，双方有诸多共同利益。她还指出有许多领域有待进一步的协调与合作，比如共同打击恐怖主义和解决叙利亚冲突等议题。欧盟将在德黑兰开设欧盟办公室，以加强双边合作。①

再次，伊朗政治态势稳定为中欧能源合作提供了“第三方土壤”。中欧能源合作与“一带一路”倡议的开展需要沿线区域保持和平，沿线国家政局稳定。健康的政权有助于中欧在伊朗进行能源合作。相比中东其他国家，伊朗是美国在中东发动反恐战争的受益者，一方面萨达姆后的伊拉克被什叶派所主导，另一方面，塔利班后阿富汗与伊朗的意识形态对立不那么严重。接下来的“阿拉伯之春”，重创突尼斯、利比亚、埃及、叙利亚等阿拉伯国家，也一定程度上影响到沙特和阿联酋。但伊朗政权仍保持其在中东地区的地位。2015 年伊朗核问题达成核全面协议，大大拓展了伊朗的国际战略空间。

在“阿拉伯之春”的辐射下，伊朗国内也面临着改革的压力。尽管改革的主导力量与方式、方向仍未知，但伊朗改革的总体趋势是务实与温和的。根据伊朗伊斯兰共和国宪法，伊朗实行政教合一的制度，立法、行政、司法三权分立的共和政体，专家会议选举产生的领袖是伊朗的最高领导人和政教合一整体的象征。也就是说国家的核心权力掌握在领袖手中，领袖是伊朗国家发展的决定性力量。2016 年 2 月 26 日，伊朗举行第十届议会大选（每四年一次，290 席位）和第五届专家会议选举（每八年一次，88 席位），确保了伊朗总统哈桑·鲁哈尼（温和改革者）的地位。伊朗将对西方开放贸易和投资，也会加深与西方的对话。但开放过程主要是针对欧洲，而不是美国。经济改革发展是现任政府的着力点，但困扰伊朗经济发展的瓶颈是资金和技术。这就需要外部力量的加入。2016 年，伊朗提出第六个五年发展计划（2016 年 3 月—2021 年 3 月），包括年均增速为 8%，吸收外资高达 300 亿—500 亿美元，使用 500 亿美元外

① “欧盟伊朗谋求推进多领域合作”，人民网，2016 年 4 月 20 日，http://world.people.com.cn/n1/2016/0420/c1002-28288927.html。访问时间：2016 年 4 月 25 日。

国融资。

最后，域外大国的战略退缩为中欧能源合作提供了战略空间。中欧能源合作深嵌于其中的地区政治环境中，不仅有域外大国的干涉，还有地区内大国的力量博弈。美国的作用一直是一把双刃剑，一方面美国的安全辐射一定程度上提供了中东地区的安全构架，另一方面正是由于美国的不断干涉，中东地区才乱局频生。美国并不具有较多的手段去影响中国与伊朗的关系，如美国通过积极诱导减少中国与伊朗的合作，或通过制裁中国企业来影响中国与伊朗的合作，或建立制裁伊朗的国际制裁联盟对中国施加压力。[①] 但是这类手段都会遇到一些阻碍，比如美国很难均衡国家核心利益，美国很难不去考虑中国强大的经济利益，以及美国与中国在太平洋地区的合作程度等。[②] 俄罗斯曾是伊朗主要的伙伴国。但对俄罗斯与伊朗来说，双方关系只是一种权宜之计，并无共同认可的战略利益。俄罗斯是20世纪和21世纪试图支配伊朗的霸权国家，两国也在中亚和里海争夺影响力。2010年俄罗斯对联合国安理会1929号决议投赞成票，并拒绝向伊朗出售先进的S-300空中防御系统。[③] 反观中国，则是伊朗可信赖的朋友，中国将伊朗视为能源安全供给源。从战略层面而言，中国可以把伊朗视为在中东地区抵抗美国的一支力量，视为推进“一带一路”倡议的关键力量。伊朗也认为中国是一个强大的经济伙伴，中国能够为伊朗提高投资和技术。对伊朗而言，伊朗认为中国是一个抵抗美国的潜在盟友。反对美国霸权是伊朗的重要

---

① Jon B. Alterman, John W. Garver, *The Vital Triangle: China, the United States, and the Middle East*, Washington: Center for Strategic and International Studies, 2008.

② DW Barno, N Bensahel, T Sharp, “Pivot but Hedge: A Strategy for Pivoting to Asia While Hedging in the Middle East”, *Orbis*, Vol. 56, No. 56, 2012, pp. 158 - 176.

③ UN Security Council Resolution 1929 Iran, Council on Foreign Relations, June 9, 2010, http://www.cfr.org/iran/un-security-council-resolution-1929-iran/p2243. Barak Ravid, Russia denies supplying Iran with S-300 surface-to-air missile system, December 22, 2008, http://www.uruknet.info/? p=49786. 尽管2016年4月俄罗斯向伊朗出售S-300导弹系统，但俄罗斯与伊朗的隔阂仍会存在。

意识形态支柱。[①] 其他中东地区国家如沙特、土耳其和以色列是伊朗的潜在战略竞争对手。当传统大国在伊朗的影响力下降时，中欧就有机会在伊朗继续发挥影响力。这为中欧在伊朗能源合作提供了机遇。

二、中欧在伊朗能源合作的挑战

（一）中东地区地缘政治环境不断恶化

中东地区处于三期叠加的地缘政治态势。其一，地中海东岸一些国家，政治秩序崩溃、国家解体，叙利亚和伊拉克两个国家已经无法维持正常的国家运作，为“伊斯兰国”的出现与壮大提供了土壤。在如何重建这些国家的秩序方面，美国、俄罗斯、欧盟以及中国如无共识，就不可能真正消灭“伊斯兰国”甚至恐怖主义。其二，2011 年“阿拉伯之春”是一个必然发生的事件，因为这些国家经济社会矛盾已经到了无法调和的地步，这些国家的民众通过一场革命，实现了政权的更替。与此同时，外部势力对中东部分国家的干预，比如利比亚和叙利亚，使得该地区的局势更加复杂。其三，该地区的地缘政治脆弱，维持该地区内的平衡难度较大。伊拉克战争之后，已经比较脆弱的地缘政治受到了进一步摧毁，“潘多拉魔盒”打开之后，中东局势从此就无法保持原有的微弱平衡。

中东地区宗教分裂和政治分裂严重。中国在伊朗开展“一带一路”倡议的领域主要涉及能源、基础设施建设等，大多投资大、周期长、收益慢，特别容易受到政局变动、地区安全态势等因素的影响。中国已在利比亚、叙利亚、苏丹等国家遭受到此类问题的损失。

---

① John Garver, “China-Iran Relations: Cautious Friendship with America's Nemesis”, *China Report*, Vol. 9, No. 1, 2013, p. 76. Scott Harold and Alireza Nader, “China and Iran: Economic, Political and Military Relations”, Rand Corporation, Occasional Paper Series, 2012, p. 14.

（二）伊朗与沙特这两个地区大国的矛盾阻碍中欧在伊朗的能源合作

逊尼派的沙特阿拉伯和什叶派的伊朗之间的矛盾并不仅是宗教冲突，更是双方在争夺地区霸权和伊斯兰世界领导权的斗争。也就是说，伊朗和沙特之间的竞争，不仅是政治体制、地区安全竞争，还发生在文化、经济、科技等领域。伊朗在叙利亚、伊拉克、黎巴嫩和阿富汗的战略影响力不断扩展，沙特阿拉伯则试图孤立和限制伊朗，如迫使黎巴嫩站在沙特一方。沙特皇室认为沙特被伊朗的“诸侯国”围绕，如也门、叙利亚和伊拉克。[①] 沙特和伊朗是逊尼派和什叶派在阿拉伯世界的两大领袖力量。2016 年沙特阿拉伯处死什叶派教士尼米尔，伊朗中断与沙特的外交关系，两国关系极度恶化。在冷战初期，伊朗和沙特曾是美国在中东地区的两大支柱。[②] 1979 年伊斯兰革命之后，伊朗与西方及其中东盟友分道扬镳。在伊朗核问题得到解决之后，沙特沙尔曼国王（Salman）认为美国忽视了自己，反而提升了伊朗的国际地位。除此之外，沙特内部年轻人失业率较高。而且低油价大大恶化了沙特的财政状况。这些均增加了伊朗与沙特对立、冲突的可能性。对欧洲而言，沙特与伊朗的关系影响到中东地区的稳定，更大的冲突将（为欧洲）带来更多的难民。沙特与伊朗关系的紧张不利于与叙利亚和也门危机的谈判，以及在伊拉克占主导地位的什叶派和处于边缘地位的逊尼派之间的和解。这种局势加大了中东地区出现新冷战的可能性。

---

① Ali Fathollah-Nejad, Sebastian Sons, “The Saudi-Iran Conflict Up Close”, Handelsblatt Global Edition, No. 357, Januray 29, 2016.

② Klare, Michael, Rising Powers, Shrinking Planet: *The New Geopolitics of Energy*, 2008, New York Henry Holt and Company. Hinnebusch, Ray, *The International Politics of the Middle East*, 2003, Manchester University Press. Andrew Scott Cooper, *The Oil Kings: How the US, Iran and Saudi Arabia Changed the Balance of Power in the Middle East*, 2012, Simon & Schuster.

（三）中欧的不同利益与不同认知将阻碍中欧在伊朗的能源合作

从能源合作来看，存在着两种逻辑：一个是全球治理的规则逻辑，一个是地缘政治经济的权力逻辑。全球治理规则逻辑要求中欧在伊朗加强合作，强调政府、企业、投资者、个人等参与到能源合作过程中。地缘政治权力逻辑强调中欧的理性博弈，凸显对抗和绝对收益。如果中欧的地缘政治权力逻辑占优，那么双方的合作将陷于停滞；如果中欧的全球治理规则逻辑占优，那么多边合作将值得可期。中欧在中东地区有着重要的共同利益。中国与欧盟需要防止中东演变为威胁共同发展的不安全带，包括反恐、防止大规模杀伤性武器扩散。在能源层面，欧盟和中国之间不存在“消费者—生产者”的关系，均须确保油气资源供给稳定。① 但是中东（伊朗）是主要大国力量碰撞、不同治理模式相互比拼的竞技场和试验田。中国与欧盟会掺杂着利益诉求参与能源合作。对于人权、民主等议题，中欧仍有诸多分歧。欧盟一定程度上仍然认为伊朗是威胁。并且欧盟将持续关注伊朗的人权问题，欧盟将与伊朗人权有关的制裁延长至2017年4月。尽管如此，伊朗与欧洲在能源合作方面有向心力，比如伊朗采用欧元结算原油交易、伊朗依赖欧洲高科技、伊朗向欧洲出口优质石油天然气等。② 但是欧盟所提倡的高效低碳能源体系，与能源联盟倡议促使欧盟的能源安全、能源开发和投资会侧重新能源领域，如可再生能源、减排目标、欧洲电力与能源行业和市场等。欧盟气候和能源一揽子方案使得欧盟更注重内部能源（市场）建设，

---

① Oliver Geden, Clemence Marcelis, and Andreas Maurer., “Perspectives for the EU's External Energy Policy”, Working Paper, German Institute for International Security Affairs, 2006; Aurelia Mane - Estrada, “European Energy Security: Towards the creation of the geo - energy space”, *Energy Policy*, Vol. 34, No. 18, 2006, p. 3773 - 86. Richard Youngs, *Energy Security: Europe's New Foreign Policy Challenge*, Routledge: NewYork, 2009.

② Rucknagel C., Iran Says Ready to Ship Natural Gas to Europe, 15 May 2014, Radio Free Europe; http://www.rferl.org/content/iran - says - ready - to - supply - natural - gas - to - europe - /25386226.html. 访问时间：2016年5月2日。

注重多领域合作（如能源与贸易、农业等领域），减少进口需求。这导致中欧能源合作的可能性有降低的风险。这将不利于中欧在伊朗的能源合作，更不利于中国实现能源安全诉求，以及“一带一路”倡议下的战略诉求。

三、中欧伊三方能源合作路径

在宏观经济、市场和地缘政治共同影响能源安全的情况下，① 三方合作成为保证能源安全的可行之径。三方合作是指中国、其他发展中国家、发达国家的合作，发展中国家处于工业化初期，急需设备与资金，中国处于工业化中期，拥有优势富余产能，发达国家处于后工业阶段，拥有先进技术和装备，三方合作惠及各方。根据上文分析，伊朗是三方合作的重要节点，伊朗巨大的市场规模和消费能力，为中国、欧盟产业更新换代、提高工业化水平提供了机遇；伊朗急需产业转型升级，既需要技术，又需要资金，中欧的技术与资金为伊朗经济改革发展提供机会窗口，帮助伊朗以较低成本、较快速度提升发展水平；中欧伊在铁路、公路、港口、航空、电力、通信、核能、建筑等领域均有巨大合作空间。中国可以以产能合作促进产业升级，欧洲国家可以拓展国际市场，保证能源安全，实现中欧伊三方共赢局面。能源领域是中欧最有可能在伊朗进行合作的领域之一。

（一）能源产业合作

中伊合作的支柱是能源产业，中国是伊朗石油最大的出口目的地，也是最大的经济伙伴。中国三大国家石油企业，中国石油天然气集团公司（中石油）、中国石油化工集团公司（中石化）、中国海

---

① Jose Maria Marin-Quemada, Javier Garica-Verdugo and Gonzalo Escribano, *Energy Security for the EU in the 21st Century, Markets, geopolitics and corridors*, Routledge, 2012, p. 26.

洋石油总公司（中海油）出于经济利益考虑与能源安全战略考量，加大与伊朗的能源合作，包括工业和矿业部门的合作，双边年度贸易量高达1000亿美元。制裁取消后，伊朗石油开采量将大规模提升，中国珠海振戎公司、延长石油国际、准油股份、美都能源、海默科技、洲际油气、广汇能源等多家上市公司都试图与伊朗进行合作。除了伊朗石油和天然气，中国在伊朗上游业务（如勘探和开采）加大投入。中国（中油国际、中石化）分别在阿扎德甘（Azadegan）和亚达瓦兰（Yadavaran）油气田与伊朗合作开采资源。[①] 欧盟暂不采取以技术换资源的策略。中国则可采用以技术和市场换资源的策略。中国能源企业与欧洲能源企业[②]成立合资企业，中欧不仅在上游领域获得石油合同去勘测和开采，还通过中下游产业如石油化工产品提炼等，帮助伊朗提高其炼油能力[③]，中欧可以分享能源市场，中欧伊也可联合建立能源零售分销网渠道。

（二）能源合作的基础设施建设

伊朗与中国合作并不局限于能源领域，非能源贸易和投资占据双边经贸的主要份额。中国水利水电建设集团公司在罗伦斯丹（Lorestan）建造了世界最高的大坝，帮助伊朗扩大国内能源供给，并在国际市场上出售更多的原油。中国帮助伊朗发展铁路网，更加有效融入地区市场。中国在尝试建造从塔吉克斯坦、阿富汗、吉尔吉斯斯坦联结新疆与伊朗的铁路。中国还承包建设德黑兰的地铁系统，它已成为中国基础设施产品的样品。伊朗东北部城市马什哈德（Mashhad）也在中国的帮助下建设地铁系统。中欧可以合作提供公

---

① 考虑到美国的制裁，欧洲国家仍不太可能百分之百进驻伊朗能源开发等，如开采南帕尔斯油气田。但中国一般获得的伊朗石油是稠油油田，即60%的能源储藏是重质石油。该类石油并非优质石油，这需要欧资企业与中资企业联合运作，开发伊朗优质油气田。

② 这类能源企业包括荷兰皇家壳牌公司（Royal Dutch Shell）、英国石油公司（BP）、道达尔公司（TOTAL）、意大利埃尼公司（ENI）、挪威国家石油公司（Statoil）等，德国一般重视太阳能和生物能源的开发利用。

③ 伊朗缺乏炼焦能力（refining capability）满足国内燃料需求。中国是伊朗石油化学产品最大的出口市场，特别是甲醇。伊朗石化商业公司（Iran's Petrochemical Commercial Company）超过沙特阿拉伯，成为中国最大的出口商。

共物品，中国石油公司可与欧洲的石油公司合作，与伊朗政府一道建设区域性交通网络和智能电网。

（三）能源合作的资金技术支持

伊朗高达85%的国内生产总值来自于油气产业，它还面临改革产业结构的挑战。“一带一路”倡议与“容克计划”对接应落在实处。丝路基金与欧洲复兴开发银行的资金对接，提供有针对性的金融产品与服务，促进能源合作中多元化融资格局的形成，为能源合作提供充足有效的资金支持。能源合作具有投资大、风险高的特点，涉及到金融领域。中国将在伊朗能源计划中的投资额提高到520亿美元。[①] 伊朗能源部长表示，能源领域的政府项目，包括水、电、油、气和其他工业部门及建设项目都将接受中国的资金支持。同时，人民币跨境支付体系将是能源合作的副产品，有助于进一步实现人民币的国际化。中国“走出去”的企业要在中欧伊合作中发挥主力军作用。中国企业应注重与合作伙伴等利益相关方的共同发展，履行企业社会责任，赢得相关方的认同与信任。在“一带一路”倡议下，构架能源资源跨国产业链，将伊朗丰富的能源资源与中欧的资金技术有效结合，实现大型基础设施建设、下游炼化加工和装备制造的一体合作。反观欧盟，欧盟在能源科技领域具有领先优势，投资、销售和合作网络发达。[②] 欧洲能源企业海外投资和商业合作项目发展完善，容易为当地接纳。中欧伊通过对话合作，促进各国的安全，从低敏感领域入手，积极培育合作应对安全挑战的意识，不断扩大合作领域，创新合作方式，以合作促安全。在融资过程中，加强中欧伊的人文交流，通过技术培训、劳工合作等渠道形成能源合作的共识与互信。2002年成立的中国—阿拉伯国家合作论坛已在文化交流方面起到重要作用。孔子学院和互派留学生计划是中伊合作的有机组成部分。

---

① Abbas Varij Kazemi，Xiangming Chen，China and the Middle East：More than Oil，November 26，2014. http：//www. worldfinancialreview. com/？p＝3177. 访问时间：2016年5月2日。

② 薛力：《中国的能源外交与国际能源合作》，中国社会科学出版社2011年版，第353页。

（四）能源合作的政策研究

中国应把握伊朗国内政治生态。中国应对伊朗的改革前景、改革方式等有所洞悉。考虑到伊朗愈益多元化，社会政治分裂上升到国家政治发展高度的趋势，中国需了解伊朗民众对中国政府及企业的认知。在伊核协议达成后，伊朗有更多选择，伊朗可能会向西方世界靠拢，而冷落中国。在此基础上，适时适度开展双边或多边合作。中国应在中东冲突中发挥建设性、协调性的作用，但是不能高估中国影响阿拉伯政治的能力。中国应在伊朗和沙特阿拉伯（以及海湾阿拉伯国家合作委员会）之间寻求平衡。在西方国家缺乏一个连贯一致的中东战略的条件下，中国在中东地区应继续与沙特保持经贸能源关系，又发展与伊朗的全面战略伙伴关系。中国在全面战略伙伴关系的指导下，加强与伊朗的经贸、能源合作，及时了解伊朗的外交态势。中国还要寻求"一带一路"倡议在伊朗的对接点，不仅包括伊朗与"一带一路"倡议的融合，更要将其他国家和行为体，如欧盟在伊朗的合作考虑在内。

通过三方合作来实现双方的共赢。中欧能源合作需要考虑到欧盟能源政策领域的主要行为体，这包括欧盟成员国、欧盟能源总司、气候总司、工业集团和各能源企业等气候与能源政策领域的行为体。在关键能源供给安全问题上，欧盟内部远未突破国家战略利益差异的掣肘。考虑到欧盟外交能力的分散化与虚拟化，以及欧洲"差异性"一体化的强化，欧盟通过的外交决议和倡议对其成员国并无较大约束力，所以欧盟对中东局势的介入能力与效果较为有限。① 中国还需加强对欧洲能源企业的政策研究，因为能源企业不仅影响欧盟内部市场，如价格、制度法律、输送供应等，还影响国际市场，如国际规则规范、资源开发与资金流动、市场等。新能源与绿色政治的兴起，公民社会也成为影响欧盟政策制定的力量，中国应当加强对公民社会、能源企业的行为及政策研究。

---

① 对欧盟而言，能源安全合作的衍生品，可能是战略利益的达成。比如说欧盟积极接触伊朗，对解决欧盟难民危机也有所助益。

中国新疆与欧洲：合作的历史纽带与现实需求

石岚①

中国与欧洲处于亚欧大陆东西两端。看似遥远的距离，并未阻隔双方悠久的合作历史与灿烂辉煌的合作成果，为人类社会发展进步做出巨大贡献。中国新疆地处中国东部沿海与欧洲之间，历史上就是欧亚大陆东西方交通的枢纽、驿站与商品集散地。根基于良好合作的历史理念，关注当下现实合作的相互需求，中国新疆与欧洲之间也在不断挖掘新的合作领域和空间，努力创造新时期合作共赢的成功。

一、跨越欧亚大陆的历史交流

中国与欧洲分别位于亚欧大陆的东西两端，拥有千差万别的社会形态与生活方式。距离产生的吸引带来人类先祖艰辛的长途跋涉与生死冒险。从史前缺少文字记载的考古发掘、神话传说，到后代开拓的丝绸之路，以及其后不断衍生的现代发达交通运输带来的密切往来，跨越欧亚大陆的交流在人类历史上从未间断，共同谱写了人类辉煌灿烂的文明史。

地理与人文空间角度上，中国与欧洲跨越不同的地域，分属各

① 石岚，新疆社会科学院中亚研究所所长，研究员。

自独特的文化、政治与经济体系。在历史演进过程中，双方各有千秋，相互补充，构成人类早期合作的典范。处于东部的中华文化与地处西部的欧洲文化相互影响，在一系列人类活动中留下痕迹：石窟、音乐、舞蹈、绘画、宗教信仰……不一而足，其中最具有代表性也最具有概括意义的，非丝绸之路莫属。

1877 年，德国地理学家李希霍芬（F. Vonrichthofen）首次把汉代中国和中亚南部、西部以及印度之间的丝绸贸易为主的交通路线，称作“丝绸之路”，并沿用至今。丝绸之路所代表的人类历史交流被世界所共知、共识、共仰。古代丝绸之路为人类不同文化间的共鸣、交融、相互价值认同，促进区域文化传播和不同文化圈之间的合作共赢，提供了无可替代的机遇。当今世界重要的几大文化体系，均存在于亚欧大陆，它们之间通过丝绸之路上人员和物资流动、战争与奴役、宗教文化的传播等手段，实现了相互的碰撞、交锋、交流与共存，进而建构起目前世界文明体系的基本架构。

东西方依托丝绸之路的联通，开拓出历史与现实中合作的有效路径。“通”是人类远祖的梦想，也是丝绸之路畅行的动力。在艰难的“通”的过程中，既要搏击自然地理的严酷和人类生存环境的考验，更要应对不同商品、不同人员在意识形态、语言习俗、文化基础和宗教信仰等不同领域的巨大差异，甚至冲突。朝代更迭、自然灾害、战争戎马，都曾经导致这条道路间歇性出现停顿。但人类追求丝绸之路“畅通”的梦想一直没有泯灭，不断尝试以新的形式进行互动。

在商品与人员流动的同时，伴生的文化和民族融汇，思想贯通，为后世提供了绝佳范例。从文化艺术、科学技术、宗教民俗、建筑装饰等，无处不反映出横跨亚欧大陆不同区域的融合印痕。在文化流动之外，宗教的传播和战争的洗礼，都带来欧亚大陆东西方之间的强大联动性。在古代匈奴、突厥、蒙古、波斯、阿拉伯等诸多帝国往来征伐的铁蹄下，居于欧亚大陆两端的中国与欧洲之间，间或性实现着自发的人员和商品流通，以及外力强制下的民族融合和宗教变迁。这段历史可圈可点、可歌可泣。其为现代国家的理念和交流合作的理想，提供了最初的，也是决定性的参考和积淀。

从内部来看，陆上丝绸之路提供了一个内外联动的多维发展系统，为古代人类社会的繁衍变迁创造了机会：汉代的屯垦、移民与官方边塞管辖体系的建立；唐朝宏伟的商贸活动与文化融合、手工业与交通业空前发展；宋元时期驿站遍及的网络化城镇体系等，这些为东方恢弘灿烂的文明和现代国家进步提供了良好基础条件和借鉴经验。而对于欧洲地区，丝绸之路让欧洲不断认识到遥远亚洲东部的生活，并从中汲取科学技术和各类精巧的商品，同时也将欧洲的人文生活与思想理念、科学技术源源不断地向东传播。茶叶、丝绸、香料、玻璃、钟表……商品的往来带动了文化理念的相互影响，人类通过不同的冒险和尝试，寻找适合自己的生活场景与方式。

中国新疆地处古代丝绸之路核心。东西方的交流枢纽和汇聚之地就在于此。在欧洲兴起丝绸之路历史考察热潮之后，对新疆的考古学挖掘与人类文化遗产的搜集成为其中非常突出的一项成果。只是这种考察在发现历史真相，了解丝路文明的同时，也导致中国的很多文化遗产被掠夺到国外。许多历史证据、文化瑰宝、研究素材，只能到国外的书籍资料或博物馆、档案馆中去查询。

二、中国新疆与欧洲合作的现实需求

地处西部的新疆，经济发展相对滞后。丝绸之路经济带建设的倡议提出后，新疆的特殊地缘环境和独特的人文、自然资源优势，确立了自身“核心区”的定位。近年来新疆依靠自身的努力和国家政策扶持，逐步实现经济社会的快速发展。同时在吸引外资和对外经济贸易合作中，也正努力朝着多元化方向进步。

（一）新疆的对外经济贸易多元化

20 世纪 80 年代新疆实施改革开放政策后，对外经济贸易活动广泛展开。随着中亚国家独立，中国新疆与中亚国家的经济贸易呈现快速增长，并很快成为中国新疆对外经济贸易活动的重点区域。中国新疆与中亚国家的经济贸易额，一直在中国新疆对外经济贸易额中占有超过一半的比例。

随着新疆自身经济社会活动的提升和对外开放的深化，新疆与世界其他地区的经济贸易联系也逐渐密集。同时，经新疆向西到达欧洲的国际交通线的开通，也为新疆与中东、西亚和欧洲之间合作的展开提供了更多机遇。中国其他省份商品源源不断地通过新疆转运到上述地区，这也巩固了新疆的贸易枢纽功能。

2013 年“丝绸之路经济带”倡议提出后，新疆很快行动起来。得益于国家给予新疆“丝绸之路经济带”核心区建设的政策优势，新疆与沿线国家的经济贸易活动有显著增加。2014 年，中国新疆与俄罗斯、伊朗、阿联酋、格鲁吉亚等“丝绸之路经济带”沿线国家的贸易突飞猛进，其中对俄罗斯的贸易增长额达到 3.7 倍，与阿联酋增长近 2.6 倍。[①] 2014 年开通的途经哈萨克斯坦、俄罗斯等国家，最终通到土耳其梅尔辛港的快速货运列车，为新疆与西亚、中东，直至欧洲国家之间的经贸合作构建了交通基础。

经济合作是建设“丝绸之路经济带”的核心内涵。2015 年 5 月习近平主席访问哈萨克斯坦、俄罗斯和白俄罗斯期间，发布《中俄启动丝绸之路经济带与欧亚经济联盟合作对接的联合声明》。哈萨克斯坦也决定与中国在平等互利基础上加快推进“丝绸之路经济带”与哈萨克斯坦“光明之路”经济发展战略的对接。白俄罗斯承诺支持并积极参与中方“丝绸之路经济带”倡议。上述三国作为丝绸之路上的三颗明珠，共同实现了与中国在“丝绸之路经济带”建设倡议上的战略对接，播撒丝路合作的种子。[②] 在明斯克，习近平主席还前往中白工业园考察。该工业园是白俄罗斯最大的招商引资项目，也是中白之间最大的经济技术合作项目。[③]

① “为中巴经济走廊建设注入强劲动力”，《新疆日报》，2015 年 4 月 30 日。

② http://news.xinhuanet.com/world/2015-05/13/c_1115275731.htm.

③ http://news.xinhuanet.com/world/2015-05/12/c_1115259351.htm.

表1　2015年新疆与周边国家贸易情况统计表①（单位：亿美元；%）

国家	进出口总额	其中新疆出口	同比增减	其中新疆进口	同比增减
哈萨克斯坦	110.1	57.48	43.3	52.62	-40.1
吉尔吉斯斯坦	64.36	32.37	-21.2	31.99	-1.5
塔吉克斯坦	27.71	13.78	-30.7	13.93	-31
乌兹别克斯坦	8.79	5.27	-31.1	3.52	-29.5
土库曼斯坦	1.77	0.92	-31.1	0.85	-35
俄罗斯	17.55	9.38	-56.4	8.17	37.5
蒙古	1.41	1.00	-76.2	0.41	-89.1
巴基斯坦	5.75	3.13	-1.9	2.62	-9.7

新疆的对外经济贸易活动多元化，一方面表现为与中亚国家贸易额屡创新高，进出口商品结构也在调整之中；另一方面，新疆与中亚之外的国家贸易额显著上升，导致中亚国家在新疆对外贸易总额中的比例逐年下降。这其中，新疆与阿拉伯国家、土耳其、伊朗等的贸易水平出现大幅提升。2012年新疆与阿拉伯国家贸易额不足8亿美元，2013年则大幅上升到21亿美元。新疆与伊朗双边贸易额2013年度达到10.45亿美元，同比增加24.5%。与印度、乌克兰等国家的贸易增速也位居前列。

（二）新疆与欧洲的现实合作

新疆与欧洲虽地处亚欧大陆两端，但彼此之间的历史纽带和现实合作需求依然强烈，双边合作的潜力巨大。

1. 互联互通是中国新疆与欧洲合作的基石

互联互通是区域合作的基石和前提。新疆作为“丝绸之路经济带”建设的核心区，在互联互通领域向西延伸，确保畅通上已经取得丰硕成果。

---

① “2015年12月外贸进出口商品产销国别表（按美元计算）”，乌鲁木齐海关网，www.urumqi.customs.gov.cn。

铁路

20 世纪 90 年代，中国与哈萨克斯坦的铁路接轨。这条东起连云港，经陇海铁路、兰新铁路连接欧亚的新干线，被称作“新欧亚大陆桥”。由于该线路所经大部为原丝绸之路的通道，因此也有人称其为现代丝绸之路。

中亚国家独立后，这条陆路“大动脉”的价值被发掘出来。1992 年底，中国与哈萨克斯坦开启了经过阿拉山口的国际集装箱运输业务。这条全长 10800 公里，经中国、中亚、西亚、东欧到达西欧，途径 40 多个国家和地区的国际陆桥大通道正式焕发光彩。同年，中国与有关国家政府共同签署了建设亚欧光缆的协议。这条光缆东起中国上海，西至德国法兰克福，加上分支全长 26 万公里。新业务的开启也带来了中国新一轮沿桥全线开放开发的热潮。高速公路、城镇化等项目规划随之展开。1994 年，在时任中国总理李鹏的倡议下，中国、俄罗斯与中亚国家铁道（运输）部长在京开会，批准了“开发利用经友谊关—阿拉山口边境通道的国际铁路干线计划”。此后，国家相关部委、联合国贸发组织等国际组织和机构等，也为推动新亚欧大陆区域经济合作开展了形式多样的活动，达成诸多意向性协议或倡议。在中国与中亚国家之间，也建立起定期的会晤机制，以完成亚欧大陆桥运行通畅的协调保障。①

2011 年 12 月，经霍尔果斯连接中哈两国的第二条铁路“大动脉”顺利完成。备受瞩目的霍尔果斯国际边境合作中心正式封关运营。2012 年 12 月，阿腾科里—霍尔果斯铁路投入正式运营。② 至此，哈萨克斯坦与中国之间的铁路运输在原有阿拉山口的基础上，又增加了一条新通道。2015 年，霍尔果斯铁路口岸共向中亚及欧洲市场运输进出口货物 91.71 万吨。自 2012 年 12 月霍尔果斯铁路开

---

① http：//baike. baidu. com/link？url = W20 - fm7kKUbS1Um9LIVyMlqieCo - dyWS7iS0 - KNZgLJiDygf64saibySVazxg5Qh.

② 中国驻哈萨克斯坦大使馆经济商务参赞处，http：//www. mofcom. gov. cn/aarticle/i/jyjl/m/201212/20121208496120. html。

通至今，铁路口岸站已累计运输货物425万吨。[①] 中国新疆与欧洲之间的铁路之桥绽放新的时代光彩。

航空

新疆地处亚欧大陆地理中心，与周边地区的航空连线一般距离在2—7个小时，非常适合国际空港建设。经过改革开放30多年的努力，以乌鲁木齐地窝堡机场为中心，新疆已经形成向内对主要城市辐射，并连接境外多个重要城市的航空网络体系。截至2014年11月底，共有44家境内外航空公司进入新疆航空运输市场，开通国际国内航线184条，其中国内及地区航线157条，国际27条。[②]

在欧洲国家当中，经过多方共同努力，目前已经实现乌鲁木齐与欧洲部分重点城市之间的航空网络架构。乌鲁木齐—伊斯坦布尔、乌鲁木齐—莫斯科实现直航，到圣彼得堡、法兰克福、慕尼黑等地可以中转到达。一些国际航空公司，如阿斯塔纳航空、大韩航空等，也加入到国际航空联运的行列中。

国际航线的增长和国际航空公司的加入，为新疆与欧洲之间快捷便利往来提供了可能。新疆向西直接出境可以省去单程四小时左右航程，更可以减少去内地的劳顿与经费上的开支。国际航空的运营也提高了新疆的海外知名度和影响力，并可直接使乌鲁木齐国际机场成为一类国际口岸。

公路

公路是中国新疆对外交往的主要渠道。1983年中国新疆恢复了与苏联的贸易关系，年底双方开通新疆通苏联地区的霍尔果斯和吐尔尕特两个通商过货口岸。随着中亚国家的独立和新疆改革开放进程的不断深入，新疆相继开通与周边国家的国际客货运输线路。

新疆与周边地区八个国家有陆路疆界，边界线总长超过5600公里。作为中国对外开放一类口岸最多、开通国际运输线路最多也最长的省区，新疆自身的交通网络建设也较为发达，这为建设中国新

---

① http：//www. xjhegs. gov. cn/xinwen/tpdt/4321. html.

② http：//www. chinanews. com/gn/2015/04 – 17/7214605. shtml.

疆及其周边地区的国际交通运输网络提供了坚实基础。2008 年，在已有百条国际道路运输线基础上，新疆又根据需要，开通了中哈间的乌鲁木齐—卡拉干达货运线路，并完成中哈、中吉、中塔、中蒙和中巴、中俄间双边国际道路运输和中（中国）吉（吉尔吉斯斯坦）乌（乌兹别克斯坦）三国过境运输会谈。当年新疆的国际道路运输进出口货运量达到 243.8 万吨，货物周转量为 6.1 亿吨公里，完成国际出入境客运量 78 万人次，旅客周转量 1.2 亿人公里。①

截至 2014 年底，新疆已与毗邻 5 个国家的 15 对边境口岸开通了 107 条客货运输线路，其中客运线路 53 条、货运线路 54 条，基本建成了以重点城市为中心、边境口岸为节点、覆盖沿边地区并向周边国家辐射的国际道路运输网络。目前，新疆拥有口岸客运站场 6 家、物流集散中心 24 家，从事国际道路运输的企业也已由最初的 3 家发展到 76 家，车辆由 200 余辆发展到 6610 辆。从事国际道路旅客运输车辆 90% 以上的客车为 22 铺以上中高级卧铺客车，国际道路货运车辆从平均吨位不足 5 吨发展到如今的平均吨位超过 20 吨，车辆经营范围覆盖了国际普货、危险品、大型物件运输以及专用（集装箱、罐式、冷藏保鲜）运输等多种运输类别，客货运量平稳增长。2011 年至 2014 年，国际道路运输量总体呈平稳增长态势，完成国际道路货运量 1671.9 万吨、货运周转量 40.94 亿吨公里，完成国际道路客运量 273.2 万人次、客运周转量 6.82 亿人公里。②

新疆是全国开通国际道路交通运输线路最多、营运里程最长、客运班次最多、出入境直达运输量最大的省区。经过多年努力，新疆的喀什、霍尔果斯、阿拉山口、吉木乃、塔城等地，均已成为新疆与周边地区公路交通的主要窗口和枢纽，加上核心区的乌鲁木齐，新疆已初步形成以乌鲁木齐为中心，辐射全区，进一步向外扩展到周边各国的交通网络。当下，新疆正在加速建设与周边各国的跨国交通网和对外开放口岸，一些双边和多边项目，如中吉乌公路、中

① http://news.xinhuanet.com/newscenter/2009-01/29/content_10733777.htm.

② 中国公路网，http://www.chinahighway.com/news/2016/996809.php。

巴公路和中塔公路等，都已经开工建设或进入规划实施阶段。新疆的地缘优势将因此得到进一步充分体现。这些涉外公路建设的增加，将密切与方便中国与西部邻国的联系，也为新疆与欧洲之间直接的公路往来提供了可能。① 从项目上看，亚行贷款支持的“双西”公路网络工程，将有可能将欧洲西部与中国新疆直接连接在一起。目前其建设重点是哈萨克斯坦与中国新疆，未来前景将进一步延伸到欧洲，真正实现亚欧大陆公路交通的互联互通。

2. 项目投资，中国新疆与欧洲合作的现实成果

在多方积极努力下，中国新疆与欧洲之间已经开展多个项目投资合作。2013 年 8 月 29 日，上海大众在中国新疆地区投资建设的第一家大众汽车生产线生产出来的第一辆轿车顺利下线。这是大众汽车在中国西部的第一个汽车生产项目，也是新疆引进的首个轿车制造项目。该项目是大众汽车在中国的第 7 家工厂。项目的投产运营，意味着大众进军中国西部，开拓新疆和中亚、中东、南亚市场的基础已经奠定。数据显示，2012 年从新疆口岸进口的各类汽车 2.1 万辆，同比增长 26%。② 同期，经中国新疆出口到中亚、南亚国家的交通工具也呈现出增长之势头。

中国新疆地区与欧洲之间的合作有着巨大现实需求。2015 年 9 月欧盟委员会发表声明，对中国的“一带一路”倡议对接“欧洲投资计划”表示欢迎。“欧洲投资计划”于 2014 年 11 月由欧盟委员会主席容克提出，欧盟和欧洲投资银行出资 210 亿欧元作为种子基金，计划在三年内以 15 倍的杠杆率撬动来自私营和公共领域约 3150 亿欧元的投资。该计划投资重点包括基础设施、新兴战略性产业（新能源、信息技术、航空航天、高端装备制造业）等领域。③ 此前的 2013 年 6 月，中欧清洁能源中心（EC2）正式启动了在中国乌鲁木齐的示范区项目，欧洲投资银行计划投入 5000 万欧元贷款，主要用

---

① 中国公路网，http://www.chinahighway.com/news/2006/132438.php。

② http://news.xinhuanet.com/fortune/2013-08/29/c_117148677.htm.

③ http://www.wtoutiao.com/p/LceX0b.html.

于提高乌鲁木齐现有居民区的能效改造，以及水资源、城市垃圾处理等项目。[①] 这也与“欧洲投资计划”重点推进方向有异曲同工之处。

表 2　2013—2015 年新疆与德国、英国之间的贸易额[②]（单位：万美元）

	德国			英国		
	合计	新疆出口	新疆进口	合计	新疆出口	新疆进口
2015 年	44182.3	20711.8	23470.5	23416.1	22718.6	697.5
2014 年	32728.6	15678.1	17050.5	15202.7	13988.3	1214.3
2013 年	28162.7	16506.9	11655.8	15577.0	14497.4	1079.7

从上表可见，以英国、德国为代表，欧洲整体与新疆贸易水平较低。2013 年新疆外贸总额为 275.6 亿美元，2014 年为 1700.1 亿元人民币（约合 274.2 亿美元）。参照比较后发现，欧洲国家与中国新疆地区的贸易额非常小，占比也明显无法与新疆地区周边国家相比。但值得注意的是，尽管存在着近年来不断呈现的经济下行与贸易下滑压力，中国新疆与欧洲的经济贸易活动仍然表现为明显增长态势。其中，新疆的出口占比很高，增速较快。同时，新疆与欧洲之间的直接人员流动显著增加。来自新疆的人员前往俄罗斯、土耳其和欧洲国家的旅游人数增长迅速，也促进了双边的相互认知。

三、未来合作前景

新疆作为国家“丝绸之路经济带”建设核心区，未来将不断深化与强化向西开放。新疆对包括欧洲国家在内的西部国家的合作需求非常高，这也是新疆未来经济、文化、社会交流活动的发展趋向。

① http://gb.cri.cn/42071/2013/06/18/6251s4151489.htm.

② 据乌鲁木齐海关网各年份统计数据综合得出。

而对于欧洲来说，加入亚投行、开展“丝绸之路经济带”项目和欧洲投资项目对接、实施产能合作等，均符合欧洲经济社会未来发展需求，是大势所趋。

习近平主席对欧洲国家的多次重大访问，彰显未来中欧合作的伟大前景。在这一大的历史背景下，中国新疆紧抓机遇，也不断尝试着扩大与欧洲的合作关系。这种合作可比肩历史上新疆与欧洲的合作成果，更可以展望未来，根基于双方的需求实际，不断探索、创新合作领域和空间。

未来中国新疆与欧洲的合作可能集中在几个方面：

第一，经济，重点是投资与贸易活动，开创连接欧亚大陆的交通大通衢，挖掘亚欧腹地的经济活动潜力和合作动力，为亚洲命运共同体的建设贡献力量。

第二，文化，发挥历史文化合作传统与优势，共同构筑文化大联通的产业格局。

第三，反恐，为经济文化合作，提供安全稳定和谐共荣的区域大环境，创造良好的保障机制。在现阶段，反恐合作可以为中国新疆与欧洲合作提供新的窗口和突破。

第四，基础设施建设，包括航空运输网络、高速铁路与信息化通道、管网建设等。基础设施建设让正处于尝试阶段的跨欧亚大陆运输通道更加繁忙，也让欧洲国家与亚洲的联系更为密切。

新的时代需要新的思想与行动。在“丝绸之路经济带”建设的大背景下，处于“丝绸之路经济带”两端的中国新疆与欧洲，亟需加快传统合作平台的更新换代，创造更加适宜双方未来发展趋向的路径模式。

第二部分

欧洲形势与中欧合作

欧洲难民危机的国际政治分析

田德文[①]

一、欧美国家中东、北非战略的失败

冷战结束后，欧美国家把首要战略重点放在“搞定”中东欧方面。通过北约东扩和欧盟东扩，目前这个战略目标应该说已经基本实现了。对冷战期间在美苏之间摇摆的中东、北非国家，欧美国家的对策是维持其“强人政权”基本稳定，通过“接触”（engagement）战略推动这些国家发生变化，推动其政治民主化、经济自由化和文化多元化，最终将其纳入西方主导的世界体系。从实践效果看，欧美国家后冷战时代的中东、北非战略可以说完全失败了。近年来，中东、北非地区国家的统治能力普遍下降，伊斯兰宗教极端势力迅速扩张，不少国家陷入政治动荡、地方割据乃至内战状态，目前大量流入欧洲的国际难民正是这种状态的产物。在欧美国家后冷战时代中东、北非战略失败的过程中，推翻伊拉克萨达姆政权、支持“阿拉伯之春”街头政治运动和试图推翻叙利亚巴沙尔政权产生的后果最为严重。

（一）推翻萨达姆政权导致“伊斯兰国”兴起

1990 年 8 月 2 日，作为中东地区性强国的伊拉克侵入科威特，

① 田德文，中国社会科学院欧洲研究所研究员，马克思主义与欧洲文明研究中心秘书长，法学博士。

引发“海湾危机”。1991年1月，以美国为首的多国部队发动代号为“沙漠风暴”的大规模军事行动，2月28日将伊拉克军队赶出科威特。战争结束后，欧美国家继续将伊拉克萨达姆政权作为中东地区安全的头号威胁。1991年4月3日，联合国安理会通过687号决议，要求伊拉克销毁所有大规模杀伤性武器，并因此对其实施长期制裁。1998年10月，美国国会通过《伊拉克解放法案》，宣布决心推翻萨达姆政权，“帮助促成一个民主政府”。[①] 1998年12月17日，美国和英国以伊拉克不配合联合国武器核查为由，未经联合国安理会批准对伊实施代号为“沙漠之狐”的军事打击。2003年3月20日，以美英军队为主的联合部队以伊拉克藏有大规模杀伤性武器并暗中支持恐怖分子为由，绕开联合国安理会对其实施军事打击。2003年12月14日，萨达姆·侯赛因被捕，并于2006年11月5日被执行绞刑。

推翻萨达姆政权改变了伊拉克的权力格局。该国95%的人信奉伊斯兰教，其中什叶派穆斯林占54.5%，逊尼派穆斯林占40.5%。萨达姆属于逊尼派，其政权对人数占优的什叶派长期实行高压统治。萨达姆政权垮台后，欧美国家在伊拉克推进“民主选举”，使人数占优的什叶派控制政权，逊尼派族群走向边缘化，萨达姆统治时期长期受压制的北部库尔德人要求高度自治。在这种权力结构下，伊拉克北部地区出现统治弱化的情况，给伊斯兰宗教极端势力兴起留下空间。2006年，以“基地”组织伊拉克分支名义活动的宗教极端组织在伊拉克北部建立“伊拉克伊斯兰国”组织（简称“伊斯兰国”）。2011年美国从伊拉克撤军后，该组织迅速扩大，大肆实施种族清洗、破坏文物、绑架人质等恐怖主义行动，2014年后在与伊拉克政府军交战过程中不断取得胜利。2014年6月10日，“伊斯兰国”占领伊拉克第二大城市摩苏尔，逼近首都巴格达，联合国秘书长潘基文呼吁国际社会支持伊拉克政府应对挑战。据联合国难民署

① ［美］亨利·基辛格著，胡利平、林华、曹爱菊译：《世界秩序》，中信出版集团2015年版，第423页。

（UNHCR）估计，受“伊斯兰国”影响的伊拉克有400万人逃离家园。① 目前流向欧洲的伊拉克难民中，多数都是为躲避“伊斯兰国”残暴统治和国内战争逃离家园的。

（二）“阿拉伯之春”后北非国家统治弱化

2010年底，突尼斯爆发“茉莉花革命”，随即扩展到埃及、利比亚、也门、巴林和叙利亚。“阿拉伯之春”街头政治运动造成中东北非地区多个国家的“强人政权”垮台，国内政治持续动荡，造成突尼斯总统本·阿里流亡、埃及总统穆巴拉克被捕、利比亚领导人卡扎菲被处死和时至今日尚未结束的叙利亚内战。出于意识形态原因，“阿拉伯之春”街头政治运动得到欧美国家的支持。利比亚内战过程中，英法等国对卡扎菲政府军的空袭扭转了战局，在反对派推翻卡扎菲政权的过程中起到关键作用。但是，“阿拉伯之春”后，多数中东北非国家却并没有走向政治民主化，而是普遍出现统治弱化乃至国家失序。究其原因，正如基辛格所说，欧美国家在中东、北非地区推进政治民主化其实是行不通的。因为，在那些国家里并不存在一种与独裁者相对立的“民主派”力量，有实力与执政的威权人物斗争的多数都是基于利益、种族和教派的其他强人，他们“不是为了民主而战，而是为了战胜对手而战。只有民主能让自己所属的派别执政时，他们才对民主感兴趣”。②

中东北非变局是形成欧洲国际难民潮的重要原因。目前，大量来自非洲的难民都是从利比亚海岸出发，横渡地中海进入意大利的。历史上，意大利和利比亚卡扎菲政权在控制来自非洲的非法移民方面曾经建有合作关系。据报道，2008年卡扎菲曾与时任意大利总理的贝卢斯科尼签署协议，意大利为利比亚基础设施投资50亿美元，卡扎菲则承诺协助管控流向欧洲的非法移民，来自利比亚的移民数

---

① Victoria Metcalfe-Hough, The migration crisis? Facts, challenges and possible solutions.

② ［美］亨利·基辛格著，胡利平、林华、曹爱菊译：《世界秩序》，中信出版集团2015年版，第157页。

量因此骤降。协议签署后，到意大利达兰佩杜萨岛的非法移民数量下降98%，从2009年的3.7万人减少到2010年的400人。卡扎菲政权被推翻后，利比亚国内统治弱化，对"蛇头"打击不力，从该国偷渡前往意大利的非法移民数量急剧增加。据"移民国际组织"发布的数据，仅2011年从北非海岸抵意大利的移民就超过14万人。据说，卡扎菲在最后一次电视讲话中曾经咒骂西方"正在轰炸一堵墙，挡住非洲难民和'基地'组织恐怖分子涌入欧洲的墙，这堵墙就是利比亚"。[①] 利比亚战争后，非洲和中东地区的伊斯兰宗教极端势力急剧扩张，大量非法移民和中东难民涌向欧洲，巴黎遭遇严重恐怖袭击……所有这些似乎都在验证着"卡扎菲之谶"。

（三）叙利亚内战中"伊斯兰国"势力扩张

2012年叙利亚内战爆发后，叙利亚北部陷入无政府状态。2013年4月9日，"伊拉克伊斯兰国"宣布与叙利亚反对派武装组织"胜利阵线"联合成为"伊拉克和大叙利亚伊斯兰国"（ISIS）。"伊斯兰国"首脑巴格达迪自任"哈里发"，宣称对于整个穆斯林世界拥有权威地位，全世界穆斯林都有义务帮助其"建立全球性的哈里发国"。

叙利亚内战有着教派之争的背景：目前的总统巴沙尔·阿萨德属于什叶派分支阿拉维派，试图推翻他的叙利亚反对派则多数是逊尼派。叙利亚内战爆发后，西方联盟一直将推翻巴沙尔政权作为首要目标，在打击同样谋求推翻巴沙尔政权的宗教极端组织方面放不开手脚，因此"伊斯兰国"才得以迅速扩张。2015年10月，俄罗斯应巴沙尔·阿萨德邀请，大刀阔斧地轰炸叙利亚境内的极端组织目标。巴黎恐怖袭击发生后，打击极端组织具有了最高的优先性，美国、土耳其继续指责俄罗斯采取的空袭行动已经不合情理。但是，如果坐视俄罗斯掌握打击"伊斯兰国"的主导权，中东就有可能出现一个俄罗斯支持的，包括叙利亚、伊拉克和伊朗等什叶派国家在

---

① Richard B. Spencer，GADDAFI'S REVENGE，http：//www.radixjournal.com/blog/2015/9/5/gaddafis－revenge.

内的“什叶派之弧”，与美欧支持的周边逊尼派国家形成对峙。同时，如果“伊斯兰国”遭受重创，那么仅凭剩下的叙利亚反对派很难推翻巴沙尔政权。美国自然不甘心中东格局向有利于俄罗斯的方向发展，新一轮大国博弈即将拉开帷幕。

（四）欧美国家中东、北非战略因何失败?

后冷战时代欧美国家中东北非战略失败的内因是中东北非“强人政权”在全球化过程中未能及时进行有效的国内改革，致使政治矛盾聚集、经济增长乏力、贫富分化加剧，只得以高压统治来维持国内政局稳定，这种脆弱的状态自然经不起国内外的风吹草动。从外因上看，“9·11”后美国小布什政府以反恐为由在中东北非地区激进地推进“民主化进程”，欧盟始终在维持中东北非稳定与输出“民主”价值观之间摇摆，对这一地区的变局都发挥了重要的影响作用。在中东、北非变局过程中，美英武力推翻伊拉克萨达姆政权、法英空袭利比亚卡扎菲政权、欧美国家支持叙利亚反对派等事态更可以说是造成伊拉克、利比亚和叙利亚国内失序的直接原因。变局之后，这些国家政府的执政能力大不如前。在伊拉克和叙利亚交界地区，宗教极端主义的“伊斯兰国”势力才能迅速扩张，迫使大量平民逃离家园。与此同时，目前中东、北非国家边境管控普遍松懈，偷运难民的有组织犯罪猖獗，这些都是形成赴欧难民潮的重要原因。

从根本上说，后冷战时代欧美中东、北非战略失败的原因恰恰在于它们长期实施的“新干预主义”政策。冷战结束后，欧美国家频繁以“价值观”理由干涉别国内政，直至武力颠覆别国政府。我们知道，任何国家政治格局的形成都有着复杂的历史和现实原因。在政治转型过程中，如果要打破一种格局，就必须同时准备建立一种新的格局，否则社会势必陷入失序状态，内战就是这种失序的极端体现。后冷战时代，欧美国家凭借政治、经济和文化优势地位，公开推动其他国家的政治变局，同时却不甚关心在这些国家中维护和重建社会秩序。这种不负责任的做法给世界多地的人民造成深重灾难，目前欧盟遭遇的国际难民潮不过是这些灾难的冰山一角而已。

二、难民危机下的欧盟中东、北非战略调整

近年来，涌向欧洲的国际难民数量越来越多。据欧盟统计，2013 年成员国收到的避难申请总量为 435190 份，2014 年增加 44%，达到 626065 份。这些难民中，来自内战中的叙利亚的人数最多，达到总量的 37%；紧随其后的是来自阿富汗和厄立特里亚的难民，各占总量的 8%；来自伊拉克的难民占总量的 5%，居第四位。[①] 2015 年，涌向欧洲的国际难民数量出现“井喷式”增长，预计仅德国就将接纳 80 万—100 万，为该国去年避难总人数的 4—5 倍。在难民危机的形成与发展过程中，欧盟国家发生严重意见分歧，对欧洲一体化产生消极影响。2015 年 11 月 13 日，巴黎遭遇“伊斯兰国”策动的严重恐怖袭击，欧盟国家对叙利亚内战的态度发生重大改变，预示着欧盟中东、北非战略将要发生重要调整。

（一）难民危机与欧盟国家政治分歧

根据欧盟发布的数据，近年来欧盟成员国在接收难民方面的政策有很大差别。2013 年开始，德国、瑞典等国在接收难民方面采取了比其他欧盟成员国更加宽松的政策。瑞典从 2013 年起就给予所有逃到该国的叙利亚人难民身份，德国政府随后也做出了积极表态。结果，从 2013 年到 2014 年，德国和瑞典接收难民，尤其是叙利亚难民的数量急剧增加。2014 年，德国接受的避难申请从 2013 年的 126705 份增加到 202645 份，同比增加 60%；瑞典接受的避难申请从 2013 年的 54270 份增加到 81180 份，同比增加 58%。2014 年欧盟成员国收留的难民中有 37% 来自叙利亚，人数为 68300 人，其中 60% 是德国（25700 人）和瑞典（16800 人）接收的。与此形成鲜

① Eurostat Newsrelease 53/2015，Asylum in the EU：The number of asylum applicants in the EU.

明对比的是，在此期间，法国和英国接收难民的态度非常消极。2014年，法国收到的避难申请从2013年的66265份下降到62735份，同比下降5%；英国从30585份增加到31745份，同比只增加了4%。[①]

德国、瑞典在接收叙利亚难民方面表现积极的原因很复杂。客观上，叙利亚国内局势不断恶化，目前该国2300万人口中已有400多万沦为国际难民，国内还有约760万居民流离失所，问题确实非常严重。主观上，德国、瑞典都愿意通过接收叙利亚难民表示本国承担更多国际义务，占据道德高地。2005年默克尔首次出任德国总理不久，就宣布德国将要坚决实施“价值观外交”，此次大量接收叙利亚难民正是其表现之一。在德国和瑞典，主张接收更多难民的左翼势力、非政府组织和利益集团都有很强的影响力，对两国接收较多国际难民也起到推动作用。其实，无论在瑞典和德国国内，还是在其他欧盟成员国，都有不少政治力量是反对德国、瑞典这种做法的，因为这样只会吸引更多难民涌入。但是，在人道主义话语的压制下，这些反对的意见由于“政治不正确”而没有很大的影响力。

2015年9月2日，世界各大媒体都刊登了叙利亚3岁男童艾兰·科尔迪陈尸海滩的照片，他是随父母试图从土耳其乘船偷渡到希腊时遇难的。这幅照片对世界舆论产生巨大冲击，德国总理默克尔随即表示将接收更多难民。此后，大批难民涌入匈牙利，试图穿过奥地利前往德国。德国很快就发现这样是不可持续的，试图推动欧盟强迫所有成员国按照配额接收难民或分担费用，但遭到各国不同程度的抵制，最后瑞典和德国被迫关闭边界，阻止更多难民涌入。由此可见，此次涌入欧洲的难民潮与德国、瑞典在国际舞台上单方面大摆人道主义姿态有直接关系，是其完全脱离实际的“价值观外交”秀的结果。

在国际难民涌向德国的过程中，按照其行进线路，欧盟国家可

① Eurostat Newsrelease 53/2015, Asylum in the EU: The number of asylum applicants in the EU.

以分为意大利、希腊等难民登陆的"前线国家"，难民经过的匈牙利、捷克、奥地利等"过境国家"，以及最终接收难民的德国、瑞典等"目的地国家"。"前线国家"和"过境国家"都无意接收更多难民，担心"目的地国"的接收能力有限，最终会把难民堵在自己国家内。事实证明，这种担心并不是多余的。对欧盟来说，此次难民危机实际上是其"未完成"的制度体系造成的：目前欧盟建立了取消内部边界的申根体系，但是避难政策却仍属于成员国内政，共同体没有权能干预成员国避难政策。在难民危机的压力下，欧盟成员国不得不接受难民配额方案，意味着欧洲一体化的程度又有提高。但是，难民危机过程中少数国家作秀、全体国家"埋单"的做法对欧盟团结产生的消极影响也不可忽视。

（二）巴黎恐怖袭击促成欧盟中东、北非战略调整

德法合作是欧洲一体化的"发动机"，两国之间发生意见分歧，欧洲一体化势必受到消极影响。在应对难民潮的过程中，最初法国在接纳难民的态度方面比较消极，直到 2015 年 5 月，法国总统奥朗德还表示难民配额问题"没得谈"（out of question）。随着难民潮愈演愈烈，奥朗德在国际义务的压力下才勉强同意在未来两年接收 24000 名难民。但是，在通过难民危机推进欧洲一体化方面，法国和德国的立场是一致的。因此，当德国在难民潮冲击下推动在欧盟层面建立永久性和强制性机制分配难民机制时，法国政府还是表现了积极配合的态度，奥朗德于 9 月 3 日和默克尔共同签署写给欧洲各国领导人的信件，呼吁推动共同的欧洲避难法、"安全来源国"名单，加大对于土耳其、黎巴嫩和约旦的援助力度。

法国之所以没有形成德国那样的对难民的"欢迎文化"，根本原因是法国近年来已经遇到穆斯林移民问题的严重困扰，国内民众对更多穆斯林难民的到来普遍充满忧虑。据《巴黎人报》（Le Parisien）举行的一次民意调查显示，56% 的受访者相信涌入欧洲的难民中有恐怖分子，55% 的受访者反对放宽避难规则，包括从内战中逃脱的叙利亚人。法国公众的这种情绪已经反映到政治层面，近年

来不仅反移民的极右翼国民阵线势力上升，右翼政党也在向反对接纳难民方向转型。难民危机过程中，法国前总统萨科奇就多次呼吁终止申根协定，在中东北非国家建立由欧盟控制的移民和难民的“拘留营”（detention camps），对流入欧盟的难民实行严格“过滤”。在难民危机的冲击下，法国国内由“国民阵线”和右翼共和党控制的地方政府普遍反对欢迎难民，同时要求政府给予更多的财政支持，如果非要他们接收难民的话。但与此同时，多数由左翼市长控制的法国市镇则表示支持政府接收叙利亚难民，在南特等城市还出现较大规模的民众游行欢迎难民。奥朗德很清楚，法国在接收中东、北非难民方面的意愿和能力都是有限的。因此，他在呼吁公众支持接纳难民的同时，宣布将加大打击“伊斯兰国”的力度，从源头铲除产生难民的根源。做出这种决策的依据是，法国民众虽然在接收难民方面态度消极，但是在支持政府打击伊斯兰宗教极端势力方面却非常积极。一项由法国 Odoxa 民调机构进行的调查结果显示，61%的受访者支持政府向叙利亚派出地面部队与“伊斯兰国”作战。①

正是在这种背景下，2015 年 11 月 5 日，法国宣布将再次部署“戴高乐”号航母前往波斯湾参加打击“伊斯兰国”的国际行动，将法国投入的打击力量至少增加一倍。奥朗德表示，他是在 8 月份被挫败的发生在巴黎火车站的恐怖袭击图谋和小难民阿兰·库尔迪尸体的照片影响下做出上述决定的。法国积极参与打击中东伊斯兰宗教极端势力的态度招致了“伊斯兰国”的报复。2015 年 11 月 13 日晚，恐怖分子在巴黎多处发动恐怖袭击，造成至少 132 人死亡，约 180 人受伤。次日，“伊斯兰国”正式声明对此负责。巴黎恐怖袭击发生后，奥朗德第一时间宣布改变对于叙利亚内战的立场，申明

① Alexandra de Hoop Scheffer, Refugees and Migration: A Tricky Issue in France, http://www.gmfus.org/publications/refugee - crisis - perspectives - across - europe - and - atlantic.

“阿萨德不是法国的敌人，伊斯兰国才是”，[①] 西班牙、德国等随即对法国转变立场表示支持，意味着欧盟国家中东、北非战略发生重要变化。

（三）欧盟战略调整对中东、北非格局的影响

事实上，法国中东、北非战略的调整过程从2013年就已经开始了。在2011年“阿拉伯之春”过程中，法国持积极推进的态度，萨科奇政府还率先实施对于利比亚卡扎菲政府军的空袭行动。2012年5月奥朗德上台后，初期基本沿用萨科奇政府中东、北非政策的“鹰派”立场，在推翻巴沙尔政权方面的态度比美国和英国都要激进。2012年11月13日，奥朗德率先承认叙利亚反对派联盟是“叙利亚人民的唯一合法代表”，并将其称为叙利亚“未来的政府”，暗示法国准备对其提供武器支持。当天，美国在表态中并没有将反对派联盟称为叙利亚的“临时政府”，英国外交大臣威廉·黑格则表示“全国联盟”需要努力争取更多来自叙利亚国内的支持才能得到英国的承认。[②] 这样，法国俨然替代英国，成为美国在中东地区最重要的战略伙伴。但是，由于后来美国并没有直接军事介入叙利亚内战，表现积极的法国难免有点被“晾”在一边的感觉。

2013年起，奥朗德政府明显将发挥独立大国作用的重心转移到积极参与多边国际反恐合作方面。2013年1月，法国出兵西非国家马里，协助其政府军打击“西非圣战统一运动”和“伊斯兰马格里布基地组织”。同年6日，法国军队进入中非共和国，遏制该国穆斯林族群和基督教族群之间的暴力冲突。法国这两次出兵的目的都是要防止前殖民地国家被伊斯兰宗教极端势力控制，都经过联合国授权，对遏制宗教极端主义蔓延起到积极作用。在伊拉克问题上，奥朗德政府的立场是呼吁伊拉克什叶派政府与逊尼派族群合作，建立

① French President Francois Hollande addressing nation after Paris terrorist attacks：Assad is Not the Enemy of France，ISIL is，http：//sputniknews. com/politics/20151116/1030206647/holland - isil - france - enemy - not - assad. html.

② “法美承认叙‘全国联盟’合法”，http：//news. sina. com. cn/o/2012 - 11 - 15/055925583899. shtml。

反对宗教极端势力的统一战线，清除伊拉克北部宗教极端组织兴起的社会基础。2014 年 6 月，联合国呼吁国际社会采取联合行动打击在伊拉克攻城略地的“伊斯兰国”。美国随即做出军事打击的姿态，法国的反应则相对消极。2014 年 9 月 9 日，伊拉克新政府表现出促进国内各宗教派别和族群和解的意愿，奥朗德大加赞扬，几天后就访问了巴格达，随即在巴黎召开伊拉克问题国际会议。应该说，奥朗德政治解决伊拉克问题的做法是积极的。但是，由于中东教派冲突有着复杂的大国博弈背景，所以法国努力的作用也不应高估。

2015 年 9 月 30 日，俄罗斯应叙利亚总统巴沙尔·阿萨德的请求开始对叙境内“伊斯兰国”目标进行空袭，彻底改变了这一地区打击伊斯兰宗教极端势力的国际格局。同时，在难民危机的压力下，法国决定加大军事打击“伊斯兰国”的力度。由于这一部署是在俄罗斯积极打击“伊斯兰国”的背景下进行的，难免使人产生法国准备与俄罗斯形成某种同盟的推测。当时，美国、土耳其等国指责俄罗斯轰炸的主要是反对巴沙尔政权的逊尼派武装，而非宗教极端组织。在这种情况下，奥朗德政府提高打击伊拉克极端组织的力度，无疑有发挥独立大国作用的意味，不过对地区格局的影响应该还不是很大。但是，巴黎恐怖袭击案彻底改变了法国乃至欧盟在叙利亚内战方面的立场，不仅增强了奥朗德政府积极打击“伊斯兰国”的决心与合法性，而且使法国乃至欧盟有可能在中东成为美俄之间的“第三种力量”，对地区格局变化产生重要影响。

三、多极化世界中的国家利益与国际义务

反思欧美国家后冷战时代中东、北非战略失败与调整的过程，可以深化我们对于多极化世界的认识。当今世界上，每个国家的国际战略都要妥善处理国家利益与国际义务之间的关系。只有建立在“和平共处五项基本原则”基础上的国际关系才真正有利于人类社会的和平与发展，西方国家后冷战时代奉行的“新干预主义”战略不

仅是不负责任的，而且结果只能是害人害己。展望未来，中国和欧盟作为多极化世界中的重要力量，应该在国际关系理念层面上加强交流与合作，共同建构有利于人类社会文明与进步的新型国际秩序。

（一）反思"新干预主义"的恶果

目前的中东北非乱局与后冷战时代欧美国家的"新干预主义"战略有直接关系，打开伊斯兰宗教极端主义这个"潘多拉魔盒"的主要是美国小布什政府。现在，不仅中东、北非国家的民众承受着由此而产生的严重后果，欧洲国际难民潮和巴黎恐怖袭击也都是这场灾难的组成部分，欧洲国家也付出了沉重的代价。即使是美国自己，近年来也在为小布什时期的"新干预主义"政策埋单。

2001 年遭遇"9·11"恐怖袭击后，小布什政府加大在全球范围内打击恐怖主义的力度。2001 年 10 月，美国为首的北约联军进入阿富汗打击塔利班和"基地"组织。2003 年 3 月，以美英为主的联合部队攻入伊拉克推翻萨达姆政权。从结果上看，这两场以反恐名义进行的战争不仅没有消除恐怖主义，反而加剧了伊斯兰宗教极端主义势力的蔓延。耗费 1 万多亿美元和 2000 多名士兵生命的阿富汗战争击毙了被控制造"9·11"事件的本·拉登，建立了国际社会接受的喀布尔政权，但是并没有达到消灭塔利班的目的。战争过程中，美国日益认识到消灭塔利班的目标不切合实际，2010 年，美国国防部长盖茨宣布美国承认塔利班是阿富汗政治结构的一部分。[①] 2014 年 12 月，美国总统奥巴马宣布阿富汗战争结束。目前，塔利班控制着阿富汗的大部分国土，并已将势力范围扩大到巴基斯坦北部。2015 年 8 月 13 日，"基地"组织领导人扎瓦赫里（Ayman al-Zawahir）宣布效忠塔利班，塔利班在阿富汗和巴基斯坦的势力之强大可见一斑。

"新干预主义"背景下的伊斯兰宗教极端势力蔓延给很多国家造成了深重灾难。据欧盟统计，2016 年约有 100 万难民将流入欧洲，

---

① "美国国防部长盖茨说塔利班已是阿富汗政治结构的一部分"，http://world.people.com.cn/GB/10827544.html。

这一事实已经造成欧洲民众的恐慌。但是，如果考虑到目前因为中东、北非动乱造成的难民总量，欧洲国家叫苦连天实在不太应该。截至2015年5月，滞留在土耳其的叙利亚难民多达170万人，滞留在黎巴嫩的有120万人、约旦的有62.8万人、伊拉克的有24.8万人，另外还有900万难民留在叙利亚国内。[①] 按照国家人口比例计算，目前在黎巴嫩的难民数量相当于德国接受了2250万难民，美国接受了8800万难民。在上述接收叙利亚难民的国家中，联合国人道主义机构已经无法满足难民的基本需要，连食品配额都需要削减，60万名难民儿童没法上学。[②]

后冷战时代欧美国家“新干预主义”战略害人害己，根本原因是不尊重别国内政，凭借军事、政治、经济优势动辄颠覆别国政府。我们知道，国家最基本的职能是垄断暴力、提供秩序，欧美国家推动北非、中东变局的结果是产生了一批丧失这种基本职能的“失败国家”。基辛格在评论“阿拉伯之春”时承认，后冷战时代美国为首的西方集团在中东、北非支持的“旨在促进民主价值观的一场起义沦为21世纪之初的一场人道主义大灾难，导致地区秩序彻底崩溃”。[③] 欧美国家没有能力在中东、北非国家建立新的政治格局，但出于价值观理由悍然推动变局，是极其不负责任的，难民潮正是其恶果之一。

（二）欧盟国家未能维持中东、北非地区稳定

此次国际难民危机再一次说明，维护中东、北非地区稳定，对欧盟国家的战略意义远高于对美国的意义。事实上，欧洲国家领导人曾经对美国在中东地区的“新干预主义”战略进行过抵制。2003年，德国施罗德政府和法国希拉克政府公开反对美、英等国对伊拉

---

① Carol Tan，The Syrian Refugee Crisis：Conflicts in the Making，http：//www. iemed. org/actualitat/pdf – i – altres – enllacos/the – syrian – refugee. pdf.

② Astrid Ziebarth，A European and Transatlantic Policy Response，http：//www. gmfus. org/publications/refugee – crisis – perspectives – across – europe – and – atlantic.

③ ［美］亨利·基辛格著，胡利平等译：《世界秩序》，中信出版集团2015年版，第159页。

克动武。有学者认为，德国政府这样决策的主要原因是国内反战力量的压力，而法国希拉克政府则是担心对伊战争不仅起不到打击恐怖主义的作用，反而可能助推恐怖主义的兴起。由于法国境内有大量穆斯林，伊拉克变局可能威胁到法国的国家安全。[①] 事实证明，这些担心不是多余的。美英为主的联合部队推翻萨达姆政权后，“伊斯兰国”走上历史舞台，成为此次国际难民潮和巴黎恐怖袭击的原因。

德国和法国抵制2003年对伊开战严重影响了大西洋两岸关系，美国将两国称为自私自利的“老欧洲”，做出要拉住“新欧洲”与之抗衡的姿态。在这种压力下，2005年上台的德国默克尔政府和2007年上台的法国萨科奇政府在国际关系方面都采取了修补与美国关系的政策。默克尔上台后大谈价值观外交，萨科奇上台后立即做出一系列紧随美国“选边站队”的姿态，在处理各种国际问题的时候刻意扮演西方集团中的“鹰派”角色。2011年3月20日，法国率先空袭利比亚政府军目标，致使卡扎菲政权垮台。德国虽未参与对利比亚的空袭行动，但是也对行动表示支持。

后冷战时代，欧盟中东、北非战略始终存在着国家利益与国际义务之间的矛盾。对欧盟国家来说，维护南地中海地区稳定对确保能源安全和管控非法移民非常重要，中东北非国家出现政治动荡和国家能力下降不符合欧盟国家利益。但是，在意识形态层面上，推进中东、北非各“强人政权”向政治民主化、经济自由化、文化多元化转型又是欧盟国家的“国际义务”。在实际政治过程中，“国家利益”与“国际义务”之间的矛盾会带来复杂的博弈，多数情况下都是引用意识形态原则唱高调的一方握有更大的话语权。这样，欧盟国家在中东、北非就不得不经常做出一些不利于维护稳定的政策选择，即使明知事态的发展可能损害自己的利益也没有办法，从而陷入一种无法破解的“政治正确性困局”。

当然，中东北非国家目前的乱局并不能完全归罪于欧美国家的

---

① Jeremy Shapiro, Allies at War: America, Europe and the Crisis Over Iraq, McGraw-Hill, 2004.

战略，而是这些国家现代化过程中出现的情况。但是，对欧盟而言，其中东、北非战略没能阻止这些国家出现动荡就已经是失败了，因为维持中东、北非地区转型过程中的稳定才是欧洲的最大利益所在。但是，仍然是出于“国家利益”与“国际义务”之间的矛盾，欧盟国家没有有效提高中东、北非国家的经济发展水平，很多时候似乎对推进这些国家的政治转型更感兴趣。从经济上看，冷战后建立的“欧盟—地中海伙伴关系”确实起到了增强欧盟与中东北非国家的经贸往来的作用。2007 年，欧盟与地中海国家的贸易额达到 1270 亿欧元，成为这些国家最大的区域外贸易伙伴。但是，出于维护自身利益的考虑，欧盟国家对提高地中海两岸贸易自由化的态度却比较消极。按照 1995 年《巴塞罗那宣言》的规定，欧盟和中东、北非国家在 2010 年应建成自由贸易区，但是到现在也只是消除了制造业领域的关税和非关税壁垒，而这些都是有利于欧盟国家的。更重要的是，“欧盟—地中海伙伴关系”中没有劳动力自由流动的协议，而严重的失业问题恰恰是中东北非国家面临的最严峻挑战。

（三）多极化世界中“中国梦”与“欧洲梦”的契合

2014 年习近平主席访欧期间，倡导中欧之间建立和平、发展、改革和文明四大伙伴关系，从推进人类社会共同繁荣与发展的高度实现“中国梦”和“欧洲梦”契合。此次欧盟国家遭遇国际难民危机和巴黎恐怖袭击，对后冷战时代的中东北非战略进行了反思与调整，为将来中欧之间在国际关系理念层面上的交流与合作提供了新的契机。

欧洲是全球化进程的发源地，从 1492 年哥伦布发现新大陆起，欧洲列强 400 多年间一直是全球化进程的主要推动者。经过 20 世纪的两次世界大战，欧洲客观上失去称霸世界的实力。战后欧洲国家启动一体化进程，通过超越民族国家的桎梏来共同实现以“和平与繁荣”为目标的“欧洲梦”。但是，冷战结束后，欧盟国家在推动建立西方主导的世界秩序方面与美国并无不同，在很多欧洲国家，“新干预主义”仍然很有市场。从这个角度说，此次国际难民危机应该能够起到促进欧洲国家对其中东、北非战略进行反思的作用。

中国历来主张按照“和平共处五项基本原则”处理国际关系，坚决反对后冷战时代欧美国家的“新干预主义”和“价值观外交”，强调在处理国际关系时应尊重各国的发展模式和发展道路，开展互利共赢的国际合作，共同解决地区和全球性问题。事实证明，这种立场才真正有利于维护地区稳定与世界和平，是国际舞台上负责任大国的应有做法。此次欧洲难民危机发生后，中国领导人多次阐述对这一问题的认识与对策。2014 年 6 月 5 日，习近平出席在北京举行的中国—阿拉伯国家合作论坛第六届部长级会议时表示，中国高度关注叙利亚的人道主义状况，为缓解人道灾难，将向在约旦、黎巴嫩等国的叙利亚难民提供新一批人道主义援助。中国尊重叙利亚人民的合理诉求，支持尽快落实《日内瓦公报》，开启包容性政治过渡，实现叙利亚问题政治解决。2015 年 9 月 28 日，习近平会见希腊总理齐普拉斯时强调，近期发生在欧洲的难民问题的根源在于发展不平衡和地区不稳定，除应对难民进行人道主义援助外，更应有效解决发展中国家的贫困及社会稳定问题，尤其要重视消除难民来源国的冲突根源。11 月 14 日，习近平会见克罗地亚总统基塔罗维奇时表示，中方对难民的处境表示同情，将再向有关国家的难民提供一定数量的援助，以帮助缓解人道主义危机。

从上述表态中可以看出，中国政府对国际难民问题的原则立场是“重视根源”和“出手相救”并重，这就从“国际义务”的角度定义了中国发挥负责任大国作用的主要方式。后冷战时代，国际难民是一个全球性问题，发展中国家是主要受害者。长期以来，由于难民的“输出”和“输入”都集中在发展中国家，并未得到国际舆论的注意。目前，由于伊斯兰宗教极端势力不断扩张，在阿富汗、索马里、南苏丹、中非共和国、马里、尼日利亚和厄立特里亚，都有数以百万计的人生命受到威胁，被迫离开家园寻求避难。[①] 据联合

---

① Victoria Metcalfe-Hough, The migration crisis? Facts, challenges and possible solutions.

国难民署估计，到2014年底，世界上约有6000万人因为“迫害、国内冲突和侵犯人权行为而背井离乡，达到史上最高，相当于世界各国人口排行榜的第26位”。[①] 直到此次大量中东、北非难民涌向欧洲，长期存在的国际难民和非法移民问题才得到世界各国的重视。国际难民产生的根源是全球经济不平等、“失败国家”日益增加和内战蔓延。在目前全球73亿人口中，有10亿人口每天的收入不足1.25美元。因此，要想从根源上减少国际难民，最重要的是要维护发展中国家的稳定与发展。

此次中东、北非的难民潮对我们最大的启示就是稳定和秩序的重要性。无论什么地区什么国家，没有稳定就不仅谈不上发展，而且会给人民的生命财产带来严重损失，甚至可能影响到邻国乃至世界的稳定与秩序。改革开放以来，中国经济高速发展、人民生活水平持续提高，其中的重要原因就是在党的领导下有效维持了社会稳定。维护稳定并不是反对改革，而是强调稳定是改革的前提与基础，这是有中国特色社会主义建设的重要经验。和平与发展是人类社会中最重要的“普世价值”，除此之外以任何理由干涉别国内政都是不负责任和不道德的。也许，此次国际难民危机的教训可以有助于欧洲人更好地理解中华民族伟大复兴的“中国梦”，强化“欧洲梦”和“中国梦”在“和平与发展”这个基本原则上的契合点，以此为基础推动中欧关系未来的全面发展。

① Michael S. Teitelbaum, The Truth About the Migrant Crisis: Tragic Choices, Moral Hazards, and Potential Solutions, https://www.foreignaffairs.com/articles/western-europe/2015-09-14/truth-about-migrant-crisis.

难民危机中的德国

卡斯腾·科尔伯（Carsten Körber）
黄萌萌译①

中欧关系不仅仅是经贸关系，中欧和中德在安全领域的合作也将成为一个重要因素。结合难民危机笔者将对此做出一些简述。

一、近月来，在德国和欧洲发生了什么？

2015年入夏以来，整个欧洲面临着一项特殊的挑战，即移民与难民危机。德国和欧洲承受着自第二次世界大战以来最多的难民。难民们从战乱以及危机地区涌向欧洲并非新鲜事，但是此次难民人数之多已远远超出我们的预期，这也是此次难民危机的新特征。

数据显示，2015年共有110万难民进入德国，而德国总人口数约为8200多万，整个欧盟人口约为5亿。接收难民是一种人道主义救援行为，我们当然也清楚，德国不可能每年都接收超过100万的难民。目前世界上的难民人数超过6000万，其中三分之二属于在国内避难的难民。笔者认为，解除难民危机之根源是各国共同的人道主义责任。

难民逃往欧洲，是因为在欧洲他们希望获得和平、自由、安全

① 卡斯腾·科尔伯，德国联邦议员，联邦议院财政预算委员会成员；黄萌萌，中国社会科学院欧洲研究所助理研究员。

与福利。简而言之，他们寻求更加美好的生活，而欧洲则是难民们的理想之地。欧洲实现上述理想经历了一个漫长的路程。即使是欧洲自身也经历了数百年的战争、不自由以及贫困。两次世界大战将欧洲带入了毁灭的边缘，因此对于欧洲人来说，从过去几百年的动荡中获得经验教训并且构建一个和平的未来十分重要，为此，我们需要彼此合作而非彼此对立。这样的一个欧洲理想诞生于第二次世界大战中的盟国，并且保证了战后 70 年的和平、自由与福利，而这一切之前从未有过。因此，为了这样的一个理想，欧洲团结至关重要。

欧洲团结的一个里程碑式事件是缔结申根协定。26 名成员国放弃了各自的边界管控，保证了彼此之间的人员自由流动，而其重要前提则是拥有一个安全的欧盟外部边界。

难民危机并不是德国一个国家的问题，至少它是欧洲共同的问题。因此，我们必须加强协调，共同保护欧洲外部边境。如果成千上万的难民与移民毫无限制地涌向欧洲，那么我们就需要对难民潮进行管控与限制。目前，德国联邦政府最重要的任务就是减少难民数量，而非放弃申根协定。放弃申根协定对于欧洲团结来说，是一个灾难性的倒退。

通向欧洲的主要路线是经过土耳其去往希腊。土耳其是叙利亚东部邻国，是希腊的西部邻国。因此欧洲在应对难民危机时，其目标不仅是减少与控制入境欧洲的难民数量，同时也要寻求将难民安置在其邻国的可能性，比如安置在土耳其。这也是 2016 年 3 月底欧土峰会的主要目的。土耳其答应帮助制止入境欧盟的非法移民并且打击蛇头犯罪，而欧盟承诺从土耳其接收 72000 名合法叙利亚难民，并向土耳其提供 60 亿欧元资助，以改善滞留在土的叙利亚难民的生活条件，此外，欧盟答应从 2016 年起放宽对土公民的签证条件。至今，土耳其接收了 270 万难民，它比其他国家接收了更多的叙利亚难民。

二、欧洲难民主要来自哪些国家？

2015年，德国收到的近44万份难民申请中，有16万份申请来自叙利亚难民，占总数的36%，叙利亚是最大的难民来源国，德国对于叙利亚难民的批准率也接近80%。2015年约有30%的难民申请者通过西巴尔干路线来到欧洲。而西巴尔干国家已经被归入安全来源国，也就是说来自西巴尔干国家的移民无法在德国获得难民身份。截至2015年12月，伊拉克与阿富汗难民人数均占20%左右，他们成为除叙利亚难民外的最大难民团体，其余难民主要来自北非国家。

难民背井离乡的原因不尽相同：叙利亚难民因战乱而逃亡，伊拉克与阿富汗难民因为其国家政治不稳定或者爆发内战而远走他乡，而其他国家难民则主要是出于经济原因，由于家乡贫困或者生活无望而前往欧洲寻求更好的生活，但是贫穷并不属于可以获得难民身份的理由。

三、德国因为难民危机有何变化？

难民危机对德国提出了各种挑战。但是德国政策的重心理所当然并且应当主要是考虑德国民众自身。目前德国经济发展态势良好，但公民福利越高，越是害怕失去这种福利。有些德国人害怕，8000多万德国人的福利因为到来的100多万难民而大幅削减。其实，认为德国将被难民潮所淹没的想法十分荒谬，一个日常的例子就可以驳倒此观点：就好比一个酒馆坐着80多个客人，后来又有一个人进入了酒馆并且坐下喝酒，那么谁又会认为这个酒馆由于太过拥挤而没有这个后来客人的一席之地了呢？根本就不会有人这么想！

德国的避难法可以说是一个突出的成就，它从德国战争历史中吸取教训并且反映了基督教的人道主义形象。但当它面对大规模难民潮时，德国避难法暴露出很多缺陷，并且蕴藏着一些危险因素，它甚至可能有损德国的社会团结以及经济成就，而正是德国的经济实力才能保证难民法的执行得到物质上的保障。因此，德国难民法应考虑两种严格的界限：第一，难民的社会融入能力以及融入意愿；第二，与接受一定数量难民相符的国家经济实力。

国家维护其自身利益是合情合理的。德国与欧洲均属于西方基督教国家，我们的历史不仅仅包括战争与灾难元素，幸运的是，欧洲也是革命与启蒙运动的发源地。在我们开放、多元和自由的社会中，宗教、信仰以及迷信大多为科学、逻辑与理性所代替，而来到欧洲的穆斯林难民则与我们的价值观大不相同。

因此，我们真心希望来到欧洲的难民能够适应欧洲的传统，文化以及法律和社会秩序。与此同时，每一名难民也可以在此安全地生活，而难民们也需要了解欧洲人对他们的期望，这些期望包括：每个公民都有宗教信仰自由；男女平等；在法律框架内的言论自由；法律并非由宗教中的先知所制定，而是立法是民主选举产生的议会的权力；宗教是个人事务，法律的地位优于宗教。上述期望是难民在欧洲生活的必要前提。

最后，不同的政治团体拥有不同的利益诉求并且相互制衡，这个过程并不简单。因此，德国因为难民危机将有所改变，但这正是全球化的结果，目前没有一个国家可以躲开全球化进程。

四、德国应对难民危机采取哪些政策与措施?

避难法属于德国基本法中的一部分，遭受政治迫害的人同样具有申请避难的权利。自 2015 年秋天，德国联邦政府出台了更为严厉的避难法，即所谓的《新难民法第一方案》，它已于 2015 年 10 月生效，方案提出减少德国难民数量，接收切实符合申请避难条件的难民。也就是遭受政治迫害的难民以及战争难民，不再接收经济难民。

2016年3月，《新难民法第二方案》生效，该方案指明如何对待由于经济原因而入境德国的难民，指出此类难民应被尽快遣返回国。当然，出于人道原因，很容易理解没有人愿意生活在贫穷以及毫无希望的国度，但是改善世界贫困状况应该由德国、欧盟以及世界各国共同出力，以提供发展援助的形式予以解决。

五、展望

目前，德国联邦政府正在规划2017年的联邦预算，如果联邦内阁要对预算进行集体表决的话，笔者作为联邦议会中预算委员会成员，将参与预算咨询与建议，下一年度联邦预算制订过程中，应对难民危机将成为重要考虑因素。

提高维护内部与外部安全的预算，增加外交政策与发展援助预算已经获得广泛的社会共识。我们的外交与发展政策中将更多地以德国自身利益为准绳，因此未来德国将加强在具有重大利益的国家或地区的国际参与力度，比如，德国要与其他国家一道解决难民危机的根源问题。

未来，德国还会继续帮助出于战乱或者政治迫害而逃往德国的难民，特别要为经历战乱的国家本身以及其邻国提供支援与帮助，我们还会继续为难民提供庇护之所，但是出于经济原因而来到德国的难民将被遣返。

难民融入主流社会是德国获益于接收难民的前提条件。因此，2016年的联邦预算中约有80亿欧元用于促进难民融入，德国2016年的预算总额约为3200亿欧元。我们需要利用好这笔预算资金，同时不能以削减现有的公共投资和社会福利支出为代价。难民危机将改变德国和欧洲，但是相信我们会克服这个挑战。

我们还有事情尚待未完，2015年难民危机在欧洲集中爆发，但是出于人道原因，我们必须帮助为逃避战争以及恐怖主义威胁而来到德国的难民，德国也有这个经济实力，同时我们也要给予没有能力逃亡的战乱国家民众以最大的帮助。欧洲与国际社会应该共同努力，一起解决难民危机。

德国行为的指导方针写在德国基本法的序言之中：“德国人民意识到自己对上帝和人类的责任，本着作为一个统一的欧洲中的平等一员为世界和平事业效劳。”

欧盟应对国际恐怖主义

彼得·芮欧（Peter Roell）
梅霖译　黄萌萌校①

本文将首先介绍现阶段欧盟所面临的恐怖主义威胁，尤其是面对来自“伊斯兰国”的威胁，其后介绍欧盟为应对恐怖主义所做的战略防御措施并总结笔者对国际恐怖主义发展趋势的看法。最后，还将逐一解答以下三个问题：第一，“伊斯兰国”“基地”组织以及其他恐怖主义组织会在多大程度上对“一带一路”倡议构成威胁？第二，中欧应如何合作以更好地应对国际恐怖主义的威胁？第三，欧盟将如何帮助中国缓解东海和南海紧张局势？

一、恐怖主义形势

记者乔治·马斯科罗于2016年1月7日在《南德意志报》发表文章《德国联邦情报局：来自伊斯兰世界前所未有的威胁》，指出德国联邦情报局认为当今西方世界所面临的威胁要比2001年遭遇“9·11”恐怖袭击要严重得多。“伊斯兰国”和“基地”组织控制着比原来更大的范围。此外，阿富汗兴都库什地区的不稳定因素直接威胁着欧洲的边境稳定。西方国家的恐怖主义分子也超出了所知

① 彼得·芮欧博士（Dr. Peter Roell）德国战略、政治、安全与经济咨询机构主席；梅霖，北京外国语大学德语系博士生；黄萌萌，中国社会科学院欧洲研究所助理研究员。

范围。这就是说，“伊斯兰国”现在活跃在30个国家和地区，在“失败国家”有着特殊利益。如同“基地”组织曾经所为，“伊斯兰国”正寻找与西方世界展开正面冲突的机会，它会对将其视为威胁的国家有针对性地实施恐怖袭击。

“伊斯兰国”的意识形态起决定作用，即使是其在军事以及权力政治上受挫时，期待“伊斯兰国”主动放弃抵抗西方都是不切实际的幻想。德国联邦情报局指出，长期来看，仅仅通过军事手段无法战胜“伊斯兰国”，必须消除伊斯兰“圣战”思想滋生的土壤。

根据欧洲警察署的估计，欧洲现在正面临着十年来前所未有的恐怖主义威胁。欧洲警察局局长罗博·温莱特称，至少有5000名欧洲人受到“伊斯兰国”极端主义思想洗脑并且已经参加了在叙利亚和伊拉克地区的“圣战”，其中许多人已经重新返回欧洲。

通过以下几个例子，我们可以清楚地认识，伊斯兰原教旨极端主义威胁已经蔓延到了欧洲：2014年5月24日，一名恐怖分子在布鲁塞尔的犹太博物馆内开枪，致四人死亡，其中三人当场死亡，另一人在送医后于6月6日重伤不治死亡。这次恐怖袭击发生后，2014年5月30日法国警方逮捕了29岁的迈赫迪·奈穆什。这名出生在阿尔及利亚的法国居民，可能曾在叙利亚生活超过一年时间，并与当地的伊斯兰极端主义者有联系。后来警方搜缴到一部突击步枪、一把手枪、约350发子弹，武器零部件以及相机、衣服和防毒面具。2014年6月29日，奈穆什被转交至比利时警方。2016年1月，他的拘留审查时间被延长三个月。

2015年1月7日，赛义德·库阿奇、谢里夫·库阿奇兄弟二人持冲锋枪及其他武器，冲进位于巴黎的法国讽刺漫画社《查理周刊》编辑部，造成11人死亡，11人受伤，并在离开该建筑时枪杀一名法国警察。两名恐怖分子均称自己是也门伊斯兰“基地”组织成员，该组织也宣称为此次恐怖袭击负责。2015年1月9日，法国警方在位于巴黎戴高乐机场11公里外的一处建筑内发现库阿奇兄弟。在其冲出向警察开火的同时，特警将其击毙。

而2015年1月8日、9日发生的多起恐怖袭击案件，也与库阿奇兄弟发动的袭击密切相关。其制造者为与该二人有紧密联系的“圣战”组织成员阿梅迪·库利巴里。他在位于巴黎的一家超市中枪杀了一名女警和四名犹太平民，致伤11人。2016年1月9日，库利巴里被警方击毙。

2015年1月15日，比利时警方在韦尔维耶进行了大搜捕。此次搜捕属于针对伊斯兰极端分子的反恐行动中的一部分。在激烈的交火中，警方击毙了两名嫌疑人并重伤另一名嫌疑人。

2015年2月14日、15日，丹麦哥本哈根发生两起枪击案。恐怖分子的首次袭击发生在一个文化中心，一名平民被杀，三名警官受伤。第二起袭击发生在位于水晶街的犹太教堂外，造成一名犹太牧师死亡，两名警官受伤。嫌疑人奥马尔·阿卜杜勒·哈米德·侯赛因在与警方的交火时被击毙。这名22岁的约旦与巴勒斯坦混血青年在哥本哈根长大出生，早已引起安全和情报部门的注意，但是警方并未对其进行长期监察。

另一起引起轰动的恐怖袭击发生在2015年8月21日，一列由阿姆斯特丹开往巴黎的国际高速列车上。袭击者阿约布·卡扎尼在列车上开火，随后被车上的乘客制服，包括其在内，共四人受伤，无人身亡。

2015年11月13日发生在巴黎的一系列恐怖袭击案更加为人震惊。袭击分别发生在正举行摇滚音乐会的巴塔克兰音乐厅，有着众多客人的酒吧、咖啡厅和餐馆以及正在举行球赛的法兰西球场。

这一系列恐怖袭击案件共造成130人死亡，352人受伤，其中92人重伤。7名袭击者死亡。“伊斯兰国”宣称对此次事件负责。2015年11月17日，法国援引欧盟条约第42条第7款向欧盟寻求军事援助，这在欧盟历史上尚属首次。

中国国家主席习近平对发生在巴黎的系列恐怖袭击事件予以最强烈的谴责并称其为“野蛮行径”。中国外交部表示，中国将坚决支持法国的反恐斗争。透过这些由受训良好的袭击者实施的有组织的恐怖袭击事件，让我们认识到了恐怖主义的新形式。未来必须要预想到，恐怖分子单人作案的背后可能是团伙作案，且他们的目标并非局限于某些特定地区，他们要在全球范围内制造恐怖袭击。巴黎系列恐怖事件发生四个月后的 2016 年 3 月 18 日，比利时警方在布鲁塞尔的搜捕中发现并逮捕了幕后操纵者及主要嫌疑人阿卜杜勒·萨拉姆。

2016 年 3 月 22 日，比利时布鲁塞尔扎芬特姆国际机场和布鲁塞尔欧盟总部附近的马尔贝克地铁站先后发生爆炸式袭击。后经警方确认，机场大厅爆炸制造者系纳吉姆·拉克哈维、易卜拉辛·巴克拉乌伊，地铁爆炸案制造者为后者的兄弟哈利德·巴克拉乌伊。3 月 26 日，比利时国家检察院证实，两起爆炸案共造成 32 人死亡，超过 300 人受伤。其中不包括 3 名自杀式袭击者。

检方证实，布鲁塞尔恐袭爆炸案的重要嫌疑人之一穆罕默德·阿布里尼已于 2016 年 4 月 8 日被捕。他承认自己就是在案发现场“头戴帽子”的嫌疑人。他还涉嫌参与筹备 2015 年 11 月 13 日发生在巴黎的恐怖袭击。另有 4 名嫌疑人被捕归案，其中包括瑞典人乌萨马·克拉伊姆。

在欧盟地区以外的欧洲公民也成为了伊斯兰恐怖分子的袭击目标。

2015 年 3 月 18 日，3 名恐怖分子袭击突尼斯首都市中心的巴尔杜博物馆，共造成 21 人丧生，其中包括 6 名欧洲游客以及 12 名来自日本、俄罗斯和澳大利亚的游客。另有 1 名突尼斯妇女和 3 名突尼斯士兵丧生。警方当场击毙了两名恐怖分子，另一名嫌疑人于 5 月 20 日被意大利警方在米兰逮捕。“伊斯兰国”宣布对此次袭击负责。

2015 年 6 月 26 日，在突尼斯苏斯市北部 10 公里的海滩上发生大规模枪击案。一名武装恐怖分子向人群扫射，共造成 38 人死亡，其中大部分为来自英国的游客，另有 40 人受伤。一名恐怖主义分子在与警方的交火中被击毙。“伊斯兰国”此后也宣布对此次事件负责。

2016 年 1 月 12 日，发生在伊斯坦布尔的自杀式恐怖袭击案件中共有 11 名德国游客丧生。一名暴恐分子在人群密集的索菲亚大教堂和蓝色清真寺中间的广场上混入了一支德国旅行团并引燃了爆炸物。根据土耳其政府的声明，袭击者为纳比尔·法德利，1988 年出生在沙特阿拉伯。2016 年 1 月 5 日，他由叙利亚以难民身份进入伊斯坦布尔。警方通过他的指纹以及被发现的护照，确认了他的身份。

根据《法兰克福汇报》3 月 15 日报道，在科特迪瓦度假胜地大巴萨姆发生的恐怖袭击共造成 15 名平民丧生，其中有科特迪瓦歌德学院的德方院长，另有 3 名警察和 3 名恐怖袭击者死亡，33 人受伤。伊斯兰马格里布“基地”组织已声称对袭击负责。德国外交部长施泰因迈尔对 13 日发生在土耳其和科特迪瓦的两起恐怖袭击事件的发言中表示：“发生在一天内的两起事件证明，打击恐怖主义是国际社会的共同任务。只有大家共同坚持不懈地努力，才能根除恐怖主义和残忍的原教旨主义滋生的土壤。”

二、欧盟打击国际恐怖主义战略

在 2015 年 1 月 7 日巴黎遭遇恐怖袭击后，欧盟外长会议做出决策：

加强与伙伴国的信息情报交流；

加强与阿拉伯和地中海地区国家间的合作；

加大力度解决现存的矛盾与危机。

2015 年 3 月 16 日，欧盟外长会议通过了对叙利亚及伊拉克的地区战略以及打击“伊斯兰国”恐怖组织的战略。约一年后的 2016 年 3 月，布鲁塞尔发生系列恐怖袭击事件后，欧盟外长在 3 月 24 日的一场特别会议上提出下列要求：

2016 年 4 月由欧洲议会审议通过储存航空旅客信息的条款；

落实已经做出的反恐计划（加强欧盟外部边境管控、切断恐怖主义资金来源、监管武器持有情况）；

共享欧盟内部旅行和移民数据库以及安全相关的信息（出入境登记）；

采取更好的措施防止极端化；

加强国家间安全机构合作。

欧盟情报分析中心（INTCEN）在反恐工作中具有重大意义。据德国情报局公布的信息，截至 2015 年，有 3000 多名欧洲人加入了叙利亚和伊拉克地区的“伊斯兰国”势力，其中 1200 名来自法国，约 300—400 名来自比利时，700 名来自英国。自 2012 年起，有 700 名伊斯兰极端分子从德国前往叙利亚和伊拉克。其中，120 人被消灭，但有 180 人返回德国，他们中的许多人有精神疾病和心理问题，很多人接受了系统的军事训练并且具有实战经验。

2011 年 1 月起，欧盟情报分析中心成为欧洲对外行动署（EE-AS）的一部分，隶属于前意大利外长、现任欧盟外交和安全政策高级代表莫盖里尼管辖。

欧盟情报分析中心共有两个部门：基于欧盟成员国国内外各机构所提供的信息，由分析部门进行战略分析。共同管理和对外关系部门负责所有的法律和行政问题，信息技术问题以及内部与外部沟通问题。“开放信息获取”办公室则依据“开放源码”（OSINT）提供的数据进行分析。

超过 70 名工作人员全天候 24 小时分析、监测全世界的政治、经济、军事动向，并分析上一级领域的信息。2016 年起，德国人格哈德·康拉德成为欧盟情报分析中心的新负责人。“开放源码”以及国际反恐的战略信息对欧盟决策者同样不可或缺，意义重大。

欧盟情报分析中心（INTCEN）还与位于海牙的欧洲警察署保持着紧密联系。在 2015 年 11 月 13 日的巴黎系列恐怖袭击案发生后，欧洲警察署紧急成立了欧洲警察反恐中心，目前有 40 名到 50 名专家为该机构工作，主要负责促进欧盟成员国间交换信息。INTCEN也与位于马德里附近托雷洪的欧盟卫星中心（EUSC）进行合作。欧盟卫星中心从2010年1月1日起成为欧盟的一个机构。卫星图像有助于欧盟更好地分析冲突地区的发展态势并提供人道主义援助。此外，INTCEN还与欧洲法院（海牙）、欧洲网络与信息安全局（克里特岛的伊拉克里翁）、欧盟安全问题研究所（巴黎）以及欧盟各成员国外交部有着合作关系。

在这里还必须提到一个人——欧盟反恐协调官戴科乔夫。他从2007年起任该职，负责监督反恐战略、提高欧盟内从事反恐工作的机构间沟通、改善欧盟与其他非成员国的反恐合作。

三、总结与展望

欧盟所面临的安全威胁还将继续增大，尤其对身处冲突地区的欧盟公民而言：

1. 在叙利亚和伊拉克地区的“伊斯兰国”极端恐怖主义组织并未被消灭。因此，必须警惕他们挟持西方人质或以人质进行勒索。

2. 可以预见，“伊斯兰国”以及与其紧密联系的“基地”组织将会运用一切手段向欧盟以及西方国家实施恐怖袭击。

3. 伊斯兰极端主义者在他们的家乡集结并打着“圣战”的旗号实行恐怖袭击的趋势会延续。

4. 未来的恐怖袭击将不仅局限于个人或小团体作案，还将在世界范围内出现大规模有组织的恐怖袭击。

5. “伊斯兰国”将继续以多种语言在不同的极端媒体上，用极为专业的方式煽动信徒在其家乡对平民开展恐怖袭击。这些同样会发生在亚洲。

6. 全世界只有在未来更加紧密地合作，才能更好地共同打击国际恐怖主义。

附：提问及讨论

1. 问："伊斯兰国""基地"组织以及其他恐怖主义组织会在多大程度上对"一带一路"倡议构成威胁？

答：2014 年 6 月 4 日，"伊斯兰国"领袖阿布·巴卡尔·巴格达迪号召向所有压迫穆斯林的国家发起"圣战"。在他提到的前 20 个国家中就有中国。他不止一次地提到过新疆，并要求中国穆斯林效忠于他。而恐怖袭击给"一带一路"可能带来的最大威胁存在于陆上丝绸之路，具体来看存在于以下三个方面：

从中国经中亚通往俄罗斯和欧洲的铁路及输油管道；从新疆途经巴基斯坦到达印度洋港口瓜达尔市的铁路、公路及输油管道；以及经过阿富汗沟通中亚和瓜达尔的输油管道以及公路。

主要威胁来自于当地的恐怖组织，他们认为，中国的"一带一路"倡议将会增强当地国政府的权威，而他们则想要推翻政府并以伊斯兰政权取而代之。地中海东部的政治动荡同样威胁着中国的"一带一路"倡议。

"伊斯兰国""基地"组织以及其他极端组织在上述地区的活动，威胁到中国的能源供应，尤其是通过苏伊士运河进行的贸易和市场通道。中国 95% 以上的贸易是通过海运运输，中国相当依赖苏伊士运河等海上通道，但是由于这一地区日渐紧张的军事形势，保险公司建议船只绕行好望角，这样就必须多航行 9700 公里。由此产生的高额保险费用以及耽搁的时间都对中国的海上贸易以及经济增长构成不利影响。

欧盟是中国的第一大出口市场，而非洲对中国的能源、战略原料以及基础设施项目领域的投资有着举足轻重的意义。据反恐专家称，现在约有 1000 名武装维吾尔族人在叙利亚。他们参与过叙利亚和伊拉克境内的战争，接受过军事训练，受过制造爆炸品的培训，他们也有可能会像返回欧洲的激进派穆斯林一样，返回中国。他们将对中国以及"一带一路"倡议构成潜在的威胁。至于海上丝绸之路，则需要特别注意保护各港口和要道。

2. 问：中欧应如何合作以更好地应对国际恐怖主义的威胁？

答：对此，我要进一步介绍2015年1月7日巴黎几起恐怖袭击发生后，欧洲外长会议所采取的三项措施。

从欧盟和中国的利益出发，必须首先明确双方能够在哪些领域就反恐问题交换信息。因为欧盟不具备执行能力，所以更需要靠欧盟成员国间深层的双边合作。当然，在信息公开基础上交换分析结果也十分有意义。

此外，全球领先智库间的合作也十分必要。例如，战略、政策、安全和经济咨询研究院（ISPSW）从2006年与苏黎世应用科技大学展开合作。该校与超过200个智库共同建立了国际安全网络项目，用于国际反恐必要的信息交流。

就加强与阿拉伯和地中海地区国家的合作而言，中欧不论在政治领域还是经济领域都应增强合作力度。中国已经做出承诺，在战争谈判结束后向叙利亚提供300亿美元资助。

由于现在该地区已出现稳定迹象，中国可以与欧盟共同协调决定，如何支持诸如约旦、黎巴嫩、土耳其走出难民危机。此外，还可向叙利亚和伊拉克提供人道主义援助并帮助他们展开重建和教育工作。

3. 问：欧盟将如何帮助中国缓解东海和南海紧张局势？

答：默克尔总理在2015年10月的一次演讲中说道，东海及南海冲突不仅影响着当地安全形势，也威胁着欧盟的安全。为了尽快达成解决方案，利用诸如东盟这样的区域多边组织弥补双边谈判的不足十分重要，它可以消除对于国际海洋法公约的意见分歧。对欧盟来说，就中国的南海问题与美国定期进行深入的对话并敦促美国尽快在《联合国海洋法公约》上签字，具有重要意义。

欧盟、美国、中国以及东盟成员国应合力促成“南海行为准则”尽快缔结。我认为，欧盟可以帮助更多中国律师、法官和其他人员在国际法庭工作。此外，在我看来，德国和欧盟不仅视亚太地区为经济区域，也视其为地缘政治区域。这就意味着各方已经做好向这一地区加强军事存在的准备，例如向东盟国家提供武器装备和军事培训。同样，在中欧战略对话以及中德军事高层对话的框架下，应就存在的争议领域进行讨论并得出共同的解决方案。

而我们今天由阿登纳基金会和中国社科院欧洲研究所共同举办的会议，也预示着中欧之间的政治安全战略对话不会减少，只会增加。

中欧在能源领域的合作：机遇与风险并存

曹慧[①]

作为全球两支重要的经济力量，中国与欧盟之间的合作无疑会对国际格局产生重要影响。中国对“欧洲投资计划”（简称“容克计划”）的支持，以及欧盟对中国“一带一路”倡议和亚投行的支持，显示出两大经济体的务实合作力度。持续升温的中国对欧投资热潮进一步凸显了双方在投资和贸易领域的深入合作。

一、中国的对欧投资热潮

近年来，中国投资海外市场已成大势所趋。据德国墨卡托中国研究中心数据，2015年中国直接对外投资达历史新高，为1300亿—1400亿美元。而在欧洲，中国的直接投资规模也达到了创历史记录的200亿欧元，比上年增加了44%。[②] 在“十三五”期间，中国对外投资规模将达1万亿欧元左右，其相当于过去五年中国对外投资总额的三倍。从国别看，无论是发达的西欧，还是中等发达水平的中东欧国都成为中国资本的“青睐对象”。其中不乏金额巨大的交易

① 曹慧，中国社会科学院欧洲研究所助理研究员，博士。

② Thilo Hanemann and Mikko Huotari，“A new record year of Chinese outbound investment in Europe”，Mercator Institute for China Studies，2016.

项目，如中国化工集团（以下简称“中化”）于2015年以71亿欧元（约合人民币481亿元）收购意大利大型轮胎企业倍耐力。[①] 2016年2月，该公司正式宣布以公开要约方式收购瑞士农业和种子公司先正达。如果以先正达现行股本总价430亿美元估算的话，若收购成功，该交易将成为中国企业最大海外收购案。[②] 从领域看，中国所投行业较为分散，包括化工、能源、制造、金融保险业、旅游业等。如果按现在对外投资规模和速度看，中国将成为仅次于美国的第二大对外投资国。

那么，中国资本为何“青睐”欧洲？

以英国能源领域为例，除了该国良好的商业环境和稳定的政治环境以外，中国持续增加对英能源领域的投资主要受以下因素的影响。首先，由于自身对清洁能源的需求和国内资金的短缺，使英国近年来成为中国对外投资的理想目的地。英国于2009年通过《气候变化法案》（Climate Change Act），首次以法律形式规定了该国的温室气体减排目标。英国政府承诺，到2025年该国的碳排放量将比1990年减少一半。同时，再生能源在能源总消耗中将占到15%。因此，为实现减排目标，大力发展包括核能和风能已成为英国能源发展的方向。

然而，投资不足、资金短缺制约着英国新能源产业的发展。自2008年经济危机以来，欧洲各处都需要投资和基础设施。正如欧洲复兴开发银行董事总经理兼代理首席经济学家兰克斯所强调的，世界各国政府除了要面对需求疲软的挑战，还要解决经济的长期瓶颈问题，其中一个重要部分就是与能源相关的基础设施投资。英国在《国家基础建设规划2016—2021》中强调，“基础设施改善我们的生活”。根据该计划，到2020—2021年，英国基础设施所需资金规模

---

① “中国化工70亿欧元收购倍耐力”，财新网，2015年3月24日，http：//companies. caixin. com/2015－03－24/100794245. html。

② “中国化工430亿美元收购先正达或成中企最大海外收购案”，新华网，2016年2月4日，http：//news. xinhuanet. com/fortune/2016－02/04/c_ 128702813. htm。

将达4830亿英镑。其中，与能源相关的基础设施建设需1174亿英镑，占总计划的近四分之一。① 然而，由于受财政紧缩政策以及基础建设项目周期过长等因素拖累，上述所需资金缺口较大。在公共财政支持乏力的情况下，英国只有依靠公私合营、市场融资、吸引外资等渠道发展新能源产业。这为包括中国在内的国际能源企业提供了进入英国、乃至欧洲市场的机会。

其次，中英双方政府成为中国投资英国能源领域的助推器。中英核能合作由来已久。早在1985年，中英两国政府就签署了和平利用核能合作协定。2013年10月，双方签署了《关于加强民用核能领域合作的谅解备忘录》，为中国企业进入英国核能新建市场铺平了道路。2014年6月，中英又签署两项协议，使中国不仅能够投资英国的核电站项目，还能在英国建造中国自主设计的核反应堆。为帮助中国企业走入英国市场，中英政府于2014年共同推出了《中国企业在英国投资指南（2014版）》，加快了中国企业在英国投资的步伐。该指南成为中国企业对外投资中由双方政府提供服务性信息的首例文件。

最后，灵活的金融服务和国际金融中心地位，也加大了英国吸引外资的能力，为中国对外投资企业提供了灵活的融资和结算渠道。伦敦已逐步成为欧洲的人民币结算中心。2014年，英国成为中国之外第一个发行以人民币计价国债的国家。2015年，中国人民银行与英格兰银行续签双边本币互换协议并扩大互换规模，中国人民银行在伦敦发行规模达50亿元的人民币央行票据，中国农业银行在伦敦证交所发行首单绿色债券，国家开发银行在伦敦设立欧洲首家代表处。这些举措不仅进一步巩固英国作为人民币西方交易中心的地位，而且还提高了人民币国际化以及被认可的程度，有力地支持了中国对外出口业贸易的便捷性和灵活性。

---

① UK Government, HM Treasure, “National Infrastructure Delivery Plan 2016 - 2021), 23 March 2016, p8. https: //www. gov. uk/government/uploads/system/uploads/attachment_ data/file/520086/2904569_ nidp_ deliveryplan. pdf.

就欧盟整体而言，对外国资本的渴望主要是囿于其在能源领域的困境所决定的。困境主要体现在两个方面，第一，与能源相关的基础设施严重不足，分割、落后的能源管网输送体系制约各地的能源运输和大规模上网发电能力，融资匮乏阻碍着欧洲能源市场一体化发展。[①] 以德国为例，该国严重缺少将北部依靠可再生能源所发电力输送到工业集中的南部地区的输电高压线等基础设施投资。西部工业区的北莱茵—威斯特法利亚，南部的巴登—符腾堡和巴伐利亚等州人口周密、产业集中，稳定而充足的电力供应是保证当地经济发展的基础。然而该地区的电力来源以前主要依靠以煤为主的火力发电和核发电。德国自2000年启动可再生能源计划以来，以上地区将需要配套增加约4500公里的高压输电网络。而实际上，在过去的六年里，德国已完成的电力网络的铺设仅为200公里。

在中东欧地区，大多数国家的电力基础设施薄弱，技术落后，急需从海外进口高新电力设备以替换现有老化、低效的设备，对国家电网进行必要的升级和扩建，以确保国家能源安全。以波兰这个中东欧十六国中的经济发展强国为例，其境内70%电网设施使用寿命已超过30年。目前波兰电网总长约75万公里，其中70.5万公里为中低压配电网，人均电力消费量低于欧盟水平。

此外，欧盟还存在如何将可再生能源电力接入现有电网的问题。以德国为例，该国计划到2020年，沿北海和波罗的海地区将运行2000个风力涡轮机。但到2013年为止，只有52个处于工作状态。造成进展缓慢的主要原因是缺少用于运输的特制船只、受训的技术工人，以及应付如此气候条件下所需的经验。

第二，清洁能源领域投资严重不足。如上文所提，由欧债危机引发的资金短缺使欧盟的能源战略在实施过程中困难重重。以德国为例，据德国市场研究机构（Trendresearch）2014年估计，德国因使用可再生能源而需投入到基础设施的资金将在未来十年内达到

① European Council, "Conclusions of the European Council on 4 February 2011", EUCO 2/1/11 REV 1. Brussels, 8 March 2011, p. 3.

1540亿欧元。而巴伐利亚工业联合会则认为，该类投资将于2030年达到3350亿欧元。当然，其中的确不乏因资金短缺而不得不终止的能源项目，如挪威国有公司TenneT承建的德国北海通往陆地的离岸风力发电网项目，因资金短缺150亿欧元而不得不数次暂停建设。

中东欧国家新能源开发起步普遍较晚，发展空间巨大，但存在政府补贴无法满足国家能源发展计划的问题。以波兰为例，目前该国能源仍主要依靠传统能源，如硬煤、褐煤及原油，使用占比达到81%。不过其可再生能源开发空间较大。截至2012年9月底，据波兰能源管理办公室（URE）数据，该国在风能和光伏能源方面已有一定发展，建成663个风电厂，8个光伏发电厂，发电总容量为3592兆瓦，但与欧盟发达国家间的差距仍较大。据波兰媒体报道，从现在起至2020年，波兰将计划对能源行业直接投资300亿兹罗提（约合600亿人民币），计划对整个能源及其相关领域的投资超过600亿兹罗提（约合1200亿人民币）。

在未来五年期间，欧洲大陆所需的能源基建投资将远远高出“容克计划”的资金总额。如此巨大的市场规模以及良好的商业环境，吸引着中国企业利用资本充足的优势，或抢占先机、或蓄势待发。然而，对大多中国投资者而言，欧洲市场是一个机遇与风险并存的冒险之地。

二、机遇：“一带一路”倡议与“容克计划”

无论从战略高度，还是地理位置来说，“容克计划”均与“一带一路”的战略构想具有多方面的“高度重合性”。中国政府认为，助推“一带一路”倡议与“容克计划”顺利对接，积极加入全球多边开发银行，符合中国的长期战略需求。尤其是通过加强金融机构之间、资本市场的互通机制，以欧洲复兴开发银行（以下简称“欧开行”）、欧洲投资银行、亚投行、丝路基金等为桥梁和纽带，开展亚、欧、非之间多形式、多渠道的投融资合作，可以共同打造互通、互联的亚欧大市场。

实际上，在战略契合、机制互通的需要下，中欧双方的信任程度已有所加深。首先，信任加深来自于双方合作能力的提高。早在2013年签署《中欧2020战略》之际，中国与欧开行合作的意愿已被明确列入其中。在贸易倚重度上，中欧互为最重要的贸易伙伴。在经济规模上，中国是世界第二大经济体和资本净输出国。在金融领域，欧洲为人民币走向国际化提供了有力的支持。2010年，欧洲复兴开发银行首次发行以人民币计价的欧元债券。2013年，中欧之间达成双边本币互换作为流动性支持工具的安排，保障欧元区银行人民币的持续供应，促进人民币在跨境贸易和投资中的使用，促进中欧贸易和投资便利化，有力于金融稳定。据Deallogic数据统计，截至2015年11月底，欧洲各地银行发行的人民币计价债券总规模达27亿元，是2014年的5倍，远高于以往任何一年。此外，中国也在积极帮助欧洲国家摆脱债务危机。

其次，中欧双方不断增强的政治意愿也加深了双方之间的政治互信。《中欧2020战略》的签署为中欧全面战略伙伴关系的向前发展奠定了基础。接替范龙佩的新欧盟委员会主席容克在2015年提出规模为3150亿欧元的“容克计划”。计划一出便得到了中国的支持，中国是第一个对该计划表示支持的非欧盟国家。相应地，2015年5月，亚投行成立之际，欧盟也向该行表示支持和合作意愿。随后，中欧经贸高层对话、中欧领导人峰会、习近平主席访英等一系列高层对话不断夯实中欧间的政治意愿基础，传递合作信息。

2016年4月，中欧双方已经就中国如何加入“容克计划”完成了技术层面的讨论工作。据悉，中国将以丝路基金为出资方，出资规模为50亿—100亿欧元。如果出资规模达到100亿欧元的话，中国将超越美国（85亿欧元），成为欧洲战略投资基金最大的投资人。①

三、风险：中欧能源合作前景中的阴霾

资金和双方政府的合作意愿是中国加大对欧投资，特别是投资大型能源项目的两大优势。然而，很多方面使在欧洲投资的中国企业仍面临诸多隐患，甚至存在较高的失败风险。

首先，风险来自于法律方面。欧盟现行的法律制度对中国投资，尤其是能源、基础设施领域的投资可能带来极大的风险。以能源和电力领域为例，风险主要体现在两点：第一，欧盟与成员国在能源领域共享管辖权的法律界定，在实际操作中具有一定的模糊性，这使得欧盟与成员国之间容易产生矛盾，相应地，这更容易引起外国投资者的恐慌和困惑。《里斯本条约》于2009年通过之后，欧盟机构在能源领域的权能得以扩大。在立法方面，“部长”理事会和欧洲议会在大部分领域享有联合立法权。② 在执行层面，欧盟委员会正发挥着越来越大的作用。欧委会被赋予了整合成员国与第三国现有能源协议的功能，③ 以确保这些协议与欧盟法律的兼容性。换句话说，任何成员国的能源对外合作必须先征得欧委会的同意。否则，欧委会有权向欧洲法院提起法律诉讼。第二，欧盟法律壁垒也阻碍着中国企业进入欧洲市场。在能源和电力市场方面，欧盟法规对第三国企业建立“安全防火墙”，阻碍第三国企业的进入。为防止产业垄

---

① Brussels clears way for China to pour billions into Juncker Plan, EurActiv. com, 13 April 2016. http://www.euractiv.com/section/innovation-industry/news/brussels-clears-way-for-china-to-pour-billions-into-juncker-plan/.

② 程卫东、李靖堃译：《欧洲联盟基础条约——经〈里斯本条约〉修订》第194条第1、2款，社会科学文献出版社2010年版，第121页。

③ Decision No 994/2012EU of the European Parliament and of the Council of 25 October 2012, “Establishing an information exchange mechanism with regard to intergovernmental agreements between Member States and third countries in the field of energy”. Official Journal L299. 27/10/2012 P. 0013-0017.

断、进而危及欧洲整体的核心利益，欧盟于 2009 年通过了第三次能源与电力市场改革方案。其中，针对第三国加入了额外的认证条款。认证条款主要包含两个方面的审查，既要审查第三国企业是否满足欧盟规定中包括财务、输电网络所有权等方面的拆分要求，也要审查第三国企业收购、建设欧盟的能源项目是否会影响成员国的能源、电力供应安全。[①] 这也是英国、甚至欧盟内部出现反对中国企业在英国欣克利角 C 投资核电站项目的主要原因之一。而中国对所投项目控制权的诉求更容易引发英国国内的安全忧虑。对任何一家中资能源企业而言，能否通过认证审核是进入英国市场的第一道坎。

其次，风险来自于政治方面。在成员国层面，国内政治的不确定性可能给中国投资带来风险。第一，政府更迭或政治压力会对投资项目带来“致命一击”。如万达集团决定从西班牙大厦项目撤资。2016 年 5 月王健林公开表示，决定卖掉西班牙大厦，撤走资金。按计划，万达打算将西班牙大厦重新发展为有豪华酒店、高级零售空间及住宅式公寓的综合物业，预期建筑面积约为 83228 平方米的综合建筑体。处于安全考虑，万达提出需完全拆毁大厦的重建计划。但该提议遭到马德里新任市长的否决。在该市政府不履行前任政府承诺的同时，马德里一位市民联合了近七万名当地群众，一起向政府联名抵制万达集团对西班牙大厦的拆除重建计划。类似的，因当地居民抵制或政府干预，中国投资受阻的项目还包括已经搁浅的伦敦南部水晶宫重建项目。

即使在私人投资领域，国内政治压力也会诱发欧洲“甲方”公司取消中国“乙方”的合同，如中国在英投资潮汐水电项目就遭遇英单方面取消合同。2016 年 5 月底，中国港湾工程公司有望承建英国斯旺西湾潮汐项目中的海堤工程遭英国开发商取消合同。该项目价值 3 亿英镑，中方公司的中标工程原本是建立一道装有涡轮总长

---

① 参见 Directive 89/105/EEC，Directive 90/547/EEC，Directive 91/296/EEC. 转自孙吉：“《欧盟第三次能源改革方案》中的‘第三国条款’研究”，《华北电力大学学报（社会科学版）》，2013 年 2 月第 1 期，第 2 页。

约6英里（约9.6公里）的马蹄形海堤。该潮汐项目总体完工后将满足12万户家庭的用电需求。但开发该可再生能源项目的英国开发商表示，它可以找到报价更低的承包商替代中国公司。自2009年通过《气候变化法》以来，潮汐发电成为英国可再生能源中的重要组成部分。据测算，在现有基础上，如果英国再建五个廉价的潮汐发电站，就可为英国提供8%的电力供应。中国港湾工程公司于2015年6月中标该项目，原本计划2016年春季开工。

政治抉择直接对国外投资带来更多的不确定性，如英国2016年6月举行退欧公投，决定退出欧盟。英国退欧会对中国企业产生"双刃剑"的效果。一方面，脱欧后的英国将不再受欧盟法律约束和"过度"干预，可自行按照本国的战略意图招商引资。另一方面，失去欧盟这个大市场做后盾的英国，其国内有限的市场规模显然对外资缺乏吸引力。对中国投资企业来讲，英国"脱欧"也许能减轻其在该国投资能源产业受英国和欧盟的双重制约，简化在项目设立、执行过程中所需的程序。但同时，中国企业本指望以英国市场为突破口，输入技术和产品进入欧盟能源市场的愿望也可能落空。

第二，疑欧、排外的民粹主义政党在欧洲各地的逐渐壮大，也会加大中国投资在该地区正常运营难度。如何将这些欧洲政府对中资的热情转化为投资项目落地，还需要应对许多"繁文缛节"，如项目所在当地政府的同意、相关各级政府部门的评估、议会审议通过等行政程序。当然，还有公众的疑虑。在这些环节中，中东欧国家"疑欧"的民粹主义政党会加大渲染外国资金或项目对该国利益和安全的侵蚀，使不安因素在民众、甚至精英阶层中扩散，影响决策者的判断，从而增加了中国投资项目获得通过的不确定性因素。

最后，中国常用的"资金+产能出口"模式无法在中东欧国家得到认可，这也为中国投资带来风险。虽然中国在非洲和东欧的基础设施项目中通过投入巨额资金、销售设备，并赢得建设和工程方面获得巨大成功，但这种模式在英国的核电投资中就面临着障碍。

以风力发电为例，中国开发的技术由于应用时间较短、技术可靠性尚无定论，而无法得到英国金融业的支持。即使与英国企业结成联盟，中国企业依然被挡在供应链以外。许多中国企业有意与现有的英国承包商结成联盟，以便绕开该国可能出现的法律法规问题。但中国投资者仍发现，英国本土企业希望保留对项目的高度控制，中方只能参与部分的运营，而无法直接参与该项的开发和建设。如在投资总额高达500亿英镑的HS2高铁项目上，英国一再表示，中方不会直接参与由英国纳税人埋单的铁路建设工程。这意味着，中国只能投标申请HS2的运营权，或投资沿线的外围项目，如车站周围的开发项目，而无法使产品和技术参与其中。

四、如何保护中国对欧投资者的利益

针对上述风险，中欧双方应在以下方面进行合作，降低风险，实现共赢。第一，建立部长级“中欧能源对话机制”，明确政策、法规中的不确定性因素，为中国投资者提供“一站式”服务，建立快速解决纠纷机制。第二，提高双方在行业认证、产品标准等方面的相互认可程度。尤其是在海上风力发电项目上，中方应参照英国行业标准和认证程序加以改进。第三，从合作模式上看，继续鼓励中资采取战略联盟和合资的合作形式。尽管结盟不会剔除风险，但在合作的过程中，中国企业可以分散风险，降低政策风险，学到国际先进的技术和管理经验。第四，中资企业应向国际化标准靠拢，尤其在能源领域，要严格执行国际通行的环境和社会评估程序，以免对当地人民造成不利影响。规范化运行海外项目，既可以提高内部公司治理能力，也可提高对外公众形象。

中国之所以能够在欧洲“脱颖而出”，其主要的原因在于：中国企业愿意在投资欧洲项目中承担风险。而这是很多其他国家的企业无法接受的。对中方而言，风险也意味着机遇，即为其庞大的产业以及成熟的制造供应链带来理想的市场入口点。然而，从中长期来看，来自欧盟、成员国两个层面的法规、政策所带来的不确定性将会成为中国能源企业进入该市场的主要障碍。

对中国而言，古老而崭新的欧洲充满着机遇和挑战，无论在能源、基建、金融等领域，中国都将在欧洲经济振兴之路上继续扮演着重要角色。

"后 2012"气候谈判中的中国与欧盟：分歧、妥协、作用及展望

傅聪[1]

气候变化是目前人类面临的最严峻的挑战之一，它对世界和平、经济繁荣和社会可持续发展都产生着巨大的影响。任何一个国家都不可能置身于气候变化的全球性负面作用之外。全球气候治理合作是当前应对气候挑战、经济增长转向低碳化、高气候韧性道路的重要途径。自 1990 年气候变化框架公约政府间谈判委员会建立以来，为构建控制全球变暖的国际机制，气候变化政府间谈判已经持续了 26 年。继《联合国气候变化框架公约》(以下简称《框架公约》) 及其《京都议定书》之后，2015 年《框架公约》第 21 次缔约方会议达成了气候变化谈判史上的第一个全球性的温室气体减排协议——《巴黎协定》。《巴黎协定》的最重要成果即无论发达国家还是发展中国家，均承诺了应对气候变化的国家自主决定贡献，它开创了全球气候治理的新格局。

中国和欧盟在全球气候博弈中各有妥协，为推动达成《巴黎协定》发挥了不可替代的作用。中国"为推动达成协定做出了建设性贡献"。[2] 欧盟气候行动委员卡涅特（Miguel Arias Cañete）认为，欧洲及其伙伴在气候外交、地缘政治和国际影响力三个方面获得了全

① 傅聪，中国社会科学院欧洲研究所副研究员。

② http：//news. xinhuanet. com/2015 －12/14/c_ 1117455218. hqitm.

胜。[①] 但是，中欧之间一些长期存在的矛盾不容忽视，特别是落实好《巴黎协定》是接下来亟待解决的问题。巴黎成果代表了各方在原则问题上取得的共识，但有些内容并不明确，随着谈判深入到更多细节问题，中欧交锋将趋于激烈，后续谈判进程依旧艰难。

从现实主义视角看，国际体系处于无政府状态，不存在可以号令各个民族国家的超国家权威，国家以追求本国利益最大化为行为逻辑。国家利益广义上包括了一个国家在经济、军事、文化等领域的目标和追求。控制全球变暖的一条重要途径就是让世界各国的国民经济增长与温室气体排放量实现脱钩，即在不增加温室气体排放的同时实现经济增长。那么以现实主义视角来观察全球温室气体减排谈判，国家利益不同就成为了谈判中矛盾冲突的原因所在。中国政府认为,“气候变化既是环境问题，也是发展问题，但归根到底是发展问题”。[②] 气候变化是发展过程中产生的问题，也应当在经济和社会的发展过程中解决。因而，国家利益是分析中国气候谈判立场的一个重要变量。对欧盟而言，其国家利益，或者说集团利益是，既能使国际气候机制维护欧盟当前的产业竞争力，又能有利于欧盟未来在低碳经济中占据优势。中国与欧盟对气候变化之于国家利益的不同认识，使双方在“后 2012”国际气候机制构建中经历了诸多分歧。

本文将通过梳理、阐释中国与欧盟在“后 2012”阶段的谈判立场，分析中欧分歧存在的结构性和意识形态上的矛盾，总结双方在博弈中达成的妥协。文章在分析中欧谈判妥协的基础上，检视中国与欧盟在全球气候变化治理中的作用以及双方地位的变化。最后，将对中欧未来在气候变化领域的合作进行展望。

---

① http://europa.eu/rapid/press－release_ SPEECH－15－6320_ en.htm.

② 《中国应对气候变化国家行动方案》，中国国家改革与发展委员会 2007 年 6 月印制，zhhttp://www.ccchina.gov.cn/WebSite/CCChina/UpFile/File189.pdf。

一、中欧在国际气候谈判中的分歧

中国和欧盟是联合国气候谈判的积极参与者，它们是《框架公约》和《京都议定书》的缔约方。中国和欧盟对全球气候治理，特别是“后 2012”气候机制，有着不同的主张，但同时中欧之间也存在着广泛的共识，《京都议定书》是中欧气候合作的基础。

中欧都充分认可要抗击人为造成的全球变暖须设立量化的国家减排行动目标。中欧支持全球气候协议在联合国多边磋商的框架下进行谈判，并以国际法原则——“共同但有区别的责任”——为气候协议的法律基础。

中国和欧盟支持在联合国气候体系中，所有缔约方不论国家大小都具有平等的代表性。《京都议定书》第一承诺期（2008—2012 年）结束后，主要的发达和发展中温室气体排放国没有达成 2012 年后限制排放目标的协议，国际气候机制谈判因而陷入僵局。这引起了一些对联合国框架是否为最适合和最有效的全球气候治理行动领导的质疑。联合国框架下气候决议一致通过的决策模式被批评为缺乏效率。在此问题上，中国和欧盟都认为，2012 年的后全球气候合作应当继续在《框架公约》和《京都议定书》的轨道上进行，并视其为新协议的法律基础。中欧都反对以“小多边平台”取代联合国领导的做法。

“共同但有区别的责任和各自能力”原则（以下简称“共区责任”原则）是中国和欧盟在《框架公约》和《京都议定书》框架下进行合作的重要基础。这项原则意味着发达国家承认其肩负应对气候变化的责任。“共区责任”原则是指导全球应对气候变化合作的首要原则，也是《京都议定书》温室气体减排责任分担的法理依据。尽管所有缔约方都承认共区原则，但对于它的含义、如何应用及其法律地位却未达成共识。在《京都议定书》第一承诺期中（2008—

2012年），欧盟承诺到2012年，在1990年的排放水平上减少8%的温室气体排放，并为发展中国家适应气候变化提供资金和技术支持。欧盟认可包括中国在内的发展中国家在第一承诺期不承担减排温室气体的责任。欧盟的做法得到中国的赞同。从《京都议定书》谈判阶段开始，国际气候谈判的进程基本由欧盟引领，中国仅是国际气候治理进程的一个谨慎的支持者。

必须看到，中欧在气候变化与发展关系等核心问题上有着不同的观点。中国认为全球变暖是发展问题，发达国家和发展中国家在造成全球变暖问题上应担负不同的责任。这种观点导致中国和欧盟在一些重要议题上持有不同的立场，例如全球温度升高的控制目标、温室气体排放的峰值年、“共区责任”原则的适用以及自上而下的减排方式等。

第一，中国反对将温度升高控制在2摄氏度作为强制性的全球气候行动长期目标，反对为发展中国家设定强制性的排放峰值年和集体温室气体减排目标。中国一贯的原则立场是，发达国家应当承担应对气候变化的主要责任，发达国家的经济和技术能力更高，因此发达国家应当为抵御全球变暖做出特殊的贡献，应当率先在国内采取限制和减少温室气体排放的行动。

在2006年内罗毕气候大会上，欧盟提出将全球变暖不超过2摄氏度作为气候机制的长期目标，中国表示反对。在2009年哥本哈根气候大会上，欧盟提出全球温室气体排放最晚在2020年停止增长；发展中国家作为一个集体到2020年温室气体排放应大幅偏离（15%—30%）当前预测的增长值（“一切照旧”情景）。作为一个中等收入水平、碳消费需求仍在增长的发展中大国，中国政府认为温室气体排放总量控制和设定排放峰值年，会在某种程度上限制中国未来的发展空间。中国首席谈判代表苏伟指出，发达国家应当遵守温室气体减排的国际义务，中国作为一个发展中国家仅应当承担自愿采取的国内减排措施的责任。欧盟将中国的自愿减排行动与欧洲必须承担的国际义务相提并论是不厚道、不公平的。中国学者的研究成果也表明，中国相当一部分的能源需求和温室气体内涵排放没有被国内消费，而是随着国际贸易出口到了国外。尽管从 1993 年起中国成为了石油净进口国，但通过国际商品贸易，中国仍然是一个内涵能源净出口国。①

在 2015 年巴黎气候大会上，欧盟组织了“雄心联盟”提出了更加严格的 1.5 摄氏度全球变暖控制目标。然而，中国拒绝加入“雄心联盟”。中国气候变化事务特别代表解振华指出，1.5 摄氏度温控目标是不科学的，没有考虑到国家发展的未来空间。“这是一种表演。它得不到谈判场内任何行动的支持。”②

第二，中国和欧盟对“共区责任”原则的含义和适用存在很多分歧，尽管它们都认同该原则在国际气候机制中的基础性地位。“共区责任”原则是指导《京都议定书》达成温室气体减排安排的重要原则。但是，在解释“共区责任”原则时，中国更多的强调发达国家和发展中国家在全球变暖过程中的历史责任不同；而欧盟则更加关注当前全球变暖可能超过 2 摄氏度，需要主要排放国家履行应对气候变化的共同责任。

中欧之间的分歧主要源于如何在“后 2012”气候机制中体现“共区责任”原则，特别是在减排温室气体目标和透明度问题上。欧盟对中国应承担的有区别的责任有着不同于中国的主张。特别是在 2006 年中国成为全球最大的温室气体排放体之后，要求中国承担有法律约束力的减排责任的要求越来越强烈。然而，中国认为，中国不是附件一国家，中国在气候逐步变暖的发展史中留下的碳足迹分量低于发达国家，中国的发展阶段和应对气候变化的能力还处于相对较低的水平，因此，中国坚持不应当被要求承担当前发达国家承担的减排任务。欧盟则指出仅仅依靠附件一国家减少温室气体排放的行动，全球变暖不超过 2 摄氏度的目标是难以实现的。欧盟主张

---

① 陈迎、潘家华、谢来辉：“中国国际商品贸易中的内涵能源：计算方法与政策含义”，《经济研究》，2008 年第 7 期。

② http://www.ccchina.gov.cn/Detail.aspx?newsId=58142&TId=93.

所有缔约方都须在《框架公约》下承诺雄心勃勃的减排目标，采取切实的气候行动。欧盟提议重新解释“共区责任”原则，强调各国的责任和能力尽管有区别，但随着时间发展变化，气候机制应当通过一个动态调整的减排承诺光谱以体现出变化了的现实。①

中欧双方在“共区责任”原则方面的分歧还体现在发达国家和发展中国家区别适用透明度规则的问题上。欧盟在 2009 年提出，各国减少温室气体的行动要接受国内监督和国际报告并审评的双重监督，还要求测量、报告、核实机制无差别的适用于所有缔约方，为了方便计算、核算不同形式的减排承诺，应设立一套通用的会计规则。然而，中国强调，更加严格的测量、报告、核实机制仅应当适用于发达国家，适用于发展中国家的透明度规则应当考虑发展中国家的能力，透明度规则的适用对发展中国家不能是惩罚性的。

第三，中国反对自上而下的减排目标确定方式。《京都议定书》是典型的采用自上而下方式的气候减排协议。它的自上而下体现在：减排目标具有法律效力，采用统一的量化、绝对减排形式，减排范围覆盖全部经济部门，确立了减排承诺监督机制。“后 2012”谈判开始后，欧盟提出温室气体主要排放国，无论发达国家还是发展中国家，都应当提出具有法律约束力的量化减排目标。欧盟希望沿袭自上而下的方式形成一个新的“后 2012 协议”，即所有《框架公约》缔约方在全球温度升高不超过 2 摄氏度的长期目标下，承诺雄心勃勃的、具有法律约束力的减排目标。欧盟甚至提议，到 2020 年，发达国家作为一个集团提出比 1990 年水平减少 30% 温室气体排放的目标；发展中国家作为一个集体保证温室气体排放量比当前预期的温室气体增长率减少 15%—30%；经济更加发达的发展中国家应当保证采取有力度的、量化的减排行动。②

---

① Conclusions on Preparations for the 19th session of the COP19 to the UNFCCC and the 9th session of the meeting of the Parties to the KP, Environment Council meeting, Luxembourg, 14 October 2013.

② Swedish Presidency of the European Union and European Commission, EU Key Objectives for a post－2012 Global Climate Agreement, 2009.

欧盟对自上而下方式的青睐还体现于，它主张对各国的减排承诺目标和行动计划进行国际审评，并为提高2030年后减排目标建立一套国际程序。[①] 欧盟希望以国际机制来统合缔约方各自提出的、散乱的行动目标，使2030年达成的协议能够在《京都议定书》代表的国际约束力和《哥本哈根协议》代表的国家灵活性之间找到平衡。欧盟强调各国提出的"预期国家自主贡献"（INDC）需要一个事前、事后的程序进行约束。非常有必要明确INDC所包含的信息，让它变得透明、可量化、可比较，以便各缔约方能够在巴黎大会前提出具有适当力度的减排行动目标。欧盟还认为有必要达成一项国际程序安排，在巴黎大会召开前，基于全球温度升高不超过2摄氏度的长期目标，认真研究和分析各国提出的预期国家自主贡献目标的公平性和力度。[②] 欧盟还建议定期审评INDC，动态调整各国的行动目标。欧盟的这些主张无一不体现出自上而下的方式。这恰恰是中国不能接受的，因为它不仅没有体现发达国家集团与发展中国家集团之间的区别责任，更为重要的是这种自上而下的方式不尊重中国的主权，干涉了中国的内部事务。

二、中欧分歧背后的原因

无论是2摄氏度或1.5摄氏度长期温控目标、温室气体排放峰值年，还是对"共区责任"原则的解读适用、自上而下的减排模式，中欧之间的立场分歧都是不对称的和处于不同阶段的国家利益造成的。对于全球气候变化治理，中国的态度是强调公平的发展权和温室气体排放权，中国的经济发展不能被打扰，在气候外交事务中坚决维护国家主权，坚持不干涉原则。

---

① Swedish Presidency of the European Union and European Commission, EU Key Objectives for a post－2012 Global Climate Agreement, 2009.

② Council conclusion on Preparations for the COP 20 to the UNFCCC, Environment Council meeting, Luxembourg, 28 October 2014.

气候变化政策和机制不能与中国当前发展经济的要务相违背。这一点在中国国家领导人的讲话中都有明确体现。2008 年胡锦涛在出席经济大国能源安全和气候变化领导人会议时指出，“气候变化问题，从根本上说是发展问题，应该在可持续发展框架内综合解决。”中国的排放问题要注意以下三个因素：“一是中国属于发展中国家，正处于工业化、现代化的过程中，城乡、区域、经济社会发展仍不平衡，人民生活水平还不高，中国目前的中心任务是发展经济、改善民生；二是中国人均排放较低，人均累积排放更低，而且排放总量里很大一部分是保证人民基本生活的生存排放；三是由于国际分工变化和制造业转移，中国承受着越来越大的国际转移排放压力。”① 2015 年，习近平在联合国可持续发展峰会演讲中指出，“我们要争取公平的发展，让发展机会更加均等。各国都应为全球发展的参与者、贡献者、受益者。不能一个国家发展，其他国家不发展；一部分国家发展，另一部分国家不发展。各国能力和水平有差异，在同一目标下应该承担共同但有区别的责任。要完善全球经济治理，提高发展中国家代表性和发言权，赋予各国平等参与规则制定的权利。”②

在经济增长与碳排放尚未脱钩的情况下，减少温室气体排放将会对发展中国家的经济发展空间构成较大的限制。不仅中国，其他基础四国集团成员也认同此观点。中国气候变化事务特别代表解振华指出，气候变化谈判“核心问题是一定要保证在应对气候变化过程中有一定发展空间，否则就固化了贫富差距，穷的越穷，富的越富”。③ 中国将自己定位为发展中国家。早在 1990 年国务院环境委员会通过的《中国关于全球环境问题的原则》就提出，“国际社会为保护全球气候而酝酿实行的削减二氧化碳排放限制，要以保证发展

① http://news.xinhuanet.com/newscenter/2008-07/10/content_8519929.htm，2016 年 3 月 4 日登陆。

② http://news.eastday.com/eastday/13news/auto/news/china/u7ai4663907_K4.html，2016 年 5 月 23 日登陆。

③ http://china.caixin.com/2015-12-04/100881934.html，2016 年 5 月 14 日登陆。

中国家适度经济发展和合理的人均能源消耗为前提，任何有关公约的限制性条款都不应损害发展中国家的经济发展。”① 应对气候变化不损害经济的发展，在国际气候谈判中始终被坚持下来。

尊重主权和不干涉他国内政是解释中欧在自上而下减排方式上存在差异的一个重要视角。“和平共处五项原则”是中国外交政策的基石。中国认为，测量、报告、核实制度和自上而下的减排方式在一定程度上干涉了中国的内部事务。中国应被视为和任何其他国家一样同等的全球气候治理参与者。在全球气候治理中，中国的发展权应当被尊重，中国自主安排温室气体减排的节奏不应被他国评判。

与中国不同的是，欧盟全球气候治理追求的目标是维护欧洲的可持续发展和欧盟在全球可持续发展中话语、规范和机制方面的影响力。欧洲认为在全球治理中，国家主权可以让渡给超国家机构，必要时人道主义干涉是可接受的。欧盟的全球治理观强调宪政主义，相信完善的国际机制可以解决全球公共问题。②《欧洲联盟条约》第 2 条规定，欧盟的基本目标之一是“促进经济活动的协调、均衡发展，以及可持续、没有通货膨胀、尊重环境的增长……促进地球的和平、安全和可持续发展……国际法的发展……”欧盟“第六个环境行动规划”写道，“我们要避免气候变化带来的威胁和不确定性；欧洲必须在减少温室气体排放中发挥领导作用；将环境关切完整、恰当地融入欧盟的对外关系之中至关重要；国际组织必须认真对待环境问题并给予足够的支持；欧盟需要支持并执行气候变化国际条约。”

三、中国和欧盟在气候谈判中的妥协

中国和欧盟在“后 2012”谈判阶段，成为建构全球气候机制的

---

① http：//www.ep898.com/view1.asp？id = 1073，2016 年 5 月 14 日登陆。

② 赵晨：“中美欧全球治理观比较研究初探”，《国际政治研究》，2012 年第 3 期，第 90—94 页。

关键力量。特别是2009年哥本哈根气候大会以及后来的许多谈判都告诉我们，中国和欧盟的合作是决定能否达成全球气候协议的决定性因素。正是中国和欧盟为推动国际气候机制的建设，在一些重要问题上做出了妥协，显示出各自的诚意、智慧和建设性的态度后，才迎来了巴黎气候大会取得的里程碑意义的成功。

中国和欧盟在重新定义“共区责任”原则问题上达成了妥协。自哥本哈根气候大会以来，缔约方之间在共区原则的解释和适用问题上一直处于僵持状态，阻碍了“后2012”国际气候机制的推进。在2015年巴黎大会召开之前，中国、美国和欧盟三方在此问题上达成了一定的政治谅解，解开了僵局。中国和美国首先迈出了第一步。在2014年亚太经合组织峰会上，中美在气候变化联合声明中第一次提出在“共同但有区别和各自能力”原则上附加“考虑到不同国情”。“共同但有区别的责任和各自能力原则，考虑到不同国情”，在2015年中欧和中法气候变化联合声明中被再次重申。此后，《框架公约》秘书处执行秘书克里斯蒂娜·菲格雷斯将“新共区原则”总结为三项要素：“一是历史责任，二是不断变化和提高中的各国的能力，三是不同国情”。①

然而，我们应当看到修订后的“共区责任”原则适用于2030年气候机制时，可能仍旧无法完全避免争议和讨价还价。因为对于国情，各国有自己的认知，难以形成客观一致的认识。如何用“新共区原则”评价各国的自主决定贡献目标，以及盘点并提高各国的自主决定贡献，都会成为接下来“2030气候机制”争论中的焦点问题。

“预期国家自主贡献”（INDC）这个概念部分地调合了中欧自“后2012”谈判开始以来一直争论的有区别的减排责任分担问题。INDC一方面迎合了欧盟要求所有缔约方不论发达国家或发展中国家都应承诺减排温室气体的目标，另一方面INDC也满足了中国所坚持

---

① http：//www. climatechangenews. com/2014/12/16/us – china – chat – broke – impasse – at – lima – climate – talks/.

的发展中国家自主决定减排行动，且不承担国际减排义务的立场。欧盟一直希望在“后 2012”阶段，以具有法律约束力的、经国际磋商形成的各国温室气体减排目标体系取代《京都议定书》规定的发展中国家不承担强制性的减排责任的、“有区别”温室气体减排机制。欧盟的这一主张一直不为中国接受。这是因为，中国认为发展中国家应对气候变化采取的行动是属于自愿性质。另外，中国担心一旦附件一和非附件一国家承担不同性质的减排责任的“防火墙”被打破，中国未来将会承担巨大的国际减排压力。对于欧盟来说，INDC 消弭了附件一和非附件一国家间的界限，向建立一个所有排放国都做出减排承诺的新国际气候机制迈出了重要的一步。对中国来说，INDC 意味着中国为了实现全球温度升高不超过 2 摄氏度的目标，尽其所能地做出减少温室气体排放的贡献，同时，中国也坚守了底线，在参与全球气候治理时不损害中国的主权，以及发展中国家由于历史责任不同，承担有区别的气候行动责任。

INDC 概念还体现出了中国和欧盟在 2030 阶段减排模式上的妥协，即从自上而下的减排方式转为自下而上。自下而上的减排模式有助于吸引和接纳世界各国加入新的国际气候机制。鉴于中国等国家的反对，欧盟在巴黎气候大会前放弃了要求 INDC 事前统一信息形式和事后进行评估的主张。但是，巴黎大会政治决议中也规定了由《框架公约》秘书处对各国 INDC 的力度提出综合评估报告；在缔约方之间开展促进交流的对话；制定指导 INDC 和全球盘点的规范。这些规定都为欧盟提供了强化 INDC 力度和透明度的机会。

关于透明度机制，中国接受了一个国际社会认可的区分适用的“三可”信息通报机制。也就是，受到国外资金支持的国内减排行动要接受“三可”国际程序的审评；对于自有资源支持下的减缓行动，发展中国家进行的国内“三可”机制要接受国际审评程序（国际磋商与分析）。减排行动的透明度规范是“后 2012”谈判中，发达国家集团和发展中国家集团矛盾的一个关键点，它也是“共区原则”的一个重要的落脚点。随着国际社会对“共区原则”进行重新阐释和解读，对发展中国家气候行动的透明度要求也在提高。中国在透明度问题上态度有所转变，支持公平的透明度规则，显示出接受合理的国际监督的自信；另一方面中国也坚决维护了国家主权和国家利益。

四、中国与欧盟在“后2012”谈判中的作用

古普塔和格拉布（Gupta and Grubb）对国际多边磋商环境下的领导权进行了类型化分析，这可供中国和欧盟在国际气候机制磋商中的作用评估借鉴。古普塔和格拉布将国际气候领导权归纳为三种类型：结构领导、工具领导和导向领导。在国际气候机制谈判中，结构领导与当前和潜在的未来碳排放规模，以及一国愿为推动国际气候机制而付出的经济资源相关。工具领导包含在谈判中运用技巧，设计满足不同谈判方需求的气候机制。导向领导则是运用思想、话语和国内行动影响他国对于全球气候治理应然性和必然性的认识。[①] 据上述三项领导权模式分析，在国际气候机制的构建历程中，从《京都议定书》谈判阶段开始，欧盟被视为当之无愧的领导者。中国在持续参与全球气候治理的20多年间，参与度与贡献度逐步加深，影响力逐渐显现，在全球气候治理中的作用从利益攸关者转向为利益协调者，从谨慎支持者转变为积极引领者。

第一，从结构领导方面来看，中国在全球气候治理中的地位逐步上升，而欧盟的领导作用相对下降，但相对于中国而言仍保持着一定的优势。进入21世纪以来，全球财富和权力出现了从西方向东方加速转移的趋势，新兴经济体崛起，西方大国权力相对衰落。全球气候机制谈判见证了这一权力的转移。中国作为全球最大的温室气体排放国，已经成为全球气候政治舞台的焦点。“后2012”气候

① Joyeeta Gupta and Michael Grubb, Climate Change and European Leadership: A Sustainable Role for Europe?, Kluwer Academic Publishers, 2000, pp. 18 - 23.

谈判展开以来，中国在国际气候格局中的地位变得越来越重要。2006年中国的温室气体排放量跃升至世界第一。2011年中国开始在七个省市开始试点碳排放交易。2017年碳排放交易将在整个中国铺开。未来中国碳市场的交易量将在30亿—40亿吨/年，现货交易额有望最高达到80亿人民币/年，实现碳期货交易后，全国碳市场规模最高或将达到4000亿人民币。中国将成为全球最大的碳交易市场。[①] 2011年中国政府开始推进应对气候变化的南南合作，2014年设立“气候变化南南合作基金”。自2011年以来，中国政府累计安排了2.7亿元人民币（约合4400万美元）用于应对气候变化南南合作。[②] 中国在全球气候格局中地位的上升，让中国更加重视在全球气候机制构建中发挥引领和协调作用。

对于欧盟来说，温室气体历史排放存量、大规模资金的应对气候变化援助、在全球政治经济结构中的优势地位，都帮助欧盟在全球气候治理中承担着领导者的作用。中欧在全球气候变化权力结构上不断累积的变化为双方气候战略带来了新问题，也创造了新机会。

第二，欧盟在工具领导方面具有很强的优势，提出了许多推进气候机制的治理工具；同时，中国也在尝试着满足不同缔约方对“2030气候机制”的不同需求。欧盟提出了强制性的温室气体总量控制和排放交易制度、“三可”信息通报等气候机制。特别是，在全球气候谈判经历哥本哈根会议失败的低谷后，欧盟在2011年力主搭建“德班加强行动平台”，开启了缔结“全球性协议”之门。“德班加强行动平台”推倒了发达国家集团和发展中国家集团之间的“防火墙”，为华沙气候会议提出自下而上的“预期国家自主决定贡献”奠定了基础。2015年欧盟在巴黎气候大会上成功的以“雄心联盟”为气候外交工具，向其他排放国施加了不小的国际压力。

中国也在尝试满足各缔约方对“2030气候机制”的不同诉求。

---

① http://www.chinapower.com.cn/tjy/20160413/19399.html，2016年4月12日登陆。

② http://paper.people.com.cn/rmrbhwb/html/2014-12/10/content_1508520.htm，2016年4月12日登陆。

从《框架公约》到《京都议定书》谈判阶段，中国在全球气候治理中的表现更多是被动防御。在各项机制的设计中，无论对中国来说是机遇的清洁发展机制，还是给中国增加更多义务的减排要求和"三可"要求，中国都采取了谨慎的态度，甚至不惜使用否决权维护国家的利益。对于"2030 气候机制"设计，中国在努力变得更加主动、灵活和富有建设性。"气候变化南南合作基金"是中国帮助发展中国家应对和适应气候变化，凝聚发展中国家力量的重要外交工具。中国还重新阐释"共同但有区别责任和各自能力"原则的内涵，为缔约方走出"共区责任"原则僵局发挥了重要作用。中国在朝着发挥更多工具性领导作用的方向上不断努力。

第三，在导向领导方面，欧盟一直以来努力塑造其积极应对气候变化典范的形象。欧盟试图成为气候变化治理全球规范和标准的制定者和维护者。它单方面确立了减缓温室气体排放的量化目标，全力支持《京都议定书》确立的气候机制模式，并力主沿着《京都议定书》的模式达成"后 2012"阶段新协议。欧盟在新协议中坚持的具有法律约束力的减排目标以及强大的履约机制，是其内部应对气候变化经验的向外输出。但是，由于内部强烈的反对声音，欧盟的下一阶段——2030 年气候行动目标雄心不足。这有损于欧盟导向领导作用的公信力。

中国利用制定和实施国内低碳政策，向其他发展中排放大国输出影响力。随着中国经济快速的增长，中国已经认识到资源不足和环境退化是经济可持续发展面临的巨大瓶颈。中国对气候治理也更加重视。中国已经在第 11 个（2006—2010 年）和第 12 个（2011—2015 年）五年规划中提出了低碳发展和强制性的气候和能源目标，即到 2020 年在 2005 年水平上降低 40%—45% 的碳排放强度，最晚到 2030 年实现碳排放峰值，单位 GDP 碳强度比 2005 年水平降低 60%—65%。此外，中国还提出到 2030 年将非化石能源在一次能源中的份额提高到 20%，届时森林蓄积量比 2005 年增加 45 亿立方米。据报道，截止至 2013 年，中国的碳排放强度已经比 2005 年水平下降了 28.56%。[①] 中国在 2015 年 6 月 30 日向联合国提交了 INDC 预案，为气候变化巴黎大会注入了前进的动力，向国际社会做出了示范。在巴黎大会召开前，中国与美国、欧盟、法国、印度、巴西发布了关于气候变化的联合声明，为达成《巴黎协定》积极磋商寻找共识，缩小分歧。中国日益成为引领全球气候治理、协调各国气候利益的行为体。

五、中欧气候合作展望

中国和欧盟是联合国气候治理的积极参与者。它们是《框架公约》《京都议定书》和《巴黎协定》的缔约方。中欧在全球气候治理方面有着广泛的共识，它们都承认人类活动加剧了全球变暖，有必要采取措施减少温室气体的排放，支持向低碳发展转型，尊重气候外交多边主义，承认发达国家在全球变暖中负有历史责任。这些共识帮助中欧在国际气候谈判中发挥引领作用，成为推动谈判进程的关键行为体。

“后 2012”谈判开始以来，中国和欧盟的内外环境都出现了变化。中国成为全球第二大经济体、第一大温室气体排放国，越来越深刻地认识到气候变化对经济结构调整、向低碳经济社会转型、国家安全维护等方面的影响和意义，国家减缓和适应气候变化政策日益完善。欧盟则经受着欧债危机造成的经济疲弱、失业率攀升，以及英国退欧、难民、恐怖主义等多重危机的考验，欧盟在气候政策上的聚焦度下降、气候行动的动力有所减弱。力量和能力的变化给中欧双方合作带来新的机遇，但同时也会造成困扰，特别是在涉及中欧的国家气候利益等方面。例如，中欧在设定长期温控目标、减排目标的法律约束力以及自上而下的减排模式等方面长期存在分歧。

---

① http：//news. xinhuanet. com/fortune/2014 - 09/19/c_ 1112555287. htm，2016 年 4 月 15 日登陆。

在接下来执行《巴黎协定》的谈判中，如何以“新共区责任”原则指导具体的气候治理规则仍旧会是中欧争论的焦点。具体会集中体现于1.5度升温上限、提高国家自主贡献目标、信息通报等方面。欧盟的1.5度话语权对中国的气候治理能力提出了挑战。在国际气候机制碎片化、国家气候利益分化的背景下，欧盟与中国分别通过“雄心联盟”和“气候变化南南合作基金”，在争取发展中国家支持上的竞争将更为激烈。

中国和欧盟是全球气候政治中主要的建设性力量，同时也可能阻碍当前国际气候机制的改革。中国在“后2012”时代全球气候治理中，实现了从谨慎支持到主动引领、积极协调的角色转变。欧盟的国际气候治理领导力虽然出现了一些下降，但总体上，特别是在输出治理工具和引导全球低碳发展方面的实力，仍然高人一筹。中国在国际气候机制建设中要维护本国的排放权和发展权，应当与欧盟进行更加紧密的沟通、开展更加广泛和积极的气候行动合作。对欧盟来说，与中国合作有助于维护其在全球气候政治领域中的领导地位。在发展低碳经济领域，中欧是相互依赖的支持者。中国和欧盟是全球最大的资源进口国家和地区，国家和地区未来的安全和繁荣系于能否有效应对能源安全、环境退化和气候变化带来的挑战。中欧在国家核心利益上没有冲突，中欧应当在低碳研究、技术贸易、碳市场、能源效率、可再生能源等诸多方面积极合作，携手迈向低碳经济。

中国与欧洲：两种不同的规范性力量

潘忠岐①

欧洲自诩为“规范性力量”，对华政策越来越强调规范问题，把价值观输出作为发展对华关系的主轴，因此在规范领域的互动已成为中欧关系发展中的一个重要层面。但在规范互动方面，中欧双方是不对等的，总体上欧洲处于攻势，中国处于守势。因此，加强对规范问题的研究将有助于我们更好地处理欧洲的对华规范外交，并在发展中欧关系的过程中把握主动。

一、欧盟的对华规范外交

尽管欧盟能否被视为一个规范性力量以及它的军事力量是否能

① 潘忠岐，复旦大学国际关系与公共事务学院教授，外交学系主任。

与"规范性力量欧洲"① 这一标签相匹配仍然存疑，但欧洲政治的实践者们正越来越喜欢用这一概念来为自己的国内外行动正名。就欧盟的外交政策而言，它正使自己成为一个"规范输出者"。② 欧盟通过一系列的协议安排，向全世界的第三国推广自己的规范，欧盟坚持在协议中加入人权条款并涉及民主化、尊重少数群体、善治以及法治等内容。欧盟对中国的政策也十分典型地包涵了规范层面的内涵。

然而，欧盟向中国传播规范，却并不像预期那样顺利。让欧盟失望的是，中国并没有全盘接受欧盟有关"自由、民主和人权"的规范，而是强调这些规范在中国并不完全适用。学者们将欧盟规范传播的失败归因于中欧之间的规范认知差异、中国实力的崛起或是欧盟错误的传播策略。

对盖拉茨教授来说，"欧盟的身份认知与中国大相径庭。它将自己看作是一个规范性行为体，将自己的政策植根于价值观念、体制以及合作，而不是权力政治。"③ 欧盟与中国这个新兴大国的关系，

---

① François Duchêne, "Europe's Role in World Peace", in Richard Mayne, ed., *Europe Tomorrow: Sixteen Europeans Look Ahead*, London: Fontana, 1972, pp. 32 – 47; Christopher Hill, *European Foreign Policy: Power Bloc, Civilian Model – or Flop?* Boulder, CO: Westview Press, 1990; Richard Rosecrance, "The European Union: A New Type of International Actor", in Jan Zielonka, ed., *Paradoxes of European Foreign Policy*, The Hague: Kluwer Law International, 1998, pp. 15 – 23; Ian Manners, "Normative Power Europe: A Contradiction in Terms", *Journal of Common Market Studies*, Vol. 40, No. 2, June 2002, pp. 235 – 258; Adrian Hyde – Price, "'Normative' Power Europe: A Realist Critique", *Journal of European Public Policy*, Vol. 13, No. 2, 2006, pp. 217 – 234; Michelle Pace, "The Construction of EU Normative Power," *Journal of Common Market Studies*, Vol. 45, No. 5, 2007, pp. 1041 – 1064; Helene Sjursen, "The EU as a 'Normative Power': How can This Be?" *Journal of European Public Policy*, Vol. 13, No. 2, 2006, pp. 235 – 251; Steve Wood, "The European Union: A Normative or Normal Power? *European Foreign Affairs Review*, Vol. 14, No. 1, 2009, pp. 113 – 128; Richard Youngs, "Normative Dynamics and Strategic Interests in the EU's External Identity", *Journal of Common Market Studies*, Vol. 42, No. 2, 2004, pp. 415 – 435.

② Anna Michalski, "China and the EU: Conceptual Gaps in Soft Power", in Zhongqi Pan, ed., *Conceptual Gaps in China – EU Relations: Global Governance, Human Rights and Strategic Partnerships*, Basingstoke, U. K.: Palgrave Macmillan, 2012, p. 72.

③ Gustaaf Geeraerts, "China, the EU, and the New Multipolarity", *European Review*, Vol. 19, No. 1, 2011, pp. 57 – 67.

很大程度上基于这样一个信念：中国应当使自己的国际政治规范适应欧盟的标准。"因此，规范上的共识是与新兴大国发展关系的起点"，例如与中国的关系。与之相似，霍斯拉格提出，中欧在规范认知上并不一致，并且欧洲的规范标准与中国规范之间的"不契合"性正在与日俱增。因此欧洲的"规范条件性制约不再对新兴大国奏效"，例如中国。① 卡亚则认为，欧洲所推行的"新主权"规范——这一规范认为主权是可受侵犯的，对其他国家国内事务的干涉是可行的，尤其是当他国遇到人权问题的时候——与中国所秉持的"传统主权"观是相冲突，中国将人权问题看作是国内问题。②

马特林认为，欧盟推行的规范外交方式在与像中国这样的大国打交道时遇到了相当大的挑战，这些大国往往并不接纳欧盟所推行的价值观念和规范。没有占据道德制高点，欧盟国家之间的互相冲突以及缺少对中国的影响力，被认为是阻碍了欧盟对华规范外交的三大因素。因此他认为，欧盟应当改变当前这种希望改变其他大国价值观念的进攻性的规范政策，取而代之，欧盟应该采取更加防御性的规范政策，将重点放在把欧盟自身塑造成一个榜样，成为"规范性力量所推崇并且应当成为的那种理想类型国家"。③

然而，欧盟向中国传播价值观念的行为并不能说是完全失败的。尽管中国并没有接受欧盟关于"人权与民主"的标准，但是中国接受了欧盟提出的其他规范，如多边主义、可持续发展，以及和平。而且不要忘了，中国关于主权的规范实际上来源于欧洲。规范分歧、中国崛起以及欧盟的策略并不能解释为什么中国接受了一部分欧洲规范。要解释这个问题，需要研究欧盟希望传播给中国的规范本身。

---

① Jonathan Holslag, "Europe's Normative Disconnect with the Emerging Powers", *BICCS Asia Paper*, Vol. 5, No. 4, 2010, pp. 1 – 21; Jonathan Holslag, "The Strategic Dissonance between Europe and China", *Chinese Journal of International Politics*, Vol. 3, No. 3, 2010, pp. 325 – 345.

② Ayse Kaya, "The EU's China Problem: A Battle over Norms", *International Politics*, Vol. 51, No. 2, 2014, pp. 214 – 233.

③ Mikael Mattlin, "Dead on Arrival: Normative EU Policy towards China", *Asia – Europe Journal*, Vol. 10, No. 2 – 3, 2012, pp. 181 – 198.

现有文献很少触及不同规范之间的差别，这些差别很可能为这一问题提供了答案。苏尔森几乎已经触及到了这个问题。他提出的“大多数人没有明确说明欧盟到底提出了哪些规范，使得欧盟成为一个规范性力量，而其他国家则没能成为”。苏尔森提出了一个标准，即“致力于把世界性的价值观念加入到国际法中去，可以看作是一个‘规范’力量或是‘教化’强国的一个重要指标”。[①] 因此，要成为一个规范性力量，需要致力于加强“世界法”而非“国际法”，要强调个人的权利而不仅仅是国家间主权的平等。

尽管苏尔森所区分的国际规范和世界规范或许有助于判断一个国家是不是一个规范性权力，但是却不能解释有些国际规范比另一些国际规范更容易传播和扩散。国际规范的定义应当被重新检验。

二、国家规范的分类：国内规范和国际规范

规范这一概念通常被定义为对适当行为的认知观念，是有关行为体应如何行事的理念和规则。[②] 规范不仅规定适当的行为应当是怎么样的，还会构成行为体的身份。因此，规范具有“规制效应”和“建构效应”两种属性。正如卡赞斯坦所说，“有时规范像是定义行为体身份的规则，具有‘建构效应’，说明什么样的行动会导致他者认可一种特定的身份。有时规范又作为一种标准，规定已定义的身份应当如何行事。这种情况下，规范具有‘规制效应’，确定了适当行为的标准。”[③] 温特也认为有些规范“只有一种效应，其他的则可

① Sjursen, “The EU as a ‘Normative Power’”.

② Antje Wiener, “The Dual Quality of Norms and Governance beyond the State: Sociological and Normative Approaches to Interaction”, *Critical Review of International Social and Political Philosophy*, Vol. 10, No. 1, 2007, pp. 47 - 69.

③ Peter Katzenstein, ed., *The Culture of National Security: Norms and Identity in World Politics*, New York: Columbia University Press, 1996, “Introduction”, p. 5.

能最多有两种效应”。①

这一对规范的定义主要关注的是它的功能，并且对从个体到国家甚至是国家联盟这样不同的行为体都是适用的。然而，它却没有说明规范存在并起作用的具体情境。从定义来看，我们无法知道在什么情况下行为体的行为被认为是合适的，并因而规制其行为，建构其身份。作为一种主体间性的理解，规范存在于某种给定的社会情境中，如愿意遵守一系列行为标准的一群人所构成的社会。对于一组想要组成一个社会的群体来说，规范跟价值观、规则和制度一样都是十分重要的。在一个规范已被认为是普世的现存社会中，讨论规范不会有什么问题。但是在具体社会情境发生改变的情况下，再不加区分地讨论规范就有问题了，因为规范的普世性在不同的社会情景中是不一样的。当国际关系学者把原本属于社会学概念的规范运用到国际关系分析时，这个问题表现得最为明显。“国际”一词被简单粗暴地置于“规范”之前，并因此把“规范”直接变成“国际规范”，而没有人质疑这种做法的合理性。毕竟，国内社会与国际社会的具体社会情境是十分迥异的，尽管基本行为体是一样的，都是国家或国家联盟。

既然国家或国家联盟都在内部和外部两个层次上采取行动，那么国家规范就应当被区分为内部和外部两个维度。就国家而言，国内规范指的是，民族国家应该如何妥善治国，是国家在国内治理的过程中应如何行事的理念和规则。善治、民主、人权、稳定，这些是几种典型的被不同国家认可的国内规范。国际规范指的则是，民族国家应当如何在国际领域行事，是国家在国际事务中应如何行事的理念和规则。和平、不干涉、多边主义，以及“保护的责任”，是国际规范的例子，它们规定国家应当如何处理国际事务。换言之，国内规范事关国内政治的治理，国际规范事关国际关系的治理。

区分国内规范与国际规范是有道理的，因为它们适用于不同的

① Alexander Wendt, *Social Theory of International Politics*, New York: Cambridge University Press, 1999, p. 165.

社会情境。就国内规范而言，它的社会情境是一个国内社会——等级制并且存在一个中央权威。而国际规范的情境则是国际社会——无政府，并不存在中央权威。国家行为体在不同的社会情境下会有不同的行为方式。国内规范塑造国家与人民的互动，并使国家有义务按照遵循规范的方式行事。国际规范塑造国家间的互动，也使国家有义务按照遵循规范的方式行事。善治是一种典型的国内规范，尽管人们越来越多地谈论全球治理，但我们却不能把它误认为国际规范。不干涉则是国际规范而非国内规范。它们之间的差别是确实存在的。因此，准确地说，只有国际规范才能被称为国际规范，国内规范则不能。

但与此同时，我们也要注意到，国内规范与国际规范之间的差别并不是泾渭分明的。事实上，它们的联系十分紧密。一方面，国家通常在不同社会情境中的行为是一致的。一个在国内层次尊重人权这一国内规范的国家，通常也会在国际层次支持“保护的责任”这一国际规范。另一方面，有些规范既是国内规范，也是国际规范。举例而言，主权这一规范规定国家对其管辖区域拥有至高无上的权力，并且具有不受外界干涉的独立地位。内部主权和外部主权是互补的，而不是不相容的。“从国内来看，主权是至高权威，从外部来看，主权意味着自治权威。”① 换言之，“它们是同一观念的内部表述和外部表述，或者说同一观念的正反表述”。②

国内规范与国际规范的区分也是必要且重要的。不同国家喜欢用不同的规范来指导它们的内外事务。国家间的国内规范是互相一致还是互相冲突，决定了国家间关系的好坏。国家能在多大程度上共享国际规范也将决定国际体系的情况，就像温特所描述的三种不同的国际无政府社会。③ 规范既不是静态的，也不是永恒的，它们依

① Robert Jackson, “Sovereignty in World Politics: A Glance at the Conceptual and Historical Landscape”, *Political Studies*, Vol. 47, No. 3, 1999, pp. 431 – 456.

② Francis Hinsley, *Sovereignty* (2nd edition), Cambridge: Cambridge University Press, 1986, p. 158.

③ Wendt, *Social Theory of International Politics*, Chapter 6.

赖具体情境并且不断在发展变化。无论在国内层次还是在国际层次，甚或在两个层次之间（下文举例），有些规范是相互一致的，有些规范则是彼此矛盾的。国内规范和国际规范的区分提供了一种崭新的视角，通过这一视角，我们可以更好地理解和解释国家间关系。这一区分并不意味着国内规范不能像国际规范一样，从一个国家传播到另一个国家。许多国内规范通过各种国家间协议和公约而被写进了法律，并因此实现了国际化。但是，这一区分意味着国内规范和国际规范的传播过程和结果是不同的。重要的并不仅仅在于是谁的规范在传播，① 而在于是哪种规范在传播，是国内规范还是国际规范。

就本文所关注的中欧关系而言，双方在国内规范上的分歧要比国际规范更显著，也更严重。对于中国来说，基于国内—国际政治的区分，将国家规范区分为国内规范和国际规范是合理的，其中只有国际规范适合于在国家间进行传播。然而对于欧盟来说，这一区分与其对主权的重新定义并不一致。欧盟甚至把国内规范的传播看作改善国家间互动的必要手段。正如《欧盟安全战略报告》所说的，“传播善治理念，支持社会和政治改革，反对腐败和滥用职权，建立法治并保护人权是加强国际秩序的最佳方式。”② 因此，欧盟不对国内规范与国际规范进行区分，试图用各种规范对中国进行社会化。中国作为接受方往往对欧盟传播的不同规范采取不同立场，相对而言会更抗拒国内规范，更接受国际规范。欧盟对华传播国内规范与国际规范的努力因此对中欧战略伙伴关系产生了不同影响。

---

① Amitav Acharya, “How Ideas Spread: Whose Norms Matter? Norm Localization and Institutional Change in Asian Regionalism”, *International Organization*, Vol. 58, No. 2, April 2004, pp. 239 – 275.

② Council of the European Union, *A Secure Europe in a Better World: European Security Strategy*, 12th December 2003, p. 10.

三、中国与欧盟：规范性力量的比较

无论我们如何来定义“规范性力量”这个概念，都很难将它和中国联系在一起——甚至连说欧盟是一个规范性力量都存在争议。中国和欧盟是否是规范性力量，或者说在多大程度上是规范性力量，已有许多学者研究过这一问题。[①] 尽管有些国家看起来很难符合规范性力量这个称呼，但它们或多或少总会拥有一些规范性力量的资源，它们会想方设法利用这些资源去完成自身的目标。中国和欧盟是不同的国际关系行为体。从国内规范和国际规范的角度来看，它们的规范性力量资源，它们传播规范的努力以及它们在国际层次的规范影响力，都形成了鲜明对比。[②]

中国有许多与其他国家不同的国内和国际规范，这些规范指导着它的国内和国际行为。中国的国内规范主要包括统一、稳定、和谐社会和发展。中国也提出了更多的国际规范，例如聚焦于不干涉的“和平共处五项原则”、多极化、和谐世界、国际关系民主化等。相比国际规范，欧盟则有更多的国内规范，这些规范构成了其独特的身份，并规定了它自身的联盟建设以及国际参与。曼纳斯把欧盟定义为一个规范性力量，他认为，欧盟主要推行五个核心规范——和平、自由、民主、法治、人权，以及四个次要规范——社会团结、反歧视、可持续发展、善治。[③] 但是他并没有明确指出哪些是国内规范，哪些是国际规范。如果我们依据内外规范的二分法来重新给这些规范分组，那么我们就会发现

---

① Nathalie Tocci, ed., *Who Is A Normative Foreign Policy Actor? The European Union and its Global Partners*, Brussels: Centre for European Policy Studies, 2008.

② Emilian Kavalski, “The Struggle for Recognition of Normative Powers: Normative Power Europe and Normative Power China in Context”, *Cooperation and Conflict*, Vol. 48, No. 2, 2013, pp. 247 – 267.

③ Manners, “Normative Power Europe”.

其中大部分是国内规范。可能只有和平这一规范跨越了内外的区分，可以被看作一个国际规范。很明显，曼纳斯忽略了欧盟的国际规范，其他学者则注意到了。① 欧盟最重要的国际规范除了和平之外，还包括有效多边主义以及“保护的责任”（人道主义干涉）。

再比较中欧的规范性力量资源，我们可以说中国强于国际规范，欧盟强于国内规范；中国注重规范的目的性，欧盟注重规范的手段性。对那些希望世界变得更和平的人们来说，中国的国际规范很有说服力。毕竟这些规范都旨在创造一个更友善的国际关系环境。但是中国的国际规范没有告诉人们应当如何达到这样理想的境地。这些规范并没有说明应当如何保证国家间能够和平共处，如何建立一个多极世界——尽管它认为多极世界是一种正义公平的世界秩序，如何使世界和谐，也没有说明如何民主地治理国际关系。对诸如美国、欧盟、日本、加拿大、澳大利亚以及其他很多国家和国家联盟来说，中国的国内规范则不太具有说服力，因为它们不需要考虑国家统一和国内稳定，也不像中国那样那么关注经济发展。中国的国内规范也更多地被看作目的而非手段，或者换个说法，它们是目的导向的。

尽管没有官方的区分，我们还是可以说，欧盟将国内规范看得比国际规范更重，两者都是手段导向的。欧盟的国内规范不仅很有说服力，事实上还很受欢迎。这些观念被有着相似想法的国家广泛接受，例如美国、日本、加拿大、澳大利亚等。这些规范也被许多其他国家推崇或是付诸实践，包括但不限于韩国、马来西亚、印度尼西亚和新加坡等。欧盟的国内规范更多是手段而非目的。它基于这样一个假设，即如果国家根据诸如和平、自由、民主、法治、人权、反歧视这些规范来规制自己的国内行为，那

① Sjursen, “The EU as a ‘Normative Power’”; Robert Falkner, “The Political Economy of ‘Normative Power’ Europe: EU Environmental Leadership in International Biotechnology Regulation”, *Journal of European Public Policy*, Vol. 14, No. 4, 2007, pp. 507 – 526.

么就能达到社会团结、可持续发展以及善治这样的目的。在国际规范方面，欧盟并没有提出一个除了和平之外的理想的世界秩序，而是主要关注应采取哪些手段去建设一个更好的世界。欧盟极力倡导有效多边主义原则，并认为“保护的责任”应被视为国家间互动的正确行为。其认为这些规范将有助于国际和平。

中国与欧盟的差别，不仅体现在双方认同的内外规范不同，也在于它们传播这些规范，去影响世界上其他行为体的方式也不同。这部分是因为中国坚信主权原则以及不干涉主义，因此不会在对外交往中积极传播自己的国内规范。中国在国际社会中一再重申的几乎都是它的国际规范。在传播国际规范的过程中，中国的主要目标是那些发展中国家，那些国家与中国要么有着较为相似的想法和价值观念，要么是在国际体系中有着相似的位置。对于其他国家，尤其是西方发达国家，中国想要通过国际规范来避开对其处理国内事务的批评。在很大程度上，中国并非是严格意义上的规范传播者。规范，尤其是国际规范，一直被中国用作与那些想法相近或地位相似的国家建立友好关系的工具，同时还可以抵御敌对异见者的社会化。尽管中国把“和平共处五项原则”作为外交政策的指导原则，但中国并没有努力去推广这些原则，也没有把这些原则看作和其他国家合作的前提条件。中国外交政策的支柱是这五项原则本身，而不是传播这五项原则。同时，中国在国际规范上，也非常容易受到来自其他规范传播者——例如欧盟（更多的例子见下文）——规范压力的影响，这与许多人的印象可能正好相反。除了不积极之外，中国国内规范与国际规范之间的不协调也限制了自身的规范影响力。

欧盟在传播内外规范上不像中国，显得十分积极主动。曼纳斯这样说：“规范性力量这一概念不仅仅试图说明欧盟建立在规范性的基础之上，更重要的是这一概念预设了欧盟在世界政治中会以规范性的方式行事。”[①] 欧盟更多地通过宣言和协议来传播规范，而不是无意识地通过欧盟的存在及其行为来传播规范。[②] 欧盟在传播规范的过程中并没有区分国内规范和国际规范。相比而言，欧盟在传播国内规范上花了更多功夫。在传播国内规范时，欧盟主要目标是那些想要加入欧盟的邻近的前共产主义国家，以及那些在国内治理问题上与欧盟有不同看法的发展中国家。[③] 在传播国际规范时，欧盟想要说服美国在处理国际事务时放弃单边主义。欧盟也尝试说服像中国这样坚持不干涉原则的国家，去接受基于“保护的责任”的人道主义干涉，欧盟认为这个规范对于解决如今的许多危机来说是十分必要的。

欧盟将许多国内、国际规范视作指导其外交政策的原则。甚至可以说，传播这些规范这件事本身就已经成了欧盟在发展对外关系时的首要事项。在2000年欧盟议会的一次演讲中，欧盟委员会主席普罗迪说，“欧盟需要将自身的社会模式推广到世界更多的地方。我们不仅仅是简单地捍卫自己的利益。……基于民主、自由和团结的原则，我们建立了一个发展和地区一体化的模式，这一模式的确是有效的。”[④] 2003年的《欧洲安全战略报告》做了这样的表述：“在一个威胁全球化、市场全球化和传媒全球化的世界中，我们的安全和繁荣越来越多地依赖于一个有效的多边体系。一个更强大的国际社会，运作良好的国际机制以及规则完善的国际秩序是我们的目标。”[⑤] 2008年的《里斯本条约》做了进一步的表述：“欧盟在国际场合的行为应当符合那些建立、发展和扩大欧盟时遵循的原则，并

---

① Manners, “Normative Power Europe”.

② Ian Manners, “Normative Power Europe Reconsidered: Beyond the Crossroads”, *Journal of European Public Policy*, Vol. 13, No. 2, 2006, pp. 182 – 199; Ian Manners, “The Normative Ethics of the European Union”, *International Affairs*, Vol. 84, No. 1, 2008, pp. 65 – 80.

③ Federica Bicchi, “‘Our Size Fits All’: Normative Power Europe and the Mediterranean”, *Journal of European Public Policy*, Vol. 13, No. 2, 2006, pp. 286 – 303.

④ Romano Prodi, “2000 – 2005: Shaping the New Europe”, Speech to the European Parliament, 15th February 2000.

⑤ Council of the European Union, *A Secure Europe in a Better World*, p. 9.

将这些原则进一步推广到整个世界，这些原则是：民主、法治、普世且不可分割的人权、基本的自由，尊重人类尊严、平等和团结的原则以及对《联合国宪章》和国际法的尊重。”① 斯密斯认为，欧盟推广人权规范的主要手段，是将其作为政治条件，作为人道援助的前提，并利用外交方针和政治对话等各种外交工具进行传播。②

欧盟因此被认为是世界上最大的规范传播者。正如巴尔弗所说，“没有其他大国正式将支持人权写进了自己的外交政策目标中去，并将之付诸实践……而且还为此建立了法律基础；没有其他国家会将自己和他国的关系与‘人权条款’联系到一起，也没有其他区域性或国际性组织能动用与欧盟相同的权力和影响力来做这些事情。”③ 无论是国内规范还是国际规范，欧盟都强势地展现了自身的立场，并且坚定地站在了那些规范异见者的对立面。欧盟的规范影响力毫无疑问是广泛而深远的，尽管如此，它的国内规范和国际规范仍有某种程度上的不协调，举例而言，在人权和多边主义两个概念中就存在不协调之处。④ 就像苏尔森所说，“欧盟对外政策中有两个核心原则，一是强调基于外部主权概念的多边主义，二是人权的概念，这两者之间其实存在着潜在的矛盾。”⑤

① European Union, *Consolidated Version of the Treaty of European Union and the Treaty on the Functioning of the European Union*, 2008 (C 115/ 01).

② Karen Smith, “The EU, Human Rights and Relations with Third Countries: ‘Foreign Policy’ with an Ethical Dimension?” in Karen Smith and Margot Light, eds., *Ethics and Foreign Policy*, Cambridge: Cambridge University Press, 2001, pp. 185 – 203.

③ Rosa Balfour, “Principles of Democracy and Human Rights”, in Sonia Lucarelli and Ian Manners, eds., *Values and Principles in European Union Foreign Policy*, London: Routledge, 2006, pp. 114 – 129.

④ Erik Eriksen, “The EU – A Cosmopolitan Polity?” *Journal of European Public Policy*, Vol. 13, No. 2, pp. 252 – 269, 2006.

⑤ Sjursen, “The EU as a ‘Normative Power’”.

四、结论

将国家规范区分为国内规范和国际规范，不仅是合理的，而且是必要的。这种划分方法为我们提供了一个分析中欧关系的全新视角。中国和欧盟并不是天然的朋友，也不是注定的对手。要在双方之间建立战略伙伴关系，不仅需要一个稳固的基础，也需要处理好双方的差异，尤其是规范方面的差异。在规范制定和规范传播方面，中国和欧盟是截然不同的国际行为体。相比双方在国际规范上的差别，例如中国的多极化和欧盟的多边主义，它们在国内规范上的分歧更为明显，尤以人权和主权问题为甚。尽管规范层面的问题对中欧关系的影响越来越大，但是双方的规范互动仍然对建立中欧战略伙伴关系有着积极影响。谨慎小心地处理双方在内外规范上的分歧和共识，显得十分重要。

对欧盟而言，作为规范性力量的身份构建使其主要关注国内规范，它的规范传播范围也主要是在欧洲。欧盟对中国的规范政策主要关注像人权这样的国内规范，在某种程度上，这种政策是错误的，并且注定会失败，因为中国不想加入欧盟。就像马特林所建议的，在规范传播上采取进攻性的方式并不符合欧盟利益，防御性方式会更好。他说，“规范性欧洲最好作为一个模范榜样，而非一个裁决者。”①

对中国来说，对欧政策中的规范层面应当加强，并应当更注重国际规范而非国内规范。中国不会成为与欧盟想法相似的伙伴，反之亦然。如果中国想让欧盟认同自己的国内规范，就像欧盟对中国做的那样，这种努力也是会注定失败的，并会给双边关系带来不必要的麻烦。应该避免以牙还牙的情形。中国应该多与欧盟在国际规

① Mattlin，“Dead on Arrival”.

范上互动，在这方面它们有更多的规范共识，可以以此为双方战略伙伴关系奠定基础。

在建立战略伙伴关系的过程中，中欧双方都有强烈的规范动机。中国想要减少欧洲对于其内部事务的批评，消减欧洲的“中国威胁论”，并与欧盟一起来制衡美国的单边主义；欧盟则希望有关人权以及经济发展的规范能在中国扎根，中国能复制欧盟民主化的过程，以及中国能通过“民主”以及“人权”来使国家稳定。然而中欧双方的预期恐怕都要落空。双方思路应当更加开放，要站在对方的角度来了解对方，这样才能加强相互理解。在双方的规范互动中，彼此换位思考，并在思维和观念上相向而行，会有助于推进中欧战略伙伴关系。

从外交文化视角看中德合作

黄萌萌[1]

2016年6月12日至6月14日，德国总理默克尔上任以来第九次访华，中德两国政府完成第四次政府磋商，合作范围将从经贸扩展至金融、气候、安全以及第三方市场合作等领域。中德关系是中欧关系的引领者，中德建交40多年来，德国历届领导人重视对华交往，基本能够以“理解中国”的心态促进中德合作。而中德外交文化相似性则为两国相互理解搭建桥梁，为构建全方位战略伙伴关系奠定基础。在此，笔者首先阐释“外交文化”定义，纵览二战后德国外交文化嬗变及其特点，再从外交文化视角探析中德合作之基础，并探讨两国民众对于中德关系的认知情况。

一、“外交文化”定义

德国政治学家于尔根·贝勒斯于1999年首次提出“外交文化”（Außenpolitische Kultur）定义，指出外交文化是“受历史影响而形成的观念与行为方式，在国家对外政策中长期存在并具有重要意义，一国社会是以这种共同外交观念为纽带实现社会心理层面的融合”。[2] 德国特里尔大学教授汉斯·毛尔认为“外交文化是指一国社

① 黄萌萌，中国社会科学院欧洲研究所助理研究员，博士。

② Bellers, Jürgen:“Politische Kultur und Außenpolitik im Vergleich”. VS Verlag für Sozialwissenschaften, Wiesbaden 1999, S. 7.

会受其历史影响而形成外交认同与外交观念，同时也是社会各界（政治家、政党、社会民众）对其外交行为模式的期待及要求”。① “外交文化”的四点特性为：第一，“外交文化”的构建具有社会历史性；第二，它是本国社会融合的标志；第三，外交文化特征具有稳定性，但为了适应国内与国际环境的变化亦可改变，这是社会学习与适应的过程；第四，一国外交文化特征是社会个体外交价值取向与观点的集合，并非完全一致，比如民众和政治家对于国家外交行为的期待经常存在分歧。

社会历史背景直接影响“社会各界”的外交认知、期待，以及利益偏好等观念因素的形成，“社会各界”的个人政治行为汇集至政治机构或组织团体，为其所代表（如政党、利益集团等）。最后，这些政治机构与团体通过选举或者其他途径影响政治代表构成、国家外交决策以及外交行为。② 据此，外交文化直接影响“社会各界”的外交理念，对国家外交行为产生间接影响。一国外交文化虽然无法直接决定一国外交政策或确立特定的外交行为模式，它们亦受到国家实力与国际格局的影响，但外交文化可以对国家外交行为产生或明或显的间接影响，是分析国家外交行为的重要工具。

二、战后德国外交文化的嬗变

战后德国遭到国际社会严厉惩罚，国家分裂。1949 年成立的联邦德国确立议会制民主政体，全民致力于战后重建工作。西德人并不热衷于政治参与，经历战争洗礼的德国人对于纳粹历史有一种冷

① Maull, Hanns W.: “Außenpolitische Kultur”, in: Korte, Karl-Rudolf / Weidenfeld, Werner (Hrsg.): Deutschland-Trendbuch: Fakten und Orientierungen, Bundeszentrale für Politische Bildung, Bonn 2001, S. 6 – 7.

② Schlosser, Dirk Berg: “Erforschung der Politischen Kultur-Begriffe, Kontroversen, Forschungsstand” in: Breit, Gotthard (Hrsg.): “Politische Kultur in Deutschland-eine Einführung”, Wochenschau Verlag, Schwalbach 2004. S. 17 – 18.

漠的态度，认为德国人自身也是纳粹统治的“受害者”，希望通过经济建设尽快忘却战争的苦难。

直至20世纪60年代后期，随着公民政治教育加强、学生运动高涨以及和平主义思潮崛起，战后一代年轻人政治积极性不断激发，对战争事实进行公开的政治与道德反省，支持奥斯维辛审判，促进联邦德国社会的历史反思。① 国内层面，战后联邦德国重组政治机构，西德社会开展历史反思；国际层面，美、英、法等战胜国对西德的民主输出以及两极格局限制等因素，共同为战后联邦德国外交文化的嬗变创造条件。20世纪60—70年代，西德民众逐渐摒弃旧德意志时期的军国主义，形成的外交文化特点如下：

第一，积极融入西方阵营，拒绝任何形式的“特殊道路”。对内建立议会民主制、发展德国社会市场经济；对外平衡与法国和美国的联盟关系，向西方“民主政体”靠拢。

第二，向国际组织让渡部分主权，支持欧洲一体化。向北约、欧盟与联合国等国际组织让渡部分主权并且参与国际组织的建设与发展。

第三，奉行多边主义外交原则。在安全政策领域放弃“单独行动”，反对主宰欧洲，坚持“欧洲的德国”，以此实现联邦德国利益。

第四，军事安全领域的“克制文化”。社会各界对于使用武力持怀疑态度，拒绝任何形式的军事强权政治，避免重蹈纳粹历史覆辙。

第五，进行历史反思。对于纳粹时期犯下的历史错误进行积极弥补，承担历史罪责，冲破冷战铁幕，努力与受害者以及相关国家达成和解。②

冷战后，两极格局解体，虽然德国重新统一后获得更多的外交行动空间，由冷战时期的东西方对峙前沿变为欧洲地缘政治中心，

---

① 李乐曾：“战后对纳粹罪行的审判与德国反省历史的自觉意识”，载《德国研究》，2005年第2期，第4—9页。

② Maull, Hanns W.:“Außenpolitische Kultur”, in: Korte, Karl-Rudolf / Weidenfeld, Werner (Hrsg.): Deutschland-Trendbuch: Fakten und Orientierungen, Bundeszentrale für Politische Bildung, Bonn 2001, S. 11 – 14.

依靠雄厚的经济实力逐渐成为欧盟的领导者，但是重新统一后的德国外交文化仍然具有"连续性"，并在此框架内随着国内外形势改变而做出调整。

首先，调整发生在安全领域。20 世纪 90 年代以来，德国联邦国防军从执行联合国维和任务到参加北约行动，海外军事行动的禁忌逐步放开，甚至于 1999 年参与北约空袭前南斯拉夫行动。为此，德国展开了有关其外交文化是否背离军事领域"克制文化"的激烈争论。

德国重新统一后，外交文化中军事领域的"克制文化"在德国外交行为方式中的烙印犹存，但是从实际操作层面来看其约束力有所下降。从巴尔干、阿富汗到非洲马里的军事行动表明德国无法在任何一次国际危机中都恪守"克制文化"。近年来，德国政界对于承担更多国际责任的诉求日渐明朗，但其手段主要是充当外交调解人。在乌克兰危机中，德、法一同开展外交斡旋，重启明斯克谈判，促成乌克兰政府军与东部武装力量的停火协议，周旋于在美、俄之间。2015 年 7 月联合国常任理事国、欧盟与德国达成了解决伊朗核问题的历史性协议，这是德国首次与世界政治大国一道推动安全政策形成。然而，德国民众对于加强国际参与的意愿分歧较大。2014 年柯尔柏基金会的民调显示，支持加强国际参与的德国民众仅为 37%，60% 的德国人认为出于历史原因德国理应保持"克制"。总体来看，德国在安全领域的外交行为并未脱离"克制文化"的圈囿，反战情怀令德国民众对于加强国际参与有所保留。2016 年德国增加 1.5 万个联邦国防军名额，但新增岗位主要涉及网路防御、医疗等领域以及特种部队力量，北约内德国军事贡献率仍较低。

其次，德国外交文化特征中的支持欧洲一体化以及维护跨大西洋关系同样在连续中得以调整。2015 年德国开放性难民政策令其承载能力很快接近极限，反移民和难民、反欧洲一体化的选择党借机吸引大批"抗议选民"，德国国内疑欧派力量上升。冷战后，德美由

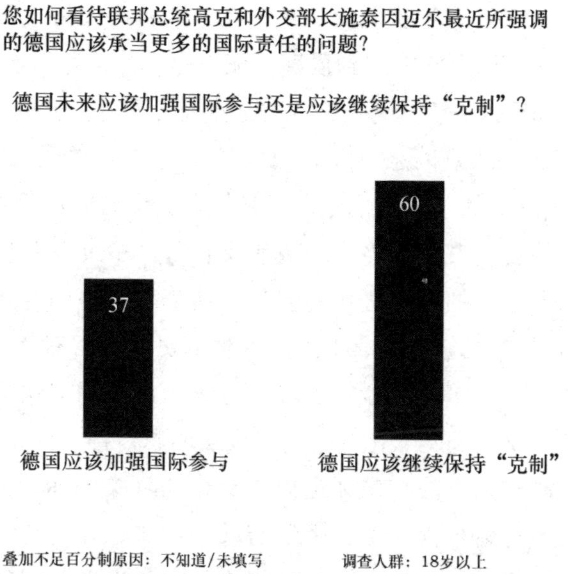

图 1　德国人对德国外交政策的观点——在国际危机中承担责任的意愿

调查数据来源：“Einmischen oder zurückhalten-Ergebnisse einer repräsentativen Umfrage von TNS Infratest Politikforschung zur Sicht der Deutschen auf die Außenpolitik”，Körber Stiftung，Berlin 2014，S. 3。

于实力差距以及价值观分歧而摩擦不断。[①] 2003 年伊拉克战争期间跨大西洋关系陷入冰点，2013 年的监听门事件令德美关系再次经受考验，2015 年反对 TTIP 谈判的示威游行在德国不断上演。[②] 尽管如此，跨大西洋联盟与欧洲一体化依然是德国对外政策的双重支柱，反美主义没有在德国社会大肆蔓延，德美双方致力于在对话与妥协

① Link，Werner：“Grundlinien der außenpolitischen Orientierung Deutschlands”，in：Aus Politik und Zeitgeschichte（APuZ），B 45/ 2004，Bundeszentralefür politische Bildung，Bonn 2004，S. 8.

② Kagan，Robert：“Macht und Ohnmacht-Amerika und Europa in der neuen Weltordnung”，Siedler Verlag，Berlin 2003.

中协调立场，保持联盟团结。德国希望以欧盟为依托增强在国际秩序中的政治影响力，在欧债危机与乌克兰危机中发挥领导作用，但欧盟统一行动的能力愈发遭到质疑。无论是 G7 峰会还是北约峰会，美国对欧盟和德国安全与外交政策的影响仍不可小觑。

最后，冷战结束以来，随着德国外交的“正常化”，德国政界“承担更多国际责任”的意愿上升，其外交文化内部要素之间的对冲愈发明显，外交决策往往陷入“克制文化”“多边主义”以及“承担更多国际责任”的博弈之中。但是总体来看，德国外交文化在统一后展现出较大的连续性，社会各界对于使用武力有着“神经质”的敏感，把武力只作为最后的手段，主张世界不同文化与政体之间的合作对话。德国外交文化特征具有很强的思辨性，注重多边主义，尊重国际机制与国际法权威，提倡外交途径解决国际冲突。在全球化进程中注重与新兴国家保持经济与政治往来，在与传统盟友取得协调的基础上，乐于与新兴国家，如中国在解决全球问题方面加强合作，实行“受价值观制约、以利益为导向”的外交政策。

三、从外交文化视角浅析中德合作基础

2007 年，中德关系由于默克尔接见达赖而历经风波。此后，默克尔政府对华交往虽未完全放弃价值观因素，但变得更加务实，中德关系总体发展较为顺畅。两国不仅在经贸往来中互利共赢，合作范围也逐步扩展至国际安全、气候变化以及金融等领域。虽然中德贸易摩擦时有发生，两国民众对于中德关系的认知亦存在差异，但是从外交文化视角仍可看到中德合作的内在基础——中德两国外交文化特征的相似性。

（一）“多极化”的国际秩序观

第一，对国际秩序“多极化”的认知。

稳定的国际环境符合德国作为“贸易国家”的根本利益，德国积极寻求现行国际秩序的改革方案，强调国际关系的机制化和法制

化，主张多边对话和合作，立足于欧盟，扩大欧盟在世界舞台上的影响力，期待成为既合作又相互制约的“多极世界”中的重要一极。①

冷战后，中国认同国际秩序多极化，积极遵守和维护以国际法为基础的国际秩序并推动其改革，但无意建立以本国为中心的国际秩序。习近平总书记在2014年11月的中央外事工作会议中多次提到“国际秩序”与“国际体系”，他指出“当今世界是一个国际体系和国际秩序深度调整的世界，中国要切实推进多边外交，推动国际体系和全球治理改革，在国际秩序观上有新的突破”。② 中国外交理念旨在通过合作共赢推动国际秩序朝着更加公平合理的方向发展，尝试在西方主导的国际机制之外构建兼顾发展中国家利益的全球治理模式。

第二，和平发展的非暴力原则。

德国经过历史反思避免重走纳粹“特殊道路”，民众反战情绪浓厚，和平主义思潮在学界和民众中影响力较大。政界主张政治对话，以外交途径解决国际危机。冷战后，虽然德国在军事领域逐步突破“克制文化”的限制，但武力运用仍是最后手段。

中国传统哲学理念中认为矛盾与冲突是可以调和的，反战和慎战是老子“无为之道”的精髓，和平理念在中国外交文化中占据重要地位。建国以来，中国奉行独立自主的和平外交政策，反对动辄诉诸武力。改革开放后中国投身于经济建设，坚持和平发展，顺应国际大局，但在维护领土主权时，中国倾向于展现强硬姿态。然而，中国对外政策依然表现出较强的“中庸”姿态，多边谈判、调解冲突成为中国主要外交行为。③ 中、德等国在伊核谈判中共同发挥积极外交作用，中国支持德国在乌克兰危机中的外交解决方案便是两国

---

① 倪军：“德国的美国政策及欧美关系”，载于殷桐生主编：《德国外交通论》，外语教学与研究出版社2008年版，第261页。

② “中央外事工作会议在京举行，习近平发表重要讲话”，人民网，2014年11月30日，http://cpc.people.com.cn/n/2014/1130/c64094-26119225.html。

③ 秦亚青：《国际关系理论：反思与重构》，北京大学出版社2012年版，第270页。

崇尚和平的外交文化之例证。

（二）全球化的支持者

第一，积极的国际参与及承担更多国际责任。

随着国力的增强，参与国际事务以及承担国际责任成为一种必然趋势。冷战时期受限于国际环境，联邦德国主要通过“支票外交”承担国际责任。冷战后，德国政治地位提高，盟友期待德国能够承担更多国际责任。这在提升德国国际影响力的同时，也对其外交文化中的“克制文化”提出挑战。无论是2013年12月《联合执政协议》，还是在2014年1月底慕尼黑安全会议上的国防部长发言都预示着德国将在国际事务中有更多作为。德国社会各界较为支持通过外交手段加强国际参与，而一旦涉及增加军费开支以及海外派兵民众仍较为谨慎。

中国面临着同样的境遇，随着国家实力加强，要求中国承担国际责任的声音此起彼伏，世界将中国视为重要国际力量，期待中国在解决国际危机中发挥更为积极的作用。习近平上任以来出访足迹遍及亚、非、欧、北美、南美、大洋洲等近30个国家；中国“一带一路”倡议旨在加强沿线国家互联互通，创建经济增长的安全环境，以经贸手段加强国际参与。同时，德国与欧盟愈发期待与中国在国际金融治理、气候治理、国际反恐、国际安全事务以及人道主义等领域开展合作。承担国际责任、加深国际参与逐渐成为中德两国外交文化的新要素。

第二，经济外交引领对外关系。

德国兼有“文明力量”与“贸易国家”的自身定位。“贸易国家”在相互依存的国际体系中以促进经济发展和实现福利最大化作为首要目标，建立自贸区、以国际贸易为基础的世界经济秩序是实现福利最大化的必然选择。[1] 近年来，“贸易国家”模式引领着德国与新兴国家的交往，特别是与中国的关系。

---

① Staack，Micheal：“Handelstaat Deutschland-Deutsche Außenpolitik in einem neuen internationalen System”，Ferdinand Schöningh Verlag，Paderborn 2000，S. 29 – 31.

改革开放以来中国顺“势”而行，以经济建设为中心。十八大后推动中企海外投资成为中国经济外交的重要手段。在世界经济合作中，一个中国经济外交的新范式正在形成。伴随着中国经济步入“新常态”，对内进行“供给侧”改革，对外发起“一带一路”倡议，建立亚投行，经贸外交是中国外交文化的重要元素。

经贸合作是中德关系的支柱。2011 年两国建立中德政府磋商机制，2014 年中德发展成为创新伙伴关系，合作范围由贸易投资扩展至工业、科技、农业、教育、环保、城镇化、医疗和社会保障等领域。中德建交 40 多年来，德国是中国在欧盟最大的贸易伙伴以及外资和技术引进国，而中国是德国在欧盟之外的最大贸易伙伴。目前，德国对中国的经济战略较为积极，加入亚投行，参与欧亚沿线国家基础设施融资，这与德国追求社会福利并在国际秩序中增强影响力的目标密不可分。与此同时，中德两国在产能升级中相互借鉴。“德国工业 4.0”与“中国制造 2025”对接是 2016 年第四次中德政府磋商的重头戏，其基础在于中国市场与德国技术具有互补性。中国制造业在追赶电气化与自动化的同时可与德国数字化及智能生产相结合，为中德经济合作注入新动力。

（三）国际政治中的相互依赖

第一，尊重国际组织与国际法。

尊重联合国以及国际法是德国外交文化的重要组成部分。德国政界主张通过国际组织框架内（欧盟、北约、联合国）的多边合作推动国际关系制度化和法制化。国际法以及欧洲宪法在德国国内具有崇高的地位，甚至有时会超越国家法律权威，德国民众对于任何未获得联合国授权的军事行动必然抗议众多，比如 1999 年德国民众对于联邦国防军参与未获联合国授权的北约空袭前南斯拉夫行动的支持率仅为 42%。①

中国是联合国创始国之一，以公平正义原则行使联合国安理会

① Köcher, Renate:“Das Kosovo spaltet in Deutschland Ost und West”, Frankfurter Allgemeinen Zeitung Nr. 136, 16. 06. 1999.

常任理事国权力、遵守《联合国宪章》、维护联合国与国际法权威、积极参与联合国维和任务以及国际援助是中国外交文化的基石。改革开放后中国社会各界对于国际机制的认同程度较高，随着国家实力提升，中国由国际机制的参与者逐渐发展成为国际机制构建者。比较来看，中、德两国都热衷于参与联合国事务，中国杭州和德国汉堡分别主办2016年和2017年的G20会议。因此，两国非常重视G20机制，并努力推动其在全球事务中发挥更大作用。近年来中国也更加注重构建与发展中国家的合作机制，弥补国际机制中的不合理及不公平因素。打造中国—东盟命运共同体、促进金砖国家一体化发展、建立“丝绸之路经济带”表明中国已逐步登上国际机制构建者的舞台。

第二，奉行多边主义外交原则。

德国外交文化中的多边主义原则不仅包括建立货币与经济联盟目标，同时也涵盖了参与安全结盟的愿景。二战后，联邦德国对于“特殊道路”极其敏感，无论是在经济、政治还是安全领域都避免“单独行动”。政治上与法国达成和解，建立欧共体，以此提高国际地位并改善国际形象；在安全领域加入北约，冷战时期依靠美国提供安全保障。冷战结束后，德国依然留在北约之中，虽有龃龉，跨大西洋联盟仍是德国外交政策的支柱，在政治与军事行动上德、美两国保持沟通与协调，这也构成了德国“多边主义”框架内“联盟团结”的原则。西方价值观共同体是跨大西洋联盟存在的根基，因此德国“多边主义”外交理念中无法排除价值观因素。

中国的外交文化中同样奉行多边主义原则，建立以合作共赢为基础的新型国际关系是中国外交的重要目标。倡导“亲、诚、惠、容”外交理念，通过互惠互利与互联互通同周边国家结伴而行，以经贸促发展，实现富邻、睦邻、安邻的外交目标。[①] 中、德两国多边主义理念相同之处在于，与发达国家及发展中国家均保持多边务实

---

① 刘国柱：“习总书记和平外交的继承与创新”，人民网，2014年2月18日，http：//politics. rmlt. com. cn/2014/0217/231285. shtml。

性合作，推动国际体系和全球治理改革。而不同之处则在于，中国在安全领域向来秉承不结盟政策，不干涉他国内政，奉行独立自主的和平外交。中国不与任何国家结成排他性的、针对第三国的军事联盟，这也降低了西方历史上大国之间因军事结盟而引发战争的可能性。①

四、中德民众的相互认知

中德两国民众对于彼此的认知存在着较大差异。中国民众对于德国政治体系、经济力量以及中德关系的评价呈积极态势，而德国人对于中国政治体系以及中德关系的质疑颇多。虽然近年来随着中德合作不断加深，德国对于中国经济力量的正面评价稳步增长，但中德双方“民心相通”仍有待提高。

2007—2008 年，中德关系受到默克尔接见达赖等事件影响而问题频出，即便如此，中国民众对于德国的整体积极印象仍未改变。英国 BBC 广播公司在 2008 年底进行的民调显示，对德国持积极态度的中国民众达到 65%，而超过 69% 的德国民众对于中国持消极看法。②

自 2009 年起，中德关系回归正轨并在国际金融危机中加强实质性合作。中德双方不断开辟合作新领域，但在贸易、知识产权与人权等领域仍时有摩擦。中国民众将“经贸关系”定位于中德合作的核心，较少中国民众将人权以及价值观差异列为中德合作重大挑战；而德国对华评价却不尽相同，超过半数的德国人将中国经济与军事崛起视为挑战，但也有 40% 的德国人认为中国在维护世界经济秩序上扮演着积极角色，这主要得益于 2009 年中国在全球金融危机上采

① 叶自成:“以中国智慧破解‘修昔底德陷阱’”，人民网，2014 年 2 月 18 日，http：//politics. rmlt. com. cn/2014/0217/231207. shtml。

② BBC World Service Poll，Zugriff am 17. 06. 2014，Siehe nach：http：//news. bbc. co. uk/2/hi/in_ depth/7873050. stm.

取的果断措施，超过50%的德国人认为中国经济崛起对于欧洲就业与增长是机遇。[①] 由此可见，中国民众对于中德经贸与政治合作的关注度远远高于对于两国价值观分歧的感知，中国民众对德展现出更为积极的态势；而德国民众对于中国的认知却相对分裂：期待中国经济崛起并承担更多国际责任的德国人与将中国崛起视为威胁的德国人势均力敌。德国商界及民众对华不信任成为中德关系的负累，这也导致2016年德国以及欧盟在承认中国市场经济地位问题上或是犹豫不决或是出尔反尔，对于中国钢铁等产能过剩行业向欧盟倾销的担忧未消，对于中国企业在国有银行资助下收购德国高科技企业的恐惧又接踵而至。因此，中德全面战略伙伴关系的民众基础仍有待加强。

值得注意的是，随着中、德各领域交流与合作愈发密切，德国人对于中国经济崛起的恐惧逐步降低。2016年华为公司报告显示，24%的德国人认为中德经贸关系比德美经贸关系更为重要，58%的德国人认为中德与德美经贸关系同等重要。2014年51%的德国人对中国经济崛起感到担忧，而2016年该比例下降至34%，这说明经济领域的“中国威胁论”在德国的作用正稳步下降。[②]

五、结论

一国的外交文化具有社会历史性，战后德国外交文化在学生运动以及历史反思的基础上发生嬗变，虽然冷战后有所调整，但是其外交文化特征仍然具有较强的连续性。中德合作从经贸领域不断外

---

① “Transatlantic Trends-Key Findings 2010”, The German Marshall Fund of United States, Siehe nach: http://trends.gmfus.org/files/archived/doc/2010_English_Key.pdf. S. 19－22.

② “Deutschland und China: Wahrnehmung und Realität-Die Huawei-Studie 2016”, Huawei in Zusammenarbeit mit GIGA German Institute of Global and Area Studies, der Universität Duisburg-Essen und TNS Emnid, 2016, S. 38－39.

扩，从外交文化视角出发，会发现两国外交文化特征在一定程度上具有相似性，如主张国际秩序多极化、和平非暴力原则、承担更多国际责任、经济外交引领对外关系、尊重国际法与国际组织、奉行多边主义原则等，这也是中德两国合作的基础。

然而，中德全方位战略伙伴关系在德国依然缺乏相应的民意基础，德国民众对于两国的利益与价值观分歧较为敏感，加之德国媒体对华报道偏于负面，德国商界及民众对华不信任成为中德关系的负累；中国民众对于德国的积极态度占据主流，但也普遍感受到了来自欧盟和德国的对华不友好信息。加强中德以及中欧民众的相互理解，提升民众的相互互信度仍然任重而道远。

后　　记

中欧关系在习近平主席提出“一带一路”倡议后，面临着发展和提升的新机遇。欧洲作为“一带一路”的终点，是此项重大倡议的重要一环。但是“一带一路”倡议背景下，中欧关系如何推进，双方发展战略如何对接，目前尚有诸多具体问题需要落实。2016 年 4 月 18 日，中国社会科学院欧洲研究所与德国阿登纳基金会在北京联合举办“中欧关系与一带一路”学术研讨会。会议分为“中欧战略伙伴关系发展”和“一带一路框架下的中欧合作”两大主题，来自中国外交部、现代国际关系研究院、中国国际问题研究院、中央党校、北京大学、清华大学、外交学院、复旦大学、同济大学、新疆社会科学院、中国社会科学院欧洲研究所和德国联邦议会、欧盟驻华使团、德国驻沈阳总领馆等国内外机构的近 60 位专家和学者从安全、经济和社会角度回顾和展望了中欧关系，探讨了难民危机等热点问题，探索了中欧在“一带一路”沿线国家加深合作的可能。本书精选了其中 17 篇论文结集出版，它们一定程度上代表了当前中国和欧洲学者在这一前沿领域的最新研究成果。

本次会议特别感谢中国前驻德国大使梅兆荣先生的精彩致辞，感谢中国欧洲学会会长、中国社会科学院学部委员、欧洲研究所前所长周弘女士的大力支持，感谢康拉德·阿登纳基金会北京办公室魏特茂先生和徐迎女士长久以来对促进中欧学术交流的热情帮助，感谢时事出版社雷明薇编辑的努力和付出，感谢中国社会科学院欧洲研究所“中欧关系”重点学科建设的支持。本书出版得到德国阿登纳基金会的资助，对此编者表示由衷的感谢。